Diagnostik von Manipulationen

Heribert Wienkamp

Diagnostik von Manipulationen

Springer

Heribert Wienkamp
Recklinghausen, Deutschland

ISBN 978-3-662-68600-3 ISBN 978-3-662-68601-0 (eBook)
https://doi.org/10.1007/978-3-662-68601-0

Die Deutsche Nationalbibliothek verzeichnet diese Publikation in der Deutschen Nationalbibliografie; detaillierte bibliografische Daten sind im Internet über https://portal.dnb.de abrufbar.

Springer ist ein Imprint der eingetragenen Gesellschaft Springer-Verlag GmbH, DE und ist ein Teil von Springer Nature.
Die Anschrift der Gesellschaft ist: Heidelberger Platz 3, 14197 Berlin, Germany

Das Papier dieses Produkts ist recyclebar.

Vorwort

Viele Menschen manipulieren bei unzähligen sozialen oder kommunikativen Begebenheiten oder lassen sich selbst beeinflussen, ohne dass diese Verhaltensmanöver ihnen als Manipulation im eigentlichen Sinne bewusst werden. Anscheinend scheint der Grundsatz „Man kann nicht *nicht* manipulieren!“ ohne Abstriche zuzutreffen. Wenn dem so ist, wären alle zusätzlichen Informationen zu Manipulationen, und wie sie festzustellen sind, ein Erkenntnisgewinn, der sich als Schutz vor Übervorteilung durch andere im täglichen Leben auszahlen sollte und von dem alle Interessierten profitieren könnten.

Nachdem der Versuch in einem früheren Beitrag gewagt und unternommen wurde, „Manipulation als System“ zu skizzieren und aufzufächern, stellte sich „nach getaner Arbeit“ bei mir das Bedürfnis ein, vor dem Hintergrund „dieses Systems“ stärker auf diagnostische Ansätze einzugehen und nach passenden Instrumenten zur Diagnostik von Manipulationen zu fahnden. Streng genommen liegen sowohl aus der psychologischen Diagnostik als auch anderen Fachdisziplinen bereits erprobte und wissenschaftlich untersuchte Verfahren vor, wie z. B. die in psychologischen Tests zuweilen enthaltene Lügenskala oder der von Kriminalisten zur Wahrheitsfindung eingesetzte Lügendetektortest.

Zusätzlich von mir angestellte Überlegungen gingen weiter als diese bisher gebräuchlichen Verfahren, wenn die Erkenntnis über soziale Beeinflussungen zutrifft, dass es eben nicht die Beeinflussung oder Manipulation *an sich* gibt, sondern „ein bunter Strauß“ unterschiedlicher Ansätze oder Facetten der Manipulation zur Wirkung kommen, die sich zudem noch auf verschiedenen Bewusstseinsebenen abspielen. Für den an persönlichkeitsspezischen Fragestellungen interessierten Leser dürften die Ausführungen zur Differenzierung des Konstruktes Manipulation in Verbindung mit den differentialdiagnostischen Überlegungen und Befunden besonders ansprechen, Praktiker dagegen dürften eher einerseits von den hier vorgeschlagenen und entwickelten Verhaltensmustern der Manipulation profitieren und sie vielleicht bei ihrer praktischen Tätigkeit als Hinweise oder Indikatoren erproben, andererseits die Hilfen und Empfehlungen zur Feststellung von „Dichtung und Wahrheit“ bei Befragungen gerne zur Kenntnis nehmen. Aber nicht nur die Manifestationen von Manipulationen sind vielfältig, sondern auch ihr Auftreten oder ihre Erscheinungsweise in Beratungen, Verhandlungen, Verkaufsgesprächen und Vernehmungen, um nur die wichtigsten zu nennen.

Viele „soziale Arenen“ zeichnen sich durch Wettbewerb und gegenseitige Konkurrenz aus, um wichtige persönliche Ziele zu erreichen. Solche kritischen Situationen, in denen Manipulationen vorkommen, sind nicht allein auf die individualdiagnostische Perspektive mit einer Zielperson beschränkt, sondern sie können auch Abhängigkeiten zwischen den Beteiligten aufweisen und von diesen Interdependenzen geprägt werden. Bei Wettbewerben z. B. im Sport geht es i. d. R. einzig und allein um das Gewinnen oder darum, Rekorde zu brechen, ein Ziel, das alle Teilnehmer und Teilnehmerinnen anstreben. In Verhandlungen ist zwar der Verhandlungserfolg an sich ein lohnenswertes Ziel, allerdings hängt häufig das Ergebnis auch von den Reaktionen oder von der Zustimmung des Verhandlungspartners ab, der ebenfalls seine oder ihre Interessen gewahrt sehen möchte. Strategisches Denken und Handeln sind daher in Verhandlungssituationen o. Ä. unumgänglich, um zu einem Interessenausgleich im Sinne einer Balance gegenseitiger Erwartungen zu kommen. Für eine Analyse von Interaktionen ist somit die Frage zu klären, wie strategisches Denken und Handeln innerhalb sozialer Prozesse diagnostiziert werden kann und welche Konzepte und Verfahren hierfür zur Verfügung stehen?

Zum Glück gibt es in verschiedenen Bereichen der wissenschaftlichen Forschung Modelle und Instrumente zur Untersuchung von sozialen Interaktionen und Entscheidungsproblemen bei divergierenden Präferenzstrukturen. Exemplarisch sei auf die Spieltheorie verwiesen. Solche Konzepte können helfen, soziale Systeme mit ihren inhärenten Prozessen, wie z. B. Spielzüge oder strategisch-taktische Interventionen, zu analysieren und aus einer übergeordneten Ebene ihre Logik transparent zu machen. Im Ergebnis würde dies auf eine „Systemdiagnostik“ hinauslaufen und so etwas wie eine Art „Metaanalyse“ unter Berücksichtigung sowohl der aktuellen Beziehungsqualität zwischen den Mitwirkenden als auch der gewählten Kommunikationswege ergeben. „Rationale Entscheidungsverfahren“, wie sie bei ökonomischen Fragestellungen und Optimierungsproblemen häufig zur Anwendung kommen, gehen im Gegensatz zu spieltheoretischen Überlegungen nur ihren eigenen Prinzipien und Kalkülen nach und konzentrieren sich bei der Entscheidungsfindung allein auf die eigenen Interessen und (verborgenen) Präferenzen.

Wie noch zu zeigen sein wird, ist das „Universum“ an Spielen oder an Situationen von miteinander konkurrierenden Parteien um die Realisierung ihrer jeweils eigenen Vorteile fast unendlich groß und erstreckt sich von Auseinandersetzungen in der Wirtschaft über Justiz und Kriminalistik bis nicht zuletzt in die Politik und Gesellschaft. Für die Analyse dieser Probleme kommt es darauf an, von welchen Prinzipien oder Bedürfnissen auszugehen ist. Steht z. B. der unbedingte Erfolg oder Sieg im Vordergrund des Geschehens, oder ist dagegen mehr Wert auf Rationalität in der Entscheidungsbildung zu legen, oder ist eher Fairness oder Fürsorge als gesellschaftliche soziale Errungenschaften gefragt? Dass solche systemrelevanten Fragen oder Probleme nicht auf die gleiche Weise wie z. B. in der Persönlichkeitsdiagnostik durch psychologische Tests o. dgl. zu beantworten und zu lösen sind, sondern einen ganz anderen Ansatz voraussetzen, dürfte nachvollziehbar sein. So sind z. B. in der Sozialpsychologie die sehr bekannten Spielsituationen „Gefangenendilemma“ und das allseits beklagte Problem der „Kollektiven Nicht-Verantwortung“ als Verantwortungsdiffusion bei zunehmender Anzahl von

Zuschauern sehr gut erforscht und erfreuten sich hoher Aufmerksamkeit und Popularität, sodass von deren Forschungsergebnissen auch eine Systemanalyse profitieren dürfte.

Aus eher konzeptionellen Gründen scheint es im Hinblick auf die „Diagnostik von Manipulationen“ hilfreich und sinnvoll zu sein, beide, also sowohl die individuelle Sichtweise als auch die systemische Perspektive, in Augenschein zu nehmen und den Versuch zu wagen, die Manipulationsmanöver „in beiden Welten“ aufzuspüren und ihren Mechanismen nachzugehen und, so gut, wie es geht, zu diagnostizieren, verbunden mit dem Wunsche, mehr an Erkenntnissen zu gewinnen.

Neben einer Synthese aus individual- und systemischer Diagnostik von Manipulationsversuchen scheint mir auch die simultane Berücksichtigung von sowohl „älteren“ Erkenntnissen aus früheren Veröffentlichungen als auch neueren Beiträgen oder Überlegungen zu diesem Thema notwendig und von Vorteil zu sein. Ältere Literaturquellen und „klassische“ Forschungsbefunde verdienen nicht nur ihren nötigen Respekt, sie zu zitieren, sondern liefern eine vorzügliche Grundlage, sie im Lichte neuer Annahmen und Hypothesen erneut zu reflektieren und sie für dieses Thema zu nutzen und weiterzuentwickeln. Frühere statistische Befunde (oder Zahlen wie z. B. Korrelationsbeziehungen) sind in diesem Zusammenhang eher zweitrangig, da sie von späteren Untersuchungen sicherlich relativiert wurden. Soweit möglich flossen in diesem Beitrag sowohl zitierte Fallstudien aus der Praxis als auch eigene Erfahrungen aus meiner Berufstätigkeit im Personalmanagement ein.

Es würde mich sehr freuen, wenn jeder Leser auf seine Weise von den Ausführungen zur Diagnostik von Manipulationen profitieren könnte.

Recklinghausen, Deutschland
im Juli 2023

Dr. Heribert Wienkamp

Inhaltsverzeichnis

1 Einführung

Mit dem Erkennen oder der Diagnostik von manipulativen Verhalten verbindet sich der Wunsch oder das Anliegen, Manipulationsversuche in unserem alltäglichen Leben zum einen überhaupt wahrzunehmen und zum anderen, so gut es geht, systematisch nachzugehen, sie mit einer gewissen Erfahrung und Professionalität aufzuspüren und sie zu enttarnen. Auf jeden Fall sollte dem Adressaten und Akteur von Beeinflussungsmanövern deutlich werden, dass seine Manipulationsversuche erkannt wurden und damit nicht zum Erfolg geführt haben.

Typisch für alle Wissensgebiete ist, dass sie mit ihren Erkenntnissen aufgrund von Analysen und Systematisierungsversuchen nicht beim Status quo verweilen, sondern dynamisch ausgerichtet sind und sich durch die lfd. Forschung weiterentwickeln. Gleiches gilt auch für den Themenkomplex Manipulation, der sich bei genauerer Betrachtung in seiner Vielfalt und Ausdifferenzierung offenbart und immer wieder zum Nachdenken und neuen Aktivitäten anregt.

1.1 Ausgangssituation

Ohne das Wissen, was Manipulationen eigentlich sind und wie sie zu erkennen, also als solches zu diagnostizieren sind, schlagen wahrscheinlich alle Gegenreaktionen und Abwehrversuche fehl und führen nicht zum gewünschten Erfolg oder aus Unkenntnis am Ziel vorbei. Nicht ungewöhnlich ist, dass Beeinflussungsversuche gar nicht bemerkt und als solche registriert werden. Wenn von Manipulationen die Rede ist, sind nach allgemeiner Auffassung die heimlichen, versteckten Manipulationsmanöver gemeint, die sich eben häufig der Wahrnehmung durch die Zielperson entziehen. Aber auch zahlreiche Beispiele von vermeintlich Geschädigten aus der Praxis, die sich zu bestimmten Aktivitäten, wie z. B. zum Kauf eines eigentlich überflüssigen, vielleicht sogar nutzlosen Produktes, haben „überzeugen“ oder eher überreden lassen, fallen unter dem Begriff der Manipulation und mögen dies

H. Wienkamp, *Diagnostik von Manipulationen*,
https://doi.org/10.1007/978-3-662-68601-0_1

belegen. Es stellt sich somit die Frage, was am besten dagegen zu tun ist, um nicht selbst zum Opfer solcher Manipulationsversuche zu werden?

Schon an anderer Stelle stand manipulatives Verhalten als System zur systematischen Beeinflussung im Mittelpunkt des Interesses (s. Wienkamp, 2022a) und wurde als denkbares Modell präsentiert. Anhand von verschiedenen Ausgangspositionen war es möglich, die unterschiedlichen (sozialen) Strömungen, und zwar zur Steuerung sowohl des eigenen Verhaltens mittels Selbst- oder Autosuggestion als auch des Verhaltens anderer, zu skizzieren. Schließlich schloss dieses Einfluss- und Steuerungssystem als vorläufiges Konzept auch die Möglichkeit ein, selbst von anderen Personen entweder zum eigenen Vorteil über Vorschläge, Empfehlungen und Hilfestellungen, wie z. B. beim Lernen oder beim Training im Sport, zu profitieren oder zum eigenen Nachteil, wenn man so will, von nur auf ihren eigenen Vorteil bedachten Egoisten ausgenutzt zu werden.

Nicht behandelt und diskutiert wurden Manipulationsmanöver, die sich in übergeordneten Zusammenhängen als „Systemgeschehen" ergeben.

1.2 Neue Akzente zur Manipulation

Allein die Ordnung und Klassifikation manipulativer Verhaltensweisen ist leider noch nicht ausreichend. Zusätzlich sollten noch eine vertiefende Analyse der Ursachen oder Quellen von Manipulationen sowie die Möglichkeit, sie zu erkennen bzw. zu diagnostizieren, angestrebt werden, um in alltäglichen Situationen adäquat damit umgehen zu können. Somit verbindet sich mit diesem Beitrag die Absicht, gerade bei der Identifikation und Analyse von manipulativen Verhalten weitere Erkenntnisse beizusteuern und für substanzielle inhaltliche Fortschritte zu sorgen.

Allgemein bekannt und vorstellbar dürfte daher sein, dass die Manipulationsversuche sowohl unbewusst (als unwillkürliche emotionale Reaktionen oder unkontrollierte Impulse) als auch in voller Absicht aus strategisch-taktischen Kalkülen erfolgen. Abb. 1.1 mag diese Systematik manipulativer Verhaltenszüge und Reaktionen sozusagen „auf einem Blick" zusammenfassen und illustrieren.

Systeme oder Systematiken zeichnen sich durch Verwendung von Schemata i. d. R. durch gebildete Ordnungen oder künstlich geschaffene Klassifizierungen, und die Abgrenzung der darin enthaltenen Komponenten untereinander, sowie durch die Beschreibung und Erklärung der Interaktionen zwischen diesen Faktoren oder Systemteilen aus. So auch in der bereits erwähnten Lektüre „Manipulation als System" von Wienkamp (2022a) ging es um die Vielfalt an Manipulationsmanövern. Dieses System der Manipulation basiert auf z. T. komplementären Systembestandteilen von Persönlichkeitsmerkmalen, wie *Suggestivität* (also Beeinflussungsvermögen) einerseits und *Suggestibilität* (also Beeinflussbarkeit) andererseits. Oder das Individuum bedient sich damit zusammenhängender, aber eigenständiger Manipulationsmuster. So gibt es darüber hinaus die *Selbstbeeinflussung* (als *Autosuggestion)* oder die Abhängigkeit von *Vorurteilen* oder *Stereotypen* bei Beurteilungen und schlichtweg das *Lügen*, um aus unvorteilhaften Situationen sich zu lösen oder zu befreien, wie das z. B. bei Angeklagten in einer Vernehmung häufig vorkommt.

Perspektive	Manipulatives Verhalten oder Reaktionen	
Selbstwahrnehmung	(1) Wirksamkeit fixierter Verhaltensprogramme („Autopilot") als unwillkürliche emotionale Reaktionen	(3) Einsatz von Verhaltensmanövern zum eigenen Vorteil sowie Selbstbeeinflussungen (Autosuggestion)
Fremdwahrnehmung	(2) Automatische Bewertungen gemäß eigenen Präferenzen oder Werten (z. B. nach Sympathie oder Antipathie)	(4) Aussagen anderer Personen über das Verhalten von Zielpersonen, z. B. bei Zeugenvernehmungen o. ä.
Bewusstseinsebene	*Unbewusst*	*Bewusst*

Abb. 1.1 Unbewusste und bewusste Manipulationen aus unterschiedlicher Perspektive

Mit der Einordnung von Verhaltensmustern zum Zwecke der Manipulation in eine dafür geschaffene Systematik ist es aber allein noch nicht getan. Hinzukommen muss zum einen eine Transformation dieser Verhaltensmuster in die Praxis mit ihren situativen Herausforderungen, zum anderen ist zu prüfen, ob die gewählte oder entwickelte Systematik den praktischen Anforderungen gerecht wird. Erst dann ist zu entscheiden, inwieweit diese manipulativen Verhaltensmanöver sowohl für theoretische Konzepte als auch für psychodiagnostische Zwecke unterschiedlichster Art und Weise Verwendung finden können, um z. B. auf dieser Basis passende Verfahren oder Instrumente zu entwickeln.

Einer der Hauptschwerpunkte dieser Arbeit wird daher sein, das Konstrukt Manipulation unter differentialdiagnostischen Gesichtspunkten zu behandeln und zu diskutieren, um die unterschiedlichsten Facetten und Gegebenheiten von manipulativen Verhalten voneinander abzugrenzen und, wenn man so will, zwischen *Dichtung und Wahrheit* zu differenzieren.

Von welchen situativen Gegebenheiten im normalen Leben oder Alltag auszugehen ist, soll das Ziel der nachfolgenden Ausführungen sein. Gescheut wird dabei auch nicht der Versuch, nach besonderen oder seltsamen Persönlichkeitstypen Ausschau zu halten, die mit ihren typischen und sonderbaren Verhaltensmustern oder Reaktionen zu Manipulationen neigen und sich selbst meist unbewusst dazu anstiften, wie das z. B. bei „Besserwissern", die andere Menschen immer belehren müssen, vorkommt.

Für viele „soziale Settings" oder Begebenheiten gilt darüber hinaus, dass aufgrund der Interdependenzen zu anderen Menschen und deren Reaktionen es zu Verhaltensmanövern kommt, oder sogar kommen muss, die den Ablauf des Geschehens mitbestimmen oder beeinflussen, sodass es den Individuen unmöglich ist, „nicht *nicht* zu manipulieren", wie es an anderer Stelle bereits hervorgehoben wurde, wenn

z. B. „ein falsches Lächeln im Gesicht“ als Täuschungs- oder Ablenkungsversuch unwillkürlich auftritt (s. Wienkamp, 2023a). Besonders zeigen sich diese Verhaltenszüge in Spielen oder vergleichbaren Interaktionen, bei denen es entweder wechselseitig um die Realisierung eigener Vorteile oder Interessen oder um die Unterstützung Hilfsbedürftiger durch beabsichtigte Interventionen, wie z. B. in Heilbehandlungen oder Therapien, geht, was unter diagnostischen Zielen und Gesichtspunkten näher zu analysieren und zu beleuchten ist.

Aber auch an die streng rational analysierenden und handelnden Individuen wäre zu denken, wenn von Manipulationsmanövern die Rede ist. Nur denken und handeln „Rationalisten“ eher selbstsuggestiv nach ihren eigenen Methoden und Kalkulationsweisen, als dass sie sich wie z. B. bei Spielen von anderen beeindrucken oder beeinflussen lassen.

1.3 Resümee

Aufbauend auf Vorarbeiten zum Thema Manipulation, sollten und konnten neue Überlegungen und Erkenntnisse auf der Basis einer dazu entwickelten Systematik mit den Kriterien „Sichtweise des Betroffenen oder Beobachters“ und der relevanten „Bewusstseinsebene“ gewonnen werden. Im Ergebnis wird dadurch das „Bild“, was Manipulation eigentlich ist und wie sie sich im realen Leben auswirkt, bunter und vielfältiger. Der Schwerpunkt der anstehenden Bemühungen und Aktivitäten sollte daher auf der Identifikation und Diagnostik von Manipulationsversuchen liegen.

Neben der individuellen Betrachtung, also der Persönlichkeitsdiagnostik, stehen darüber hinaus auch systemrelevante Prozesse oder Verhaltenszüge, wie z. B. bei interaktiven Spielen oder im Zusammenhang mit gesellschaftlichen, wirtschaftlichen oder politischen Ereignissen wie z. B. Konflikte oder Probleme, im Fokus des Geschehens. Sowohl individualdiagnostische als auch systemdiagnostische Fragestellungen sind dabei von Interesse und sollen zu neuen Erkenntnissen führen.

Formen manipulativen Verhaltens

2

Gemäß der vorgestellten Systematik (s. Abb. 1.1) lassen sich sowohl unwillkürliche oder unbewusste Manipulationen als auch mit voller Absicht und bewusst eingefädelte Beeinflussungsaktionen aus unterschiedlichen Blickwinkeln bzw. bei verschiedenen Zielobjekten (oder Zielpersonen) differenzieren. Diese Unterscheidung ist nicht zuletzt deshalb hilfreich, da es möglich ist, die jeweilige Möglichkeit oder das Ausmaß an *Selbstkontrolle* bei sozialen Beeinflussungsmanövern zu bestimmen und zu diagnostizieren. Denn es macht einen gehörigen Unterschied, ob z. B. auf eine Attacke oder Intervention einer anderen Person eine spontane unwillkürliche Reaktion, z. B. durch Erröten oder sonstige neurophysiologische Anzeichen oder Symptome, erfolgt oder ob bei einer Zeugenvernehmung der Befragte sich seine Aussagen, wenn man so will, vorher in seinen Gedankengängen bzw. in seinem Kopf zurechtlegen kann.

Es gibt darüber hinaus auch ganz unspektakuläre (manipulative) Signale, die als solches so nicht empfunden und angesehen werden. Bestimmte Gesten haben einen Aufforderungscharakter, wie z. B. der Hinweis: „Setzen Sie sich“ oder „Nehmen Sie Platz“.

Gleichwohl macht es Sinn, anhand dieser Systematik bzw. Klassifikation die möglichen Manipulationsformen und deren Umsetzung in konkrete Verhaltensweisen daraus abzuleiten und eingehender zu diskutieren mit dem Ziel, diese manipulativen Verhaltensmuster für differentialdiagnostische Zwecke und Anwendungen zu nutzen (s. hierzu auch ergänzend Kap. 3).

2.1 Impulse zur Intensivierung von Selbstwahrnehmungen

Es ist nun einmal eine Tatsache, dass in der Natur von Lebewesen auf bestimmte Reize ausgerichtete fixierte Verhaltensprogramme angelegt sind, die vergleichbar mit einem „Autopiloten“ die nachfolgenden Reaktionen unwillkürlich steuern. Diese Anlagen sind genetisch bedingt und gehören zum Erbgut. Das können sowohl

H. Wienkamp, *Diagnostik von Manipulationen*,
https://doi.org/10.1007/978-3-662-68601-0_2

somatische, eher neurophysiologische Vorgänge als auch psychische Prozesse der Selbstwahrnehmung und unwillkürlicher zwanghafter Reaktionen sein.

2.1.1 Körpereigene neurophysiologische Prozesse

Beste Beispiele für autonome unbewusste Reaktionen sind die körperlichen neurophysiologischen Symptome (oder Marker), die in spezifischen Situationen sich unkontrolliert zeigen und bemerkbar machen. Diese „somatischen Marker", wie Damasio (1994) sie nannte, sind Ausdruck besonderer emotionaler Zustände oder Befindlichkeiten. Manche Menschen erröten z. B. aus Verlegenheit, wenn sie urplötzlich auf ein für sie peinliches Ereignis angesprochen werden, oder sie haben Angst und erschrecken sich, wenn sie bei Dunkelheit einem Fremden begegnen, und bekommen Herzrasen oder stockenden Atem.

Emotionen stehen bekanntlich für bestimmte affektive Ausdrucksformen oder Gefühle, die für das Individuum nicht kontrollierbar und steuerbar, aber in der Natur angelegt sind. Klar ist, dass zwar der Auslöser ein externer Reiz oder das Ereignis ist, aber die Reaktion auf einem in der Person ablaufenden inhärenten Prozess basiert, der von der Person wahrgenommen oder gefühlt wird und auf den sie zwangsweise reagiert.

Abgesehen von diesen ungesteuerten neurophysiologischen Prozessen existieren noch die ebenfalls vom Menschen nicht zu beeinflussenden Prozesse des autonomen Nervensystems mit Parasympathikus und Nonparasympathikus, die z. B. das Atmen und den Stoffwechsel bzw. die situative Anpassung der Organversorgung bei unterschiedlicher Beanspruchung sicherstellen. Unterstützt wird das autonome Nervensystem zudem noch durch die Neurotransmitter, die als körpereigene biochemische Botenstoffe, wie Dopamin für Lustempfindungen oder Serotonin zur Beruhigung des Organismus, den Stoffwechselkreislauf ebenfalls autonom und automatisch steuern.

2.1.2 Psychische Prozesse

Aber nicht nur die psychophysiologischen Symptome fallen in diese Kategorie unkontrollierter emotionaler Reaktionen. So können auch aufgrund von externen Reizen oder Personen ausgelöste innere Prozesse der Selbstwahrnehmung sich verselbstständigen und die Kontrolle über das psychische Befinden und den weiteren Prozess übernehmen. Ein gutes Beispiel ist hierfür der *Voyeurismus*, den sich die hiervon betroffenen Akteure, selbst wenn sie es wollten, nicht entziehen können (s. auch Abschn. 3.7). Im Gegenteil, sie erfahren in der Steigerung oder Intensivierung der hierdurch ausgelösten Erregung irgendwann ihre momentane Befriedigung, die allerdings nur zeitlich begrenzt ist und weitere emotionale Erlebnisse verlangt, wenn diese Voyeure, wenn man so will, erst mal „auf den Geschmack gekommen sind".

Voyeurismus kann zur Sucht oder einem Laster werden, wenn sich zufällig anwesende Beobachter dem Drang nicht entziehen können und ihren automatisch sich einstellenden Impulsen nachgeben müssen, mit ihrem Handy Fotos von z. B. Unfallopfern zu machen. Aus purer Sensationslust und Effekthascherei müssen sie dann diese Handy-Fotos unbedingt ins Netz stellen, um sie zu verbreiten und sich in den sozialen Medien interessant zu machen. Andere finden Befriedigung darin, Unterhaltungen von Personen mitzuhören, also zu lauschen, oder sie in ihrer Intimität zu beobachten und zu behelligen, wie z. B. beim An- und Ausziehen oder sonstigen (sexuellen) Handlungen. Dazu passt auch, wenn Menschen von Fernsehzuschauern aus einem puren Spannungsbedürfnis und Sensationsgier in heiklen Situationen aus voyeuristischen Motiven, wie z. B. beim Zuschauen der Vorgänge in einem Dschungelcamp oder sonstiger TV-Reality-Shows, wie z. B. „Big Brother" o. Ä., beobachtet werden und die Beobachter oder Zuschauer sich daran „ergötzen".

Vergleichbar mit voyeuristischen Triebkräften sind imaginierte Wunschvorstellungen, die sich unwillkürlich als (irreführende) Verhaltensreaktionen verselbstständigen. Kennzeichnend für einen solchen psychischen Mechanismus ist die Aussage oder das Sprichwort von Shakespeare: „Der Wunsch war Vater des Gedankens!" Innere Impulse sorgen bei Ausschaltung jeglicher Selbstkontrolle dafür, einen Menschen unweigerlich z. B. zu Falschbehauptungen, inkompetenten Handlungen oder sogar zu Missetaten zu verleiten, weil der Impuls, z. B. als Gier oder Lust zu etwas, auf keinerlei Widerstand stößt. Während beim Voyeurismus der Drang auf Bedürfnisbefriedigung ausschlaggebend ist, folgen Wunschvorstellungen einer mehr oder weniger spontanen Eingebung (oder auch Einbildung), die sich zu einem Gedankengang formt und auf Realisierung drängt.

Sogenannte *„Stalker"*, die ihre früheren Partner auf Schritt und Tritt verfolgen, können sich diesem inneren unkontrollierten Drang ebenfalls nicht entziehen und würden ebenso zu dieser Kategorie von unkontrollierten psychisch bedingten Empfindungen und Erlebnissen gehören und sie bereichern, obgleich Stalker eigentlich nicht zu den Voyeuren zählen. Die „Opfer" oder Zielpersonen sind für diese Individuen eher Objekte oder in Besitz genommene Trophäen, keinesfalls gleichwertige Subjekte als Mensch wie sie selbst.

Wohlmeinende Einschätzungen würden vielleicht von einer ausgeprägten Neugier ausgehen, sofern die Verhaltensmanifestationen sich noch in Grenzen halten und andere Personen nicht in ihrer persönlichen Entfaltung und in ihrem Leben nachhaltig stören. Neugier hat aber nichts mit fehlender Verhaltenskontrolle und zwanghaftem Verhalten unter differentialpsychologischen Gesichtspunkten zu tun. Neugier scheint in Relation zu voyeuristischen Verhaltenszügen eher eine Neigung, im schlimmsten Falle eine „Schrulligkeit" oder ein Laster, keinesfalls eine Sucht zu sein.

2.2 Fremdbeobachtungen, die unwillkürliche Reaktionen oder Bewertungen auslösen

Wer kennt nicht solche Begegnungen oder Erlebnisse, wo ein erstmaliger Kontakt mit einem bisher Fremden automatisch entweder ein Gefühl der Sympathie oder Antipathie als sogenannten „ersten Eindruck" auslöst? Nicht von ungefähr sind z. B. an Informationsschaltern Menschen mit einer „angenehmen Ausstrahlung" oft zu finden, die anderen auf Anhieb sympathisch sind. Auch diese verspürten Gefühle sind, wenn man so will, „bauchgetrieben" und laufen jenseits unseres Bewusstseins bzw. irgendwelchen kognitiven Steuerungsinstanzen spontan und unbewusst ab. Nicht überraschend dürfte sein, dass es zu dieser Gruppe wiederum unterschiedliche Qualitäten an Formen oder Ausprägungen gibt.

Die bekannteste Form ist die Beeinflussbarkeit oder Suggestibilität von Menschen. Daneben existieren noch abgeschwächte Mechanismen und Reaktionsweisen, die ebenfalls unwillkürlich bei Bedarf zum Zuge kommen, wie z. B. die Abhängigkeit und der deshalb notwendige Einsatz von Vorurteilen und Stereotypen oder das „täuschen, tarnen und sich verstecken", die ebenfalls als Notfallreaktion oder Abwehrhaltung automatisch Anwendung finden und von den Akteuren keinesfalls mit Absicht initiiert wurden oder werden.

2.2.1 Suggestibilität oder Beeinflussbarkeit

Im Grunde genommen sind wir alle irgendwie beeinflussbar und lassen uns zuweilen auch gerne beeinflussen und sind sogar dankbar dafür, weil es so bequem ist! In der Natur ist die Wahrnehmung von Signalen durch andere Lebewesen, wie z. B. bei Tieren, angelegt und fixiert. Ansonsten würden z. B. Notrufe oder Warnsignale gar nicht ihre Funktion erfüllen und wären insuffizient und damit vollkommen überflüssig.

Dennoch gibt es im Ausmaß an Suggestibilität zwischen den Menschen interindividuelle Unterschiede. Manche sind hochgradig für Signale anderer Personen, wie ein Seismograf, für alles empfänglich und daher leicht zu beeindrucken und zu beeinflussen. So lässt sich beobachten, dass z. B. eine Person häufig demjenigen recht gibt, mit dem sie zuletzt gesprochen hat. Nicht selten sind solche Menschen labil und schwankend in ihren Reaktionen und wissen scheinbar nicht so recht, was sie wollen und was ihre Präferenzen und Ziele sind.

Andere Individuen sind das krasse Gegenteil, nämlich stur, beratungsresistent und vor allem eingebildet und wissen alles besser. Häufig gesellt sich dazu noch die Abneigung gegenüber Neuem, Fremdartigem und Unbekanntem. Für ihre Mitmenschen ist es ziemlich mühevoll, diese künstlich ausgeprägte und hochstilisierte Skepsis zu überwinden und sie zu überzeugen.

2.2.2 Verhaltensbeeinflussungen durch Vorurteile oder Stereotypen

Wer seine Urteile und sein Verhalten von Ideologien, Dogmen oder sonstigen „unerschütterlichen" Prinzipien oder Glaubenssätzen abhängig macht, handelt immer automatisch nach bestimmten persönlichen, aber aufgesetzten und kritiklos übernommenen Präferenzen, unabhängig davon, ob sie in der jeweiligen Situation angemessen sind oder nicht. Das liegt zum einen an einer, wenn man so will, „konventionellen Beschränktheit" (s. Wienkamp, 2022a) sowohl im Denken als auch bei den nie zur Disposition stehenden persönlichen Präferenzen, wenn es z. B. um Geschmack oder praktische Dinge im Leben geht. Zum anderen entstammen Vorurteile oder stereotypische Einstellungen einer Autoritätshörigkeit, die es diesen Menschen verbietet oder sie daran hindert, Dinge oder Sachverhalte auf ihren Wahrheitsgehalt zu hinterfragen oder zu überprüfen. Lieber fügen sie sich quasi blind in ihr Schicksal. Zu trennen von Vorurteilen oder Stereotypen bei Entscheidungen und Beurteilungen wäre zum einen der Aberglaube, der zwangläufig in das irrationale Denken und Handeln abgleitet, und zum anderen die Leichtgläubigkeit, die allerdings als Persönlichkeitseigenschaft eher spontan und situationsabhängig auftritt.

Nicht verwunderlich dürfte sein, dass gerade der Gebrauch von Vorurteilen o. Ä. zu Wahrnehmungs- und Beurteilungsfehlern führt bzw. sie enorm begünstigt (s. z. B. Wienkamp, 2022b). Das liegt einzig und allein daran, dass Menschen mit Vorurteilen sich einmal von sogenannten „impliziten Persönlichkeitstheorien" leiten lassen, wo z. B. die Angehörigkeit zu einer bestimmten sozialen Klasse oder Gruppe einen bestimmten Charakter oder Persönlichkeitsprofil „impliziert", also unterstellt wird, zum anderen neigen sie dazu, dem „Halo-Effekt" zu erliegen bzw. diesen unbewusst bei der Personenbeurteilung anzuwenden, wenn sie z. B. bei Personen mit einem vorteilhaften, schönen Aussehen zusätzlich davon ausgehen, dass sie auch intelligent, gebildet etc. sind.

Es ist wohl nicht überraschend, dass unorthodoxes Denken oder eine offene oder liberale und tolerante Einstellung genau das Gegenteil zu Vorurteilen o. Ä. verkörpert und darstellt. Solche Menschen machen sich auch nicht von Gruppenzwängen, Klichees oder Modewellen abhängig, denn sie gehen offen, aber auch kritisch mit jeder Situation oder persönlichen Herausforderung um.

2.2.3 Tarnen, täuschen und sich verstecken

Kommen Menschen unter Druck, indem sie z. B. Position beziehen sollen oder ihre persönliche Meinung zu einem Thema vorbringen, haben sie unweigerlich Angst vor der Wahrheit, der Verantwortung oder vermuteten negativen Konsequenzen. Ihnen bleibt dann nur automatisch der einzige Ausweg, „sich davonzustehlen" und der Situation oder der Realität auszuweichen. Entweder versuchen sie, sich zu tarnen oder im bildlichen Sinne zu verstecken oder andere z. B. durch Rückgriff auf Ausreden zu täuschen und abzulenken.

Auf der Verhaltensebene stehen ihnen daher verschiedene Möglichkeiten zur Verfügung. Sie können ihr „Versteckspiel" mit dem Jonglieren von Halbwahrheiten verbrämen (s. auch Abschn. 2.4); sie können aber auch wichtige Dinge aus- oder weglassen und verschweigen, ohne das Gefühl zu haben, die Unwahrheit zu sagen und zu lügen. Andere Menschen sind in solchen Situationen „Meister" im Dramatisieren und Übertreiben und neigen schlichtweg zur Schauspielerei oder auch „Impression Management" genannt.

Individuen, die es mit solchen „trickreichen" Personen zu tun bekommen, wären gut beraten, sich genau anders zu verhalten, nämlich mit „offenen Visier" anzutreten und, auch wenn es manchmal schwerfällt und mögliche Nachteile oder negative

Konsequenzen hat, sich zur Wahrheit zu bekennen. Auf Unstimmigkeiten oder manieriertes Verhalten sollten sie bei ihren Gesprächspartnern darüber hinaus achten und dies auch ggf. zur Sprache bringen.

2.3 Systematische Beeinflussungen

Folgen wir den Zielen und Zwecken von systematischen Beeinflussungen, so können diese sich auf einen selbst, das wären die Selbstbeeinflussung oder Autosuggestion, oder auf eine andere fremde Zielperson beziehen. Egal welches Subjekt angepeilt und ins Visier genommen wird, es geht um einen gewünschten Effekt bzw. um eine Einwirkung oder Manipulation eines Vorgangs.

2.3.1 Selbst- oder Autosuggestion

Selbstbeeinflussung mittels sich selbst auferlegter Kommandos oder Anweisungen hat den Charakter einer Selbstsuggestion und gehört zu den hypnotischen Verfahren. Meistens werden Selbsthypnosen in medizinisch-psychotherapeutischen Behandlungen (mit oder ohne Unterstützung des Therapeuten) angewandt, insbesondere, um die Patienten in eine Trance oder Relaxation, also in eine tiefe Entspannung, zu versetzen. Kennzeichnend für einen durch (Selbst-)Hypnose herbeigeführten Zustand ist die Willenlosigkeit oder das „Sich einfach gehen lassen“ durch Ausschaltung der linken (kritischen) Hirnregion. Bei vollem Bewusstsein und absoluter Wachheit geht der Prozess dann in eine tiefe Entspannung über.

Nach den Erkenntnissen der Neuropsychologie sind allerdings beide Gehirnhälften an hypnotischen oder suggestiven Prozeduren beteiligt. In der linken Hemisphäre, also dem analytischen und kritischen Teil des Gehirns, wo sich auch das Sprachzentrum befindet, müssen die suggestiven Anweisungen sprachlich vorbereitet, also formuliert werden. Danach wandern diese Kommandos in die rechte Hemisphäre, also in den „holistischen“ oder ganzheitlich ausgerichteten Teil des Gehirns, wo dieser suggestive Vorgang durch Gefühle und bildliche Vorstellungen noch verstärkt und ausgelebt wird und erst bei Vollzug dieses Schrittes seine volle suggestive oder hypnotische Wirkung entfaltet.

Von daher ist es nicht verwunderlich, dass autosuggestive Ansätze gerne zur Herbeiführung einer Relaxation, wie beim Autogenen Training, zur Anwendung kommen. Zugleich findet dieses Verfahren Anwendung beim sogenannten „Mentalen Training“, das sich z. B. das „positive Denken“ oder sonstige Fantasie- oder Imaginationsübungen durch suggestive Eigenbefehle zu eigen macht und durch dazu passende (positive) gedankliche Vorstellungen oder Bilder begleitet und unterstützt wird.

Da kein Mensch gegen seinen Willen hypnotisiert werden kann, darf davon ausgegangen werden, dass die Bereitschaft zur Hypnose oder Selbstsuggestion ein bestimmtes Maß an Selbstvertrauen und emotionale Stabilität voraussetzt. Ängstliche Individuen würden sich ungern selbsthypnotisieren oder einer fremden Person als

Hypnotiseur ausliefern und auf eine Hypnose eher reserviert reagieren und sie wahrscheinlich ablehnen.

2.3.2 Manipulationen anderer Zielpersonen

Genauso gut wie ein Mensch sich selbst beeinflussen kann, kann er oder sie das Talent zur Suggestion oder systematischen Beeinflussung auch gegenüber anderen oder fremden Personen unter Beweis stellen und anwenden. Nur zeichnen sich diese in der Tat klassischen Manipulationen durch ihre Heimlichkeit und Tarnung aus, denn nur *verdeckte* Manipulationsversuche sind im Sinne des Wortes auch Manipulationen. Somit geht es bei diesen in voller Absicht durchgeführten Manipulationen um bestimmte handfeste Vorteilskalküle und nicht um die Abwehr negativer und bedrohlicher Attacken, wie es bei der Reaktion von „täuschen, tarnen und sich verstecken" gemeint war (s. Abschn. 2.2.3). Um jemanden zu beeinflussen oder zu dirigieren, wird ihm oder ihr bevorzugt etwas „untergeschoben", was in zweideutigen, ambivalenten Andeutungen oder Botschaften geschickt verpackt wurde.

Alle Aktivitäten, die darauf abzielen, einen anderen Menschen in einen bestimmten Gemütszustand (z. B. in eine heitere Stimmung oder vermeintliches Wohlbefinden) zu versetzen, um dann umso leichter die eigentlichen Beeinflussungsmanöver zu beginnen und eigene Interessen durchzusetzen, fallen ebenso unter das Konstrukt „Suggestivität", um „Suggestibilität" zu erreichen.

Schwertun sich Individuen, andere aus eigennützigen Motiven „vor ihren Karren zu spannen" und systematisch zum eigenen Vorteil zu beeinflussen, wenn sie es aufgrund ihrer Naivität oder ihrer unvollkommenen persönlichen Ausstrahlung nicht können, z. B. weil sie es nicht schaffen, mit Komplimenten o. Ä. zu schmeicheln oder andere einzuwickeln oder zu umgarnen, und damit aus eigener Erfahrung nie zum Erfolg kamen. Oder es liegt ihnen aus ethisch-moralischen Gründen fern, auf andere Menschen derart einzuwirken und ihnen ihren freien Willen zu nehmen und zu rauben.

In der Psychologie entspricht der „Machiavellist" exakt dem skrupellosen Typus des (heimlichen und trickreichen) Manipulators, der sich in geschickter Weise der systematischen Beeinflussung rücksichtslos zum eigenen Vorteil bedient, auch bei Inkaufnahme von Nachteilen anderer Personen (s. auch Abschn. 4.1.2.4).

2.4 Lügen und sonstige (vermeintliche) Falschaussagen

Eigentlich geht es beim Lügen entweder um eine systematische Beeinflussung des Fragenstellers, dessen konkrete Fragen sich der Befragte durch ausweichende oder falsche Antworten versucht zu entziehen, oder um die bewusste Absicht des „Lügners", etwas vorzutäuschen und die Aufdeckung der Wahrheit aus eigennützigen Motiven um alles in der Welt zu vermeiden. Aber da das Lügen sowohl unterschiedliche Ausprägungsgrade kennt als auch situativ unterschiedliche Qualitäten annehmen kann, macht es Sinn, es als eigenständiges Konstrukt zu behandeln und zu diskutieren.

2.4.1 Zeugenaussagen müssen nicht unbedingt der Wahrheit entsprechen

Für Kriminalisten und Juristen ist die Vernehmung von Zeugen häufig mit Falschaussagen aufgrund irrtümlicher Beobachtungen, falscher Erinnerungen oder nicht zutreffender Schlussfolgerungen verbunden. Etwas anderes ist es, wenn ein Zeuge bewusst die Unwahrheit sagt, also im wahrsten Sinne des Wortes lügt (s. nächster Abschn. 2.4.2). Eher ist die „Verdrehung der Wahrheit" bei Verdächtigen oder Angeklagten zu erwarten, die schlicht und ergreifend einfach „ihren Kopf retten oder aus der Schlinge ziehen" wollen und es darauf anlegen, dass die Anklageseite handfeste Beweise vorlegt. Mitunter sieht sich dann ein Richter in Gerichtsverhandlungen gezwungen, Aussagen unter Eid einzufordern und anzuordnen.

Nach den Erkenntnissen von Gerichtsgutachtern oder Sachverständigen ist eine Aussage unter Eid eine delikate Angelegenheit, da Falschaussagen als Meineid unter Strafe stehen. Das gilt nicht nur für Angeklagte, sondern auch für unverdächtige Zeugen, die sich dann dem Vorwurf der „Behinderung der Justiz" aussetzen. In vielen Fällen hält dies die Zeugen oder Verdächtigen davon ab, auf ihrer vorherigen (falschen) Aussage zu bestehen, sondern sie korrigieren sie oder schwächen sie durch Relativierung *„Es könnte ja auch anders gewesen sein – ich bin mir da nicht mehr so sicher"* ab.

Zeugen sind bei Vernehmungen nicht gezwungen, alles das, was sie wahrgenommen haben, korrekt wiederzugeben, sie sollten aber anzeigen, ob die Erinnerung an die Beobachtung unsicher sein könnte, damit sich der Kriminalbeamte im Verhör darauf einstellen kann und dies als Aussage korrekt zu Protokoll gibt.

Gerade von Zeugen wird darüber hinaus erwartet, dass sie das, was sie gegenüber der Kripo bei der Vernehmung gesagt und bezeugt haben, später bei der Gerichtsverhandlung gegenüber dem Gericht exakt genauso wiedergeben bzw. wiederholen (ggf. eben unter Eid).

2.4.2 Lügen

Bei dem Thema Lügen sind zunächst die sogenannten Halbwahrheiten von den eigentlichen, in voller Absicht ausgesprochenen Lügen zu differenzieren. *Halbwahrheiten* sind im Grundsatz Unterlassungen, indem bewusst Dinge verschwiegen oder sehr „verdreht" im Sinne von abgeschwächt oder tendenziös berichtet werden, meistens um den Zuhörer oder Gesprächspartner „auf eine falsche Fährte zu locken". Im Gegensatz zu eklatanten Lügen enthalten sie einen, wenngleich häufig mehr oder weniger unwesentlichen Anteil an Wahrheit oder „wahren Kern". Darüber hinaus beschränken sie sich auf die direkte Beantwortung der gestellten Frage und lassen alle anderen Angaben oder Beobachtungen, die die Situation zusätzlich erhellen und klären würden, „unter den Tisch fallen".

Ähnlich, aber doch anders gelagert sind Notlügen. Hiervon machen insbesondere Verdächtige unter Stress Gebrauch, um mit Falschaussagen aus der Bredouille zu kommen und „sich Luft zu verschaffen" bzw. von sich abzulenken. Werden sie zu einem späteren Zeitpunkt der Falschaussage überführt, ergehen sie sich in Ausreden oder Entschuldigungen, wie z. B. *„Das habe ich damals aber anders verstanden!"*, und versuchen, im Nachhinein die Situation für sich noch zu heilen.

Richtige Lügen sind somit bewusste und eklatante Falschaussagen, die bei Nachfrage wider besseres Wissen mehrfach wiederholt und bestätigt werden. Hierunter fällt auch das Bestreiten oder das Abstreiten von Gegebenheiten oder Ereignissen auf konkret gestellte Fragen, wie z. B. *„Waren Sie zu der Zeit am Tatort? – Ja oder Nein?"*. Lügnern kommt es somit auf die bewusste und absichtliche Inszenierung einer zwar unwahren oder fiktiven, aber vielleicht plausiblen Geschichte an, bei der sie bis zum Beweis des Gegenteils unter allen Umständen bleiben und sie verteidigen.

Eine besondere Form der Lüge oder auch der systematischen Beeinflussung ist das „Vortäuschen falscher Tatsachen", wie es die Juristen nennen, wenn sie von falschen und wahrheitswidrigen Behauptungen sprechen, die eben der Täuschung dienen. Unter psychologischen Gesichtspunkten ist das Vortäuschen falscher Tatsachen ein Problem von „Dichtung und Wahrheit" (s. Kap. 5)! In abgeschwächter Form könnten noch Selbstinszenierungen darunterfallen, die mit dem sogenannten „Impression Management" in Verbindung stehen. Dazu gehört auch der bewusst erzeugte fragwürdige oder falsche Eindruck, wenn sich jemand „mit fremden Federn schmücken" will, sowie die Simulation eines bestimmten psychischen Zustandes wie z. B. einer (vorgetäuschten) Krankheit oder Störung.

Menschen, die sich zur Eigenverantwortung für Ereignisse oder für Mitmenschen bekennen, kommen bestimmt nicht in die Versuchung zu lügen. Sie stehen zu ihrem Wort und zu ihren Aussagen, auch wenn es ihnen unter Umständen schwerfällt und ihnen spürbare Nachteile einfährt bzw. negative Folgen für sie hat.

2.5 Resümee

Anscheinend verhilft das vorgestellte Schema als Matrix oder „Vierfelder-Tafel" dazu, noch mehr Klarheit bei der Diskussion um manipulatives Verhalten zu gewinnen. So ließen sich doch einige Formen und Ausprägungen von Manipulationsmanövern unterscheiden, die evtl. für psychodiagnostische Zwecke hilfreich sind. Demzufolge hat das Lügen eine andere Qualität als z. B. das Täuschen oder Tarnen, um sich dumm und unwissend zu stellen. Von der Selbstbeeinflussung (Autosuggestion) scheint sich voyeuristisches Verhalten, verstanden als Sensationslust und Effekthascherei, aufgrund der fehlenden Selbst- oder Impulskontrolle abzugrenzen. Die verbleibenden Sub-Konstrukte oder Facetten der Manipulation, die bereits in dem zitierten System zur Manipulation vorkamen, ließen sich ebenso in dieser Systematik als Matrix einordnen und integrieren.

3 Verhaltensmanifestationen der Manipulation

Verhaltensbeschreibungen über Manipulationsversuche zu finden, dürfte nicht besonders schwerfallen. Das „Item-Universum“ des manipulativen Verhaltens könnte riesig sein und evtl. sogar „grenzenlos“, da Manipulatoren immer wieder etwas Neues in ihrer Fantasie einfällt, um ihre Mitmenschen in ihrem Sinne zu beeinflussen. Allerdings, wie anhand der Konstrukte oder Facetten zur Manipulation deutlich wurde (s. Kap. 2), gehören mit Ausnahme der Autosuggestion zu diesem interaktiven Spiel immer zwei Akteure, einmal der, der manipuliert, und zum anderen der, der sich manipulieren lässt – und es womöglich gar nicht merkt und erfährt.

In dem schon erwähnten Werk „Manipulation als System“ (Wienkamp, 2022a) finden sich bereits zu den fünf näher beschriebenen Mechanismen oder Sub-Konstrukten der Manipulation jeweils zwei Verhaltensbeispiele zur Illustration. Darauf aufbauend ließen sich weitere Verhaltensmanifestationen identifizieren, sammeln und konkretisieren, die sich allerdings nach der hier angepassten und neuen Systematik mit *sieben* Manipulationsmerkmalen richten. Alle aufgelisteten Verhaltensweisen sind aller Wahrscheinlichkeit nach inhaltsvalide bzw. haben eine „Augenscheinvalidität“.

Darüber hinaus wurde die Regel eingehalten und als Verfahren praktiziert, sowohl aktive und gewollte Manipulationsversuche als auch eher passive oder zu verhindernde Beeinflussungsaktionen zusammenzuführen und aufzulisten.

Die gesammelten Verhaltensbeschreibungen oder Episoden von Manipulation sind in den nachfolgenden Tab. 3.1, 3.2, 3.3, 3.4, 3.5, 3.6 und 3.7 aufgelistet.

H. Wienkamp, *Diagnostik von Manipulationen*,
https://doi.org/10.1007/978-3-662-68601-0_3

Tab. 3.1 Suggestivität

Item-Nr.	Polung	Item
1	+	Es kommt darauf an, Ideen oder Vorschläge so zu platzieren, dass der andere meint oder das Gefühl hat, er wäre selbst darauf gekommen.
2	+	Ich genieße es, andere im Ungewissen zu lassen, desto bereitwilliger werden sie meinen Vorschlägen folgen.
3	+	Ich glaube, dass ich anderen die richtigen oder passenden Worte in den Mund legen kann.
4	+	Es ist besser, in Bildern oder Beispielen zu sprechen, als sich sprachlich-logischer Argumente zu bedienen.
5	+	Um wirksam zu sein, würde ich eher auf Stimmungen und Gefühle setzen als auf logische Begründungen.
6	+	Schmeicheleien oder Komplimente sind hilfreich, um Vorbehalte oder Widerstände abzubauen.
7	+	Ich helfe gerne anderen „auf die Sprünge“.
8	+	Viele Leute lassen sich dadurch beeinflussen oder einfangen, indem sie gerne das hören, was sie schon wussten oder ihnen vertraut ist.
9	+	Menschen vermag ich auf Anhieb einzuschätzen, was sie für mich tun können oder ob sie mir von Nutzen sind.
10	+	Indem ich zunächst der anderen Partei Zustimmung signalisiere, fällt mir das Kontern umso leichter.
11	+	Manchmal ist es von Vorteil, die Dinge nur anzudeuten und bewusst Auswahl- oder Interpretationsspielräume anzubieten.
12	+	Ich habe das Gefühl, andere beobachten mich sehr genau, wie ich mich verhalte.
13	+	Wenn ich mit anderen spreche, habe ich das Gefühl, sie hören mir aufmerksam zu.
14	+	Viele können sich dem nicht entziehen, mich dauernd beobachten zu müssen.
15	–	Wenn Menschen sich künstlich aufspielen, entlarvt sie das.
16	–	Es fällt mir schwer, andere zu tadeln.

Tab. 3.2 Suggestibilität

Item-Nr.	Polung	Item
1	+	Wenn andere erfahren, welche Meinung ich vertrete, würde ich mich umso mehr dafür einsetzen und sie engagiert propagieren.
2	+	Für Stimmungen bin ich empfänglich.
3	+	Ich freue mich, wenn ich für meine Annahmen oder Vermutungen bestätigende Hinweise finde.
4	+	Verkaufsargumente eines Verkäufers nehme ich gerne auf, denn sie helfen mir, einen Kauf sowohl vor mir selbst als auch anderen gegenüber zu rechtfertigen.
5	+	Angst kann eine Realität schaffen, vor der man sich gefürchtet hat.
6	+	Wenn ich bei meiner letzten Examensprüfung durchgefallen wäre, würde ich automatisch aus Scham von einem bereits vereinbarten Arbeitsverhältnis zurücktreten.
7	+	Wenn ich in einem Restaurant ein Essen bestelle, richte ich mich immer nach der Empfehlung des Kellners.

(Fortsetzung)

Tab. 3.2 (Fortsetzung)

Item-Nr.	Polung	Item
8	+	Wenn mehrere meiner Nachbarn den gleichen Gärtner oder Handwerker in der Vergangenheit beauftragten, würde ich mich bei Bedarf diesen anschließen, ohne großartig darüber nachzudenken.
9	+	Wenn ich sehe, dass zwei Käufer den gleichen Artikel aus einem gegebenen Sortiment kaufen, weiß ich, wenn ich die Wahl hätte, was ich kaufen würde.
10	+	Viele Menschen suchen bei ihrer Meinungsbildung nur nach Bestätigungen und lassen Widersprüche leicht außer Acht.
11	–	Selbst wenn ein guter Freund oder Bekannter meinen Namen als Empfehlung gegeben hätte, würde ich trotzdem nicht an der Haustür etwas kaufen.
12	–	Mit meiner Sorglosigkeit ist es sofort vorbei, wenn ich merke, dass man mich still und heimlich beeinflussen will.
13	–	Wenn ich merke, dass man mir versucht, etwas unterzuschieben oder zu unterstellen, werde ich sofort argwöhnisch und verweigere mich, da mitzuspielen.
14	–	Der Weg des geringsten Widerstandes muss nicht immer der beste sein.

Tab. 3.3 Autosuggestion

Item-Nr.	Polung	Item
1	+	Wenn ich mir etwas intensiv vorstelle, spüre ich ein dazu passendes Gefühl irgendwo im Körper.
2	+	Ich lebe für meine Ideale und strebe sie intensiv an.
3	+	Manchmal hilft es einem Menschen, zu sich selbst zu sagen, „es hätte alles noch schlimmer kommen können".
4	+	Wenn es mal nicht so gut läuft, ist es schön, sich ein Stück zurückfallen zu lassen und von schöneren, besseren Dingen zu träumen.
5	+	Wenn ich eine schwierige Entscheidung getroffen habe, bin ich im Laufe der Zeit von meiner getroffenen Wahl zunehmend überzeugter.
6	+	Mein Bauchgefühl sagt mir, ob ich bei einer Entscheidung oder Handlung richtigliege.
7	+	Wenn mir jemand dumm kommt und ich die Person dafür abstrafen kann, verschafft mir das ein schönes Gefühl der Genugtuung.
8	+	Manchmal ist das eben so, wenn ich sehe, dass es einem anderen schlechter geht, geht es mir besser.
9	+	Ein Misserfolg, Missgeschick oder Niederlage ist für mich nie etwas Endgültiges, sondern nur etwas Vorübergehendes.
10	–	Wenn ich das Gefühl habe, jemand gut zu kennen, fange ich an zu zweifeln.
11	–	Ich bin eher ein selbstkritischer Mensch.
12	–	Viele Menschen leiden darunter, dass sie ihren Gedanken- oder Ideenfluss nicht steuern können und davon zeitweise überwältigt werden.
13	–	Mir fällt es schwer, meine Fantasie in Taten umzusetzen.
14	–	Wer immer an das Schlimmste denkt, macht sich selbst etwas vor.
15	–	Indem man eingetretene negative Zustände zur Kenntnis nimmt, verschafft man sich Distanz.

Tab. 3.4 Tarnen, Täuschen und sich Verstecken

Item-Nr.	Polung	Item
1	+	Ich würde eine wahre Aussage zugunsten einer anderen, aber nicht richtigen Aussage lieber unterdrücken, um einen besseren Eindruck zu erzeugen.
2	+	Etwas zu verschweigen ist weniger schlimm, als zu lügen.
3	+	Wenn ich das Gefühl habe, alle oder mehrere sind gegen mich, „gebe ich klein bei", auch wenn es so nicht zutrifft.
4	+	Es fällt mir nicht schwer, zu allem etwas zu sagen.
5	+	Wenn ich zu einem Bewerbungsgespräch eingeladen werde, würde ich mich intensiv um einen guten Eindruck bemühen, auch wenn das gezeigte Verhalten nicht meiner wahren Natur entspricht.
6	+	Ich glaube, man muss nur viele Tränen vergießen, damit einem geglaubt wird.
7	+	Mit bewussten Schmeicheleien lassen sich sonst unvermeidbare Konflikte umgehen.
8	+	Ich rede lieber von Herausforderungen als von Problemen.
9	+	Manche Menschen sind häufig gezwungen, sich zu verstellen, da ihre Umwelt nur das sehen soll, was sie auch sehen will.
10	+	Auf die Aufrechterhaltung der Fassade kommt es vielen insbesondere an.
11	+	Ich bevorzuge, lieber ein „Ja, aber …" zu sagen als ein klares „Nein", wenngleich ich so denke.
12	+	Falls ich eine Frage nicht richtig verstanden habe, beantworte ich sie lieber mit „Ja", auch wenn das falsch sein könnte.
13	–	Ich würde davon ausgehen, wenn jemand durch ausgeprägte Unwissenheit glänzt, dass er uns etwas vormacht.
14	–	Vermeidet ein Zeuge zeitlich chronologische Abläufe oder wechselnde Örtlichkeiten, ist das ein Zeichen, dass etwas nicht stimmt.
15	–	Sobald jemand ein „falsches Lächeln" im Gesicht hat, glaube ihm nicht.
16	–	Menschen, die Reue vorgeben oder (vermeintlich) zeigen, führen häufig etwas im Schilde.
17	–	Bevor ich etwas Falsches sage, lasse ich es lieber weg.

Tab. 3.5 Lügen

Item-Nr.	Polung	Item
1	+	Es fällt mir nicht schwer, unbewiesene Behauptungen aufzustellen.
2	+	Ich glaube, es ist nicht schwer, jemanden zu attackieren und sich nachher selbst als Opfer darzustellen.
3	+	Auch einer Falschbehauptung wird bei ständiger Wiederholung irgendwann geglaubt.
4	+	Es scheint zuzutreffen, dass die Menschen nichts dagegen haben, betrogen zu werden, solange sie es nicht bemerken.
5	+	Wenn ich nach einem verbotenen Verhalten gefragt werde, ergehe ich mich in Ausreden oder bestreite das.
6	+	Ich würde niemals zu einer Person sagen, ich wünsche, dass sie eine Aufgabe oder Arbeit übernehmen soll – obwohl ich mir das insgeheim wünsche.

(Fortsetzung)

Tab. 3.5 (Fortsetzung)

Item-Nr.	Polung	Item
7	+	Mir würde es nicht schwerfallen, verschiedene Identitäten anzunehmen und anderen etwas vorzumachen.
8	+	Wer unter Eid die Wahrheit sagt, kann bei anderer Gelegenheit ebenso auch lügen.
9	+	Durch Verschweigen oder Auslassen bestimmter Ereignisse lassen sich bewusst falsche bzw. irreführende Eindrücke provozieren.
10	–	Lügen lassen sich entlarven, wenn die Schilderungen nur eine mäßige Kohärenz aufweisen und ihnen jegliche Besonderheiten oder Auffälligkeiten fehlen.
11	–	Ich würde unbewiesene Behauptungen unbedingt vermeiden.
12	–	Wenn ich sehe, dass jemand seine Füße um die Stuhlbeine verankert, weiß ich, dass etwas nicht stimmt bzw. wahrscheinlich nicht der Wahrheit entspricht.
13	–	Wenn jemand die Nase rümpft, fühlt er sich anscheinend nicht wohl in seiner Haut.
14	–	Es würde mir nichts ausmachen, peinliche Vorfälle oder Ereignisse wie Führerscheinentzug, nicht bestandene Prüfungen etc. zuzugeben.

Tab. 3.6 Vorurteile oder Stereotypen

Item-Nr.	Polung	Item
1	+	Geschehnisse aufgrund von „Hörensagen" würde ich meistens als wahr annehmen und nicht infrage stellen, denn sie können eigentlich nicht anders passiert sein.
2	+	Vielen Menschen fällt eine Urteilsbildung dann leichter, wenn ein Verdächtiger das Delikt schon einmal in der Vergangenheit begangen hat.
3	+	Der Ruf oder das Image einer Person hat für mich bei wichtigen Entscheidungen eine ausschlaggebende Bedeutung (z. B. bei der Wahl eines Partners oder Babysitters).
4	+	Ich kann mir gut vorstellen, dass bestimmte Medikamente Krankheitssymptome entwickeln oder verstärken, die erst nach ihrer Einnahme zu einer Erkrankung führen.
5	+	Wer reich oder sehr vermögend ist, darf sich nicht wundern, wenn in seinem oder ihrem Zuhause häufiger eingebrochen wird.
6	+	Wenn die Gefahr besteht, dass ein Artikel rationiert oder knapp werden könnte, würde ich mir vorsorglich einen größeren Vorrat sichern.
7	+	Ich halte mich fest an meinen Prinzipien.
8	+	Jemand, der nicht an Wunder glaubt, ist kein Realist.
9	+	Wer immer nur den negativsten Ausgang annimmt, kann nie enttäuscht werden.
10	+	Ich teile die Ansicht „Gelegenheit macht Diebe" und halte alle Versuchungen für bedenklich.
11	+	Es ist schon was dran, reicht man einem den kleinen Finger, nehmen sie gerne die ganze Hand.
12	+	Manche Leute müssen immer aus einer Mücke einen Elefanten machen.
13	–	Ich kann gut nachvollziehen, dass diejenigen, die sich böse oder schlecht verhalten, noch nicht einmal böse oder schlecht sein müssen.
14	–	Idole haben für mich nie eine große Bedeutung besessen.

Tab. 3.7 Voyeurismus

Item-Nr.	Polung	Item
1	+	Krimis zu lesen ist deshalb interessant und spannend, da jemand anderes „sich die Hände schmutzig macht" und die Lösung des Falles übernimmt.
2	+	Sollte ich bei einem schweren Unfall zufällig anwesend sein, würde ich auf jeden Fall versuchen, mit meinem Handy Fotos zu machen.
3	+	Ich beobachte gerne Menschen, denen es nichts ausmacht, z. B. Achterbahn zu fahren oder sich sonstigem intensiven Nervenkitzel auszusetzen.
4	+	Wenn sich zwei Personen angeregt unterhalten, muss ich unbedingt mithören (lauschen).
5	+	Wenn zwei Menschen sich streiten, kann ich nicht anders, als das Geschehen bis zum Ende zu beobachten.
6	+	Wenn ich ein Fernglas hätte, würde ich es ohne Skrupel zur (verdeckten) Beobachtung von anderen Personen einsetzen.
7	+	Fernseh-Realityshows wie z. B. „Dschungelcamp" oder „Big Brother" finde ich spannend und möchte sie nicht verpassen.
8	+	Ich bin absolut dafür, an passenden Orten mit Videokameras das Verhalten von unverdächtigen Personen zu filmen.
9	–	Ich glaube, „Stalker" leben in einer Parallelwelt, wenn sie um etwas kämpfen, das sie nie hatten.
10	–	Leuten, die von Unfallopfern Fotos machen und ins Netz stellen, ist nicht zu helfen.
11	–	Bei einem Banküberfall muss ich nicht unbedingt dabei sein.
12	–	Leute, die sehr persönliche Fotos oder Ansichten öffentlich machen, sind mir fremd, weil mich das abstößt.

3.1 Verhaltensbeschreibungen der Suggestivität

Der Logik folgend kann das Manipulieren nur gelingen und passieren, wenn es einen Menschen gibt, der manipulatives Verhalten praktiziert und es versucht, heimlich oder im Verborgenen bei anderen anzuwenden. Mit anderen Worten muss dieser Mensch über die Gabe oder Veranlagung von Beeinflussungsvermögen verfügen und sich bei der Ausübung geschickt verhalten, um nicht bei seinen Manipulationsversuchen entdeckt zu werden und negativ aufzufallen. Eine Gabe oder ein Talent zur gekonnten Durchführung von Hypnosen ist allerdings nicht erforderlich. Ferner dürfen Manipulatoren keine Skrupel haben, ihre Beeinflussungstechniken auch anzuwenden und sie zum eigenen Vorteil zu nutzen, auch wenn ihre „Opfer" damit Nachteile erleiden und, was nicht zu unterschätzen ist, ihrer Willensfreiheit beraubt werden.

Zudem gibt es für Verhaltensmanipulationen auch verwandte Attribute, wozu z. B. das Überreden eines Menschen zu etwas oder der etwas elegantere Ausdruck „Überzeugen" gehört. Mitunter können bereits bestimmte Charaktereigenschaften oder Haltungen auf andere Menschen Eindruck machen und verhaltensbeeinflussend sein, wie z. B. permanentes Kritisieren oder Imponiergehabe.

Verhaltensweisen oder Items mit positiver Polung (+) signalisieren eine aktive Rolle in der Beeinflussung anderer Menschen, während eine negative Polung (–) eher eine gewisse Zurückhaltung oder eine negative Einstellung zum Beeinflussungsvermögen andeutet.

3.2 Verhaltensbeschreibungen der Suggestibilität

Auch wenn niemand gegen seinen Willen hypnotisiert werden kann, gibt es doch individuelle Unterschiede in der Beeinflussbarkeit und Abhängigkeit von den Beeinflussungsversuchen anderer Menschen. Eine Neigung zur Beeinflussbarkeit kann unbewusst und spontan auftreten, aber auch ganz bewusst und zuweilen dankbar entgegengenommen werden. Wie bereits angedeutet, sind die Motive für eine Beeinflussung durch andere recht vielfältig und zuweilen z. B. aus Gründen der Bequemlichkeit auch gewünscht. Bequemlichkeit mag ein wichtiger Grund oder ein Motiv für das Auftreten von Beeinflussbarkeit sein. Zusätzlich mögen noch andere Neigungen oder menschliche Schwächen die Suggestibilität fördern, wie z. B. die Schwäche, „alles gleich für bare Münze zu nehmen", also leichtfertig zu glauben und ohne es zu hinterfragen als Realität zu übernehmen (s. hierzu auch Abschn. 3.6).

Menschen, die sich ungern etwas sagen lassen und allen gut gemeinten Ratschlägen zunächst negativ begegnen, sind auch keine „pflegeleichten" Artgenossen und aufgrund ihrer Beratungsresistenz im Allgemeinen schwierig und eben „nicht pflegeleicht". Auf der anderen Seite zeigen sich auch Verhaltenszüge, die sich strikt gegen jede Form der Beeinflussung wenden, vorausgesetzt, die zu beeinflussende Person wird der Manipulation gewahr und betrachtet sie als Beeinflussungsversuch.

Unter Umständen sind Misstrauen, Risikoscheu oder auch eine gewisse Skepsis mit im Spiel, die die gezeigten Verhaltensweisen auslösen und begleiten.

3.3 Verhaltensbeschreibungen für Autosuggestionen

Individuen, die die Begabung haben, sich leicht selbst beeinflussen zu können, haben es im Grundsatz leichter im Leben. Sie sind nicht nur besserer Stimmung, sondern schaffen es in der Regel auch, an sich selbst zu glauben und das zu realisieren, was sie sich vorgenommen haben. Autosuggestion kann auch eine Voraussetzung dafür sein, sich nicht nur selbst zu beeinflussen, sondern auch sich selbst zu überzeugen!

Menschen, die Selbstbeeinflussungen vermeiden, lassen sich entweder treiben oder schirmen sich von Gefühlsregungen o. Ä. regelrecht ab bzw. legen sich, bildlich gesprochen, einen „Panzer" zu, an dem alles abprallt.

3.4 Verhaltensbeschreibungen für Tarnen, Täuschen und sich Verstecken

Scheinbar aus einer menschlichen Schwäche heraus neigen Individuen dazu, sich unbewusst „klein zu machen", um möglichst wenig von sich preiszugeben. Sie stellen sich entweder dumm und unwissend oder jonglieren mit Halbwahrheiten bzw. lassen wesentliche Informationen „unter den Tisch fallen", um andere auf eine falsche Fährte zu führen.

Es kann nicht davon die Rede sein, dass diese „Täuscher" besonders listig sind und sich dabei geschickt anstellen, eher ist ihr „falsches" Verhalten der Not gehorchend.

Anders als beim Lügen erfahren solche Personen diese für sie peinlichen Situationen somit als eine Notlage, der sie sich nur durch diese eher unbewussten Reaktionen entziehen können.

3.5 Verhaltensbeschreibungen für das Lügen

Abgesehen von sogenannten „Notlügen", die aus einer Verteidigungshaltung hier und da spontan und ungewollt passieren können, ist das vorsätzliche bewusste Lügen ein eklatantes Fehlverhalten, das bei einer Aufdeckung oder Enttarnung zu einem massiven Vertrauensbruch und Ansehensverlust führen dürfte.

Wie den nachfolgenden Verhaltensweisen zu entnehmen ist, gibt es unterschiedliche „Spielarten", mit der Wahrheit rechtswidrig und moralisch äußerst fragwürdig umzugehen. Lügen „haben nicht nur kurze Beine", wie ein Sprichwort sagt, sondern auch viele Gesichter!

3.6 Verhaltensbeschreibungen für Vorurteile oder Stereotypen

Wer seine Vorurteile pflegt, macht es sich im Leben häufig einfach und bequem und ist sich selbst genug. Eine andere Form von Vorurteilen oder Stereotypen könnte Leichtgläubigkeit sein, die eigentlich ein Zeichen einer Abhängigkeitsbeziehung ist und die Bildung einer eigenen Meinung verhindert, da es ebenso bequemer und behaglicher ist, sich einer anderen vorgefertigten Meinung anzuschließen.

Zu den Vorurteilen oder Stereotypen gehört, dass sie mitunter unbewusst angewendet werden und diesen Personen bei ihren Denk- und Beurteilungsprozessen einfach so unterlaufen.

3.7 Verhaltensbeschreibungen für Voyeurismus

Voyeurismus wurde bereits im Rahmen des Einflusses psychischer Prozesse (s. Abschn. 2.1.2) hinreichend diskutiert. Entscheidend hierbei ist, dass sich hiervon betroffene Personen in eine psychische Abhängigkeit, ähnlich wie bei einer Sucht oder einem Laster, begeben. Voyeuren ist es unmöglich, in den fraglichen und relevanten Situationen der Versuchung zu widerstehen. Allgemein gesprochen ist ihr Verhalten impertinent, nämlich unverschämt und skandalös. Manchmal sind Voyeure in einer aktiven Rolle zu finden, wenn sie z. B. andere Menschen aktiv beobachten, in anderen Situationen ergötzen sie sich an dem, was andere gerade machen. Voyeurismus, aber auch Stalking gelten als irrationales Verhalten, da die betroffenen Personen sich ihrem Drang oder Laster nicht entziehen können. Ob ihr Verhalten schon wahnhafte Züge aufweist, sei dahingestellt. Bei einer bekannten forensischen Psychiaterin ist die sehr einleuchtende und zutreffende Definition, die von einem ihrer Kollegen stammte, für Wahnsinn und zur Klarstellung dessen zu finden: „Wahnsinn ist, sich sein eigenes Luftschloss zu bauen und darin zu leben" (Adshead & Horne, 2022, S. 346). Vielleicht leben auch diese Charaktere in ihrem eigenen Luftschloss, ohne dass es ihnen unbedingt bewusst ist!

3.8 Resümee

Modelle oder Konstrukte sind das eine, aber die Konkretisierungen dieser Merkmale und ihre Operationalisierung für die Praxis sind das andere. Aus dem „Universum der Verhaltensmuster" lassen sich bei einigem Nachdenken und gedanklichen Vorstellungen sicherlich sinnvolle Verhaltensbeispiele finden, wie es auch für die Konstruktion von psychologischen Tests üblich ist.

Für die hier behandelten und diskutierten *sieben* Sub-Konstrukte der Manipulation war es möglich, genügend Verhaltensmanifestationen zu finden, die eine gute Plattform für die weitere Entwicklung und Konstruktion geeigneter psychodiagnostischer Verfahren wären.

4 Differentialdiagnostische Aspekte manipulativen Verhaltens

Bei einer differentialdiagnostischen Betrachtung eines psychologischen Modells oder Konstruktes sind zwei wesentliche Gesichtspunkte zu beachten. Erstens muss dieses psychologische Merkmal, oder die dazugehörigen Sub-Konstrukte oder Merkmalsfacetten, sich von anderen (nicht ähnlichen, also artfremden) Persönlichkeitsmerkmalen deutlich unterscheiden und abgrenzen. Zum anderen ist von Bedeutung und i. d. R. zu erwarten, dass sich Individuen in der Ausprägung oder Intensität in dieser Persönlichkeitsdisposition individuell ebenfalls unterscheiden, wenn sie unterschiedlichen Charakteren angehören.

Zu ähnlichen oder verwandten Persönlichkeitsmerkmalen können inhaltliche Überschneidungen oder korrelative Zusammenhänge bestehen, die empirisch statistisch festzustellen und nachzuweisen sind. Persönlichkeitsforscher würden dann von *konvergenter* Konstrukt-Validität sprechen. Genau anders gelagert wäre der Fall, wenn es Vermutungen oder Hypothesen geben würde, die deutliche oder diametrale Unterschiede zwischen absolut unähnlichen oder verschiedenen Merkmalen hervorheben, wie es bei *diskriminanter* Konstrukt-Validität zu erwarten wäre.

4.1 Konstrukt-Validität des Merkmals Manipulation

Für die Untersuchung der Konstrukt-Validität ist es einerseits wichtig, dass in irgendeiner Art und Weise die zu diesem Persönlichkeitsmerkmal gehörenden Merkmalsfacetten miteinander hoch korrelieren, wenn dies inhaltlich zu fordern und geboten ist, wie z. B. zwischen dem Submerkmal „Täuschen-Tarnen-Verstecken“ (s. Abschn. 3.4) und dem Submerkmal „Lügen“ (s. Abschn. 3.5). Andererseits sind über Annahmen oder Hypothesen inhaltliche Zusammenhänge (oder Nicht-Zusammenhänge z. B. als sogenannte „Null-Korrelationen“) zu anderen, nicht unbedingt mit Manipulation gleichzusetzenden Merkmalen, wie z. B. Neurotizismus oder Gewissenhaftigkeit, zu bilden oder auszuschließen und empirisch zu überprüfen.

H. Wienkamp, *Diagnostik von Manipulationen*,
https://doi.org/10.1007/978-3-662-68601-0_4

4.1.1 Zusammenhänge innerhalb des Merkmals Manipulation zwischen den definierten Merkmalsfacetten

Vielleicht macht es die Sache einfacher, wenn bei den definierten Merkmalsaspekten der Manipulation ein Blick auf die aufgelisteten und formulierten Verhaltensweisen als Items dieser „Unter-Merkmale" geworfen wird (s. vorheriges Kap. 3). Zumindest liegen neben den grundsätzlichen Mechanismen und Ausrichtungen dieser Sub-Konstrukte bei der Konstruktion dieses Persönlichkeitsmerkmals von Manipulation (s. Kap. 2) genügend Verhaltensbeispiele in konkreter Form vor.

Am einfachsten und vielversprechendsten scheint der Ansatz zwischen einer vermutlich aktiven Rolle einerseits (s. Tab. 4.1 – aktiv oder „Attacke") und passiven Rolle andererseits zu sein (wie z. B. passiv oder „Abwehr"). Wir können auch sagen, ein aktives Verhalten ist zielorientiert, während ein eher passives Verhalten ein Stück Zurückhaltung oder Leidensfähigkeit in sich birgt. So gesehen würden folgende Facetten oder Submerkmale der Manipulation miteinander kovariieren und dieselbe Richtung anpeilen.

Aktives Verhalten bedeutet in diesem Kontext zum einen ein gewisses Maß an Selbst- oder Verhaltenskontrolle, zum anderen ein Eingehen von situativen Risiken. Beim passiven Verhalten fehlt wahrscheinlich die Kontrolle über die aktuelle Situation und die eigenen Reaktionen darauf. Menschen, die sich in dieser Rolle sehen und sich so verhalten, lassen sich zumeist von entweder ihren Emotionen oder von den Geschehnissen überwältigen und sind nicht imstande, sich dem zu entziehen. Es kann bei den einzelnen Submerkmalen auch vorkommen, dass beide Verhaltensqualitäten wechselweise in Erscheinung treten (z. B. bei Voyeurismus), aber gemäß der gewählten Klassifizierung ist eine Qualität entweder wahrscheinlich dominanter oder einfach situationsabhängig.

Bei dieser vorgenommenen Aufteilung ist davon auszugehen oder zu vermuten, dass die Submerkmale mit gleicher Ausrichtung stärker miteinander korrelieren, da hinter ihnen die gleiche Disposition oder Neigung wirksam ist. Dagegen ist im Vergleich von aktiven vs. passiven Verhaltensrichtungen der Manipulation zu erwarten, dass sie entweder nicht korrelative Zusammenhänge offenbaren oder sogar negative Korrelationsbeziehungen aufweisen, wie das z. B. bei Suggestivität als Beeinflussungsvermögen und Suggestibilität als Beeinflussbarkeit normalerweise zu erwarten wäre.

Tab. 4.1 Differenzierung der Merkmalsfacetten nach aktiver (= Attacke) bzw. passiver Funktion (= Abwehr)

Nr.	Merkmalsfacette	Aktiv	Passiv
1	Suggestivität	X	
2	Suggestibilität		X
3	Autosuggestion	X	
4	Täuschen-Tarnen-Verstecken		X
5	Lügen	X	
6	Vorurteile oder Stereotypen		X
7	Voyeurismus	(X)	(X)

Wenn diese Korrelationen so eintreten wie angenommen, dann hätte das Konstrukt Manipulation sowohl inhärente konvergierende als auch diskriminante Konstrukt-Validitäten, und das würde die Konstrukt-Validität inhaltlich bestätigen.

Von den sogenannten „central traits“ (s. z. B. Gatewood & Feild, 1987, S. 438) kam zur ergänzenden Validität-Prüfung die Dimension „Aktivität“ mit ihren Ausprägungen „aktiv vs. passiv“ schon mal a priori zur Anwendung, allerdings aus naheliegenden Gründen ohne eine statistische Befunderhebung und Nachweis. Inwieweit die beiden anderen Dimensionen „Wert (value)“ und „Kraft (power)“ für eine zentrale, also übergeordnete Varianzaufklärung beitragen können, ist der späteren Empirie zu überlassen.

4.1.2 Zusammenhänge zu anderen Persönlichkeitsmerkmalen bzw. Testskalen

Schon an anderer Stelle ergab sich der eine oder andere Hinweis, dass bestimmte Persönlichkeitsmerkmale wie z. B. Machiavellismus oder auch Neugier zu bestimmten Merkmalsaspekten der Manipulation in enger inhaltlicher Verbindung stehen und sicherlich Überschneidungen existieren. Sicherlich ist es notwendig, die Frage der Neigung zur Beeinflussung bzw. der Beeinflussbarkeit mit den seit langer Zeit vorliegenden Erkenntnissen zur Persönlichkeitsentwicklung, wie z. B. zur „emotionalen Stabilität“ oder zur grundsätzlichen Ausrichtung nach einerseits Extraversion und anderseits Introversion, zu prüfen und zu diskutieren.

In jüngster Zeit hat sich die Persönlichkeitsforschung zusätzlich noch mit den eher nicht gerade menschenfreundlichen Persönlichkeitstypen der „Dark Triade“ (s. Abschn. 4.1.2.4) ausgiebig beschäftigt, die bekanntlich über ein hohes und abschreckendes Manipulationspotenzial verfügen.

Nicht von ungefähr war es gerade in früheren Zeiten üblich, eine neben den Persönlichkeitsvariablen begleitende zusätzliche Lügen-Skala zu installieren und die Interpretation der Testbefunde von dem Gesamtwert in der Lügen-Skala abhängig zu machen.

4.1.2.1 Verbindungen zu allgemeinen „klassischen" Persönlichkeitsmerkmalen

Sobald es um die Analyse der Persönlichkeit geht, kommen wir an den Grundstrukturen der Persönlichkeitsentwicklung nicht vorbei. Vorausgegangen und entscheidend geprägt hat die weitere Personalforschung, wie z. B. die Entwicklung des „Big Five“, das Persönlichkeitsmodell von Eysenck (1970) mit den Konstrukten (s. auch Abb. 4.1): *Extraversion-Introversion, Neurotizismus* und *Psychotizismus* (engl.: Psychoticism). Extravertierte sind außenorientiert und anderen Menschen zugewandt, während Introvertierte nach innen gerichtet, also mehr auf sich selbst bezogen sind. Labilität, Nervosität und eine allgemeine Unsicherheit oder Angst sind Symptome von Neurotizismus, und Psychotizismus hängt eng mit psychopathischen und psychiatrischen Auffälligkeiten, also abnormen Verhaltensmustern zusammen und lässt sich in aller Kürze als unangepasstes Sozialverhalten, egal aus

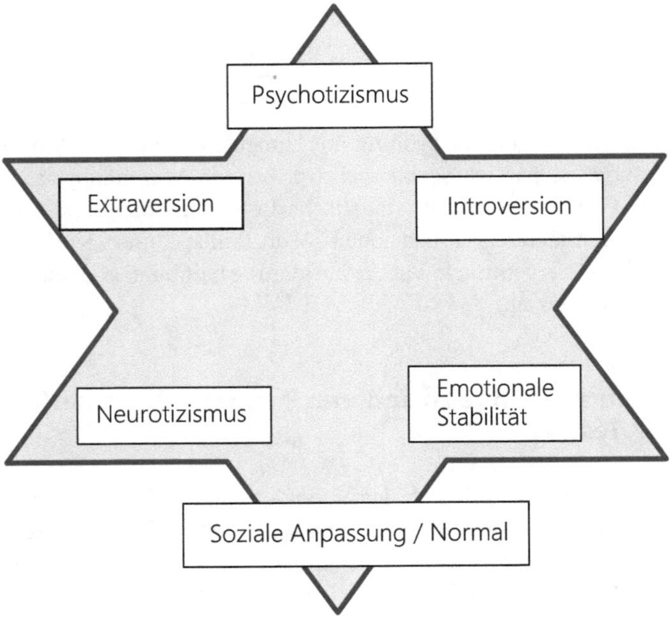

Abb. 4.1 Das Persönlichkeitsmodell: *E – N – P* von Eysenck (in eigener Darstellung)

welchen Formenkreis es stammt, benennen und beschreiben. Für Eysenck (1981) haben Menschen mit hohen Psychotizimusausprägungen ein „Super Ego" und dürften daher über ein hohes Maß an Manipulationsvermögen verfügen und dieses Potenzial ohne irgendwelche Skrupel einsetzen, wenn es ihnen hilft und nützt. Ihr Verhalten kann sowohl aggressive als auch parasitäre Züge annehmen.

Während Eysenck anhand der erhobenen Testergebnisse und der vorher nach einer Faktorenanalyse festgestellten Faktorenausprägungen (das sind die hohen oder niedrigen Ladungen der Testaussagen oder Items) für die dysthymischen Auffälligkeiten (das sind psychiatrische Syndrome, die durch Angst verursacht werden wie z. B. Zwangsneurosen) noch einigermaßen verlässliche und interpretierbare Persönlichkeitsprofile fand, ließen sich hingegen die Formen von Hysterie in seinem Modell nicht „lupenrein" abbilden, sodass sich im Laufe der Zeit seine Forschungsbemühungen mehr dem antisozialen psychotischen Verhalten zuwendeten (vgl. Gray, 1981).

Nach den schon damals vorliegenden experimentellen Befunden sind introvertierte Menschen sehr viel leichter „konditionierbar", also beeinflussbar, als unauffällige Individuen und erst recht als Extravertierte. Für Eysenck (1977) nehmen introvertierte Personen kritische Situationen einfach mit mehr Ernst und Vorsicht wahr, was sie vor unangepasstem sozialen Verhalten bewahrt. Völlig anders stellt sich die Situation bei den Extravertierten dar, die schlechter in den Experimenten zu konditionieren waren und sich weniger um Regeln oder Gebote scherten. Unterstützung fand diese Aussage durch eine von Eysenck (1981, S. 19) zitierte Untersuchung von Tranel (1961) mit Extravertierten und Introvertierten zur Erduldung perzeptiver Isolation durch die Aufforderung, sich für eine unbestimmte Zeit „ganz ruhig“ zu verhalten. Überraschenderweise vertrugen die Extravertierten diese Situation besser, da sie die Instruktion einfach ignorierten und sich in der Versuchszeit selbst stimulierten, was die Introvertierten nicht taten und sich streng an die Regeln hielten.

In dem hier gewählten Kontext der Manipulation dürften demnach Introvertierte aufgrund ihrer Konditionierbarkeit leichter zu manipulieren sein als andere Personen, die nicht über diese Persönlichkeitsausprägung verfügen. Allerdings gab es auch Situationen, in denen extravertierte Individuen sich gerade für soziale Belohnungen und Aufmerksamkeiten („Social Rewards“) besonders erkenntlich zeigten und davon stärker beeindrucken ließen (s. Wilson, 1981, S. 218).

4.1.2.2 Verbindungen zu den „Big Five"-Konstrukten

Von den „Big Five“ -Merkmalen: (1) Neurotizismus, (2) Extraversion-Introversion, (3) Gewissenhaftigkeit, (4) Offenheit für neue Erfahrungen und (5) Soziale Verträglichkeit stehen sicherlich nicht alle Verhaltens- oder Persönlichkeitsdispositionen gleichermaßen mit Manipulationen in Verbindung.

Leicht beeinflussbare Individuen könnten eine Disposition zur Labilität und damit zur emotionalen Instabilität aufweisen, was in Richtung Neurotizismus tendieren würde. Bezüglich der restlichen „Big Five“ -Konstrukte (Costa & McCrae, 1992; McCrae & Costa, 1999) sind keine inhaltlichen Überschneidungen mit Beeinflussbarkeit auf Anhieb erkennbar. Eysenck (z. B. 1970 und 1977) sprach allerdings davon, dass introvertierte Menschen sich nicht nur besser und auch schneller konditionieren lassen, sondern bei ihnen auch eher mit der Entwicklung und Wirksamkeit eines „Gewissens“ zu rechnen ist – und damit mit dem Auftreten von Schuldgefühlen, die entweder das Verhalten a priori oder die Befindlichkeit danach, also ex post, bestimmen.

Alle Verhaltenstendenzen, die in Richtung Täuschen, Tarnen oder sogar Lügen gehen, sind psychopathische sowie soziopathische Veranlagungen, die in einer Sozialgemeinschaft geächtet sind und nicht auftreten dürfen oder sollten. Negativ korrelieren müssten diese abträglichen Verhaltenszüge daher mit dem Konstrukt „Soziale Verträglichkeit“ aus den Big Five.

Bei der *HEXACO*-Variable (Lee & Ashton, 2004) *„Ehrlichkeit – Demut* (engl.: *honesty – humility)“* würden „Lügner“ sicherlich des Weiteren schlecht abschneiden und, wenn sie den Test wahrheitsgemäß bearbeiten, einen niedrigen Punktwert erzielen. Somit wäre im Ergebnis ebenso ein negativer Zusammenhang zu erwarten.

4.1.2.3 Verbindungen zu gefühlsbetonten emotionsbezogenen Modellen und sich selbst beeinflussenden Faktoren

Wer sich leicht selbst beeinflussen kann, muss ein gutes gedankliches Vorstellungsvermögen haben und sich gerne der Imaginationen oder Bilder bedienen. Darüber hinaus ist in so einem Kontext auch eher ein optimistischer, positiven Stimmungen zugeneigter Typ als ein pessimistischer Typ zu erwarten, sodass die Neigung zur Autosuggestion mit *Wunschdenken* (ggf. auch Offenheit für neue Erfahrungen) einhergehen könnte.

Autosuggestive und sich selbst beeinflussende Faktoren sind neben der Persönlichkeitsdisposition in hohem Maße von der *Situation* abhängig. Mit der situativen Komponente sind die Auslöser für eine gegebene natürliche Neigung zu spontanen, aus dem Unterbewusstsein kommenden Reaktionen gemeint, die eng mit der Persönlichkeitsentwicklung interagieren und die sich im *impulsiven* Verhalten, aber auch in *angstbesetzten* Reaktionen offenbaren. Ungeachtet der Erweiterung des „klassischen" Persönlichkeitsmodells von Eysenck (des E – N – P; s. Abb. 4.1) durch das um weitere Persönlichkeitsmerkmale angereicherte Modell der „Big Five", tat sich die Persönlichkeitspsychologie insgesamt relativ schwer, an diesem Modell von Eysenck Modifikationen vorzunehmen, die die Grundstruktur verändern.

Schon mit der Frage an die Persönlichkeitsforschung und ihren Modellen überhaupt, die Gray (1981) in Form einer Bestandsaufnahme und kritischen Analyse dem Persönlichkeitsmodell von Eysenck unterzog, nämlich nicht nur zu fragen: „Does it work?, but what's it for?", um von dem Aspekt der deskriptiven Verhaltensbeschreibungen auf die dahinterliegenden verhaltensverursachenden Motive und Beweggründe zu schließen, ergaben sich für die Forschung neue Hinweise und Impulse.

Ohne das Grundmodell der Persönlichkeit von Eysenck grundlegend in seiner Struktur infrage zu stellen, kam Gray (1981) zu der Erkenntnis, dass eine Reihe vorliegender Forschungsbefunde besser zu erklären und zu interpretieren wären, wenn die Persönlichkeitsdimension Extraversion-Introversion einerseits und Neurotizismus (vs. emotionale Stabilität) andererseits durch die Diagonalen *Angst* und *Impulsivität* als Sub-Konstrukte miteinander verbunden werden und ihre Verhaltensintensität von unterschiedlichen Erregungspegeln und nicht von Hemmschwellen, die das Verhalten blockieren, abhängt (bildlich gesprochen würden die beiden Achsen, nämlich Extraversion-Introversion und Neurotizismus um 45° gedreht). Plausibel ist zudem auch, dass diese beiden Antriebskräfte Angst vs. Impulsivität wechselseitig miteinander korrespondieren, sodass bei zunehmender Impulsivität die Angst zurückgeht (und umgedreht), was z. B. bei Psychopathen häufig zu beobachten ist.

Mit der Angst verbindet sich nach dem neuen Persönlichkeitsmodell von Gray (1970, 1971, 1987) und mit der späteren revidierten Fassung der „Reinforcement-Sensitivity-Theory (RST)" von Gray und McNaughton (2000) eine Sensibilität für Bestrafungen und Vermeidungsverhalten, da Strafen o. Ä. unbedingt zu umgehen oder zu vermeiden sind, und mit der Impulsivität eine Sensibilität für Belohnungen oder sonstige Anreize, die durch Annährungsverhalten, in welcher Form auch immer, anzustreben und zu erreichen sind. Ausgehend von diesen Zentren für Empfindungen und gestützt auf neue neuroanatomische und neurophysiologische Erkenntnisse, vermutete Gray, dass es ein „Behavioral-Inhibition-System (BIS)", ein „Behavioral-Approach-System (BAS)" und einen „lokalen Ort" im zentralen Nervensystem, das „Fight-Flight-Freeze-System (F-F-F-S)", gibt, das für Panikattacken und Phobien ursächlich ist. Auf der Basis dieser neuropsychologischen Systeme entwickelte Gray seine „Reinforcement-Sensitivitäts-Theorie" als mögliche Alternative zu den bereits etablierten und bekannten anderen Persönlichkeitstheorien.

Nebenbei sei noch aus der experimentellen Forschung erwähnt, dass Introvertierte sowie Extravertierte in ihren Reaktionen z. B. vom Tagesrhythmus abhängen. Introvertierte sind morgens wacher und leistungsstärker und dafür abends in ihrem Reaktionsvermögen langsamer und müder; bei Extravertierten ist es genau umgekehrt. Gray (1981, S. 258) gab zu bedenken, dass die für das Persönlichkeitsmodell von Eysenck erhobenen Befunde womöglich von der Tageszeit abhingen und ihre generelle Aussagefähigkeit sehr infrage stellen!

Von Vorteil wäre, dass sich durch diese Modellmodifikation sowohl einige experimentelle Befunde plausibler erklären ließen als auch die Korrelationen (oder die Faktorladungen) von Aussagen oder Items in den zugehörigen Merkmalsskalen. So wäre es z. B. plausibel, wenn Items des Merkmals *Impulsivität* sowohl mit Neurotizismus als auch mit Extraversion positiv und etwa gleich hoch korrelieren.

Neuere Forschungsaktivitäten haben dazu geführt, dass es wahrscheinlich bei Verwendung psychometrischer Untersuchungsverfahren wie psychologische Tests oder Merkmalsskalen am besten und geschicktesten ist, von einem Konstrukt *„Anreizmotivation* (engl.: incentive motivation)" und *„Risikoneigung"* mit den Polen *Risikofreude* oder *Sensationsgier* (engl.: sensation seeking) und *Risikoangst* auszugehen, um die durch Befragungen erhaltenen Ergebnisse bestmöglich und plausibel interpretieren zu können (s. Wienkamp, 2017, 2020a). Gerade Anreizmotivation hat aufgrund des enormen Selbstinteresses ein hohes Maß an Manipulationspotenzial, um die eigennützigen (egoistischen) Ziele zu erreichen. Stellvertretend für viele antisoziale und ggf. strafbare Verhaltensweisen sei auf das Schummeln bei Prüfungen oder das Erschleichen von Sozialleistungen der „öffentlichen Hand", Versicherungsbetrug und Steuerhinterziehungen verwiesen. Verkürzt oder auf einen Nenner gebracht lässt sich Anreizmotivation als *instrumentelles* Verhalten wie folgt umschreiben: *„To do something in order to get something"* (Wienkamp, 2017, S. 9). Aber auch Risikoverhalten zeigt sich nur, wenn entsprechende situative Anreize gegeben sind, damit sich das Eingehen von Risiken überhaupt lohnt (und sei es nur, um Langeweile zu vermeiden).

Sensationsgier, als eine wesentliche „Triebfeder" oder Verhaltensimpuls von Voyeurismus, ist eine Charakterschwäche, die aller Wahrscheinlichkeit nach von einer unwillkürlichen Impulsivität im Verhalten begleitet und gestützt wird. Erkennbar ist dies darüber hinaus an der fehlenden *Selbstkontrolle* (in verführerischen Situationen) und *Empathie* für die Menschen, die sich gegenüber Voyeuren oder auch Stalkern in der Opferrolle befinden. Soweit bekannt, liegen bisher keine standardisierten diagnostischen Verfahren zur Feststellung von voyeuristischen Neigungen vor.

4.1.2.4 Verbindungen zur sogenannten „Dark Triade"

Machiavellisten, als ein Repräsentant der Persönlichkeitstypen der Dark Triade (s. Jones & Paulhus, 2014), sind z. B. Meister in der Beeinflussung anderer Menschen und in der Anwendung von subtilen Beeinflussungstechniken, sodass die der Manipulation ausgesetzten Personen häufig gar nicht merken, dass sie gerade heimlich manipuliert werden. Somit wäre ein enger Zusammenhang zwischen diesen Konstrukten Suggestivität einerseits und Machiavellismus andererseits zu erwarten und zu fordern.

In besonderer Weise sind in diesem Kontext auch psychopathologische Verhaltenstendenzen als weitere „Säule“ der Dark Triade relevant, die aufgrund der fordernden und rücksichtslosen Ansprüche gegenüber den gegebenen Interessen einer Sozialgemeinschaft auffallen und zu kritisieren sind.

Narzissten als dritter Typ der Dark Triade manipulieren ihre soziale Umwelt aus ganz anderen Motiven. Sie wollen jederzeit beachtet und in gesteigerter Form bewundert oder sogar geliebt werden. Erfahren sie nicht die gewünschte Aufmerksamkeit und Anerkennung, werden sie böse und ausfallend, keineswegs geben sie sich mit dem Status quo zufrieden. Gut vorstellbar wäre auch, dass Narzissten zum Lügen oder Täuschen neigen, da ihnen für ihr persönliches Wohlergehen alle Mittel recht sind, sie ohne Skrupel auch einsetzen, um sich Geltung zu verschaffen.

4.1.2.5 Persönlichkeitstests mit einer Lügen-Skala

Mit Beginn der psychologischen Diagnostik auf der Basis von Persönlichkeitstests und Merkmalsskalen ist bereits auch an die Erfassung von Lügen bzw. von unehrlichen, wahrheitswidrigen Antworten gedacht worden, die entweder als *„Lügen-Skala“* oder als *„Skala zur Sozialen Erwünschtheit“* firmieren. Ein prominenter und früher Vertreter dieser Gattung war oder ist der Test *„Minnesota Multiphasic Personality Inventory (MMPI)“* von Hathaway und McKinley (1943/1951), der später auch auf deutsche Verhältnisse adaptiert und in deutscher Sprache veröffentlicht wurde (Spreen, 1963). Insgesamt 15 Abfragen, die schlicht mit *„ja“* oder *„nein“* zu beantworten sind (wie auch alle anderen Skalen des MMPI), enthält die Lügen-Skala, wie z. B. *„Ich sage nicht immer die Wahrheit“* oder *„Ich mag nicht jeden, den ich kenne“* usw. In deutscher Sprache gibt es vom MMPI unterschiedliche Versionen, einmal mit den ursprünglich 566 Items und nach Überarbeitung zum MMPI-2 eine Version mit 567 Items (s. z. B. im Internet eine veröffentlichte Variante mit 567 Aussagen: „The MMPI Test Questions: All 567 True/False Questions“ unter https://psychtest.de/mmpi-test-questions). Somit kann es bei einzelnen Items der Lügen-Skala geringfügige sprachliche Abweichungen (oder Nuancierungen) geben. Eine andere Version liefert hierfür ein Beispiel und enthält z. B. als Item *„Ich mag nicht jeden meiner Bekannten“* (https://career-test.de/einstellungstest/minnesota-multiphasic).

Eine negative Antwort auf die Lügen-Abfragen ist in allen Versionen ein Indikator für Lügen oder Unwahrheiten bzw. „Soziale Erwünschtheit“, wenngleich vom moralischen Standpunkt die Nein-Antwort die „bessere“, aber nicht die realistischere Antwort gewesen wäre, und kann bei gehäuftem Auftreten das ganze Testergebnis beeinträchtigen und infrage stellen. Für Spreen (1963, S. 24) weisen hohe L- oder Lügen-Werte auf eine überdurchschnittlich ausgeprägte Starrköpfigkeit und geringe Einsichtsfähigkeit hin. Ferner sollen höhere L-Werte mit psychopathologischen und paranoiden Verhaltenszügen korrelieren.

Hathaway und Meehl (1954, S. 290) sagen dazu selbst, dass normierte L-Werte dieser Lügen-Skala von 70 und mehr mit größter Vorsicht zu genießen sind, da die Testergebnisse ungültige, d. h. geschönte Antworten sehr wahrscheinlich aufweisen.

Zu bedenken und zu berücksichtigen ist bei der Auswertung der MMPI-Skalen, dass eine Umrechnung der Rohwerte in T-Werte nach der Formel: T-Wert = 50 + 10 $(X - MW_x)$ /SD geschieht (s. hierzu z. B. Spreen, 1963, S. 19), wobei MW der

Durchschnitts- oder Mittelwert der Populationsgruppe ist und SD die Standardabweichung darstellt. Somit ist dieser Ausdruck sogleich der sogenannte „Z-Wert" einer Normalverteilung, ausgedrückt in Standardabweichungen bzw. Wahrscheinlichkeitsaussagen. Ein T-Wert von über 70 besagt z. B., dass mit einer Häufigkeit oder Wahrscheinlichkeit seines Auftretens in der Populationsgruppe mit nicht mehr als 3 % zu rechnen ist.

Ob sich die kritische Meinung über den MMPI bzw. MMPI-2 zur Konstruktion und Anwendung von Hank und Schwenkmezger (2003), dargestellt als Testrezension, auch auf die Lügen-Skala dieses Persönlichkeitstests bezieht, war den Ausführungen nicht zu entnehmen. Allerdings erntete diese kritische Würdigung auch ernsthaften Widerspruch und wurde von Engel (2003) in seiner anschließenden Replik massiv „zerrissen".

Wenn von der Diagnostik psychiatrischer Syndrome oder Konstrukte die Rede ist, wie beim MMPI mit den vielfältigen Merkmalen Psychopathie, Paranoia usw. und das noch in Verbindung mit einer im Test implementierten Lügen-Skala, darf auch der „klassische" Persönlichkeitstest „EPQ" von Eysenck und Eysenck (s. z. B. 1991) mit den Konstrukten Extraversion, Neurotizismus und Psychotizismus (s. Abschn. 4.1.2.1) zum Abschluss nicht unerwähnt bleiben und fehlen. Eysenck und Eysenck ließen in ihrem Test die Lügen-Skala ebenfalls begleitend zur Kontrolle der Antworten bearbeiten z. B. mit dem Item *„Haben Sie jemals in Ihrem Leben gelogen?"*. Schwierig könnte die Interpretation der Befunde von Testteilnehmern mit hohen Psychotizismuswerten und *gleichzeitig* hohen Werten auf der Lügen-Skala sein und zu einer *Paradoxie* führen. Hohe Lügen-Skalenwerte signalisieren zum einen Vorsicht vor übereilten Schlüssen aus den Testergebnissen, da der Proband dazu neigt, sich „ins rechte Licht zu stellen", was das Ergebnis relativiert und ggf. als fraglich und wenig glaubwürdig erscheinen lässt. Zum anderen haben Individuen mit psychotizistischen Verhaltenszügen keine Skrupel, die Unwahrheit zu sagen, sodass das Lügen bei ihnen zur Normalität gehört, was die höheren Skalenwerte in der Lügen-Skala erklären würde. Zugegeben, es ist nicht leicht, aus dieser Tautologie herauszukommen und den Zirkel oder den Kreis sich widersprechender Testbefunde zu durchbrechen und sich aus diesem Ergebnis „einen Reim zu machen".

Schon Ruch (1999) stellte in einer Untersuchung zur revidierten, deutschsprachigen Fassung des EPQ die enge Verwandtschaft von Items der Lügen-Skala zur Psychotizismus-Skala fest. Nach einer Faktorenanalyse lud z. B. das Item *„Bestehen Sie stets darauf, Ihren eigenen Willen durchzusetzen?"* nicht nur hoch unter der Lügen-Skala, sondern ebenso hoch in der Psychotizismus- oder P-Skala.

4.1.2.6 Verbindungen zu Vorurteilen oder Stereotypen

In der Vergangenheit wurden bereits in sozialpsychologischen Erhebungen positive Korrelationen gefunden zwischen der Gewohnheit oder Haltung, bei persönlichen Bewertungen Vorurteile oder Stereotypen bevorzugt zu verwenden, und dem Hang zum *Dogmatismus* oder auch *Autoritarismus*. Vielleicht begünstigt auch ein *beschränktes Denkvermögen* den Rückgriff auf Vorurteile und Stereotype, was sich dann ebenfalls in den Korrelationsbeziehungen abzeichnen müsste.

Beginnend mit den Forschungsarbeiten von Adorno und Mitarbeitenden an einer systematischen Erhebung und Untersuchung von faschistischen und autoritären Neigungen, die u. a. mit einer Konstruktion der sogenannten *„F -Skala"* (s. Adorno et al., 1950) als Instrument endeten und zu einer weltweiten Popularität nach dem Ende des 2. Weltkrieges führten, besetzte Rokeach (1960) mit seiner *Dogmatismus-Skala („D -Skala")* ein ähnliches Forschungsterrain. Dogmatismus entspricht allerdings mehr der Vorstellung von „konventioneller Beschränktheit" (s. Wienkamp, 2022a, S. 28), Engstirnigkeit und Rigidität, wenn Rokeach gefolgt wird, und deckt mehr die Art des Denkens einer ideologiesympathisierenden Person ab und setzt sich weniger mit den konkreten Inhalten dieser Ideologie auseinander. Auf eine Formel gebracht darf behauptet werden, dass Dogmatiker ihren festen „Überzeugungen" nachgehen und sie so schnell nicht gewillt sind, sie zur Disposition zu stellen. Spätere Forschungsbefunde konnten zwar auch belegen, dass hoch dogmatische Personen stärker an ihren Vorurteilen festhielten und sich von ihnen in der Urteilsfindung leiten ließen, aber Zusammenhänge zu tendenziösen politischen Einstellungen, wie z. B. zum Rechtsextremismus, bestanden nicht.

Neuere Entwicklungen zu diesem Typ von Merkmalsskalen als Erhebungsinstrumente sind auch im deutschsprachigen Raum auszumachen und verbreitet. So zielt zwar die Skala *„Motivation zu vorurteilsfreiem Verhalten"* (Banse & Gawronski, 2003) auf die Diagnostik von gerade nicht angewandten Vorurteilen, die mit den Sub-Skalen (1) „Verhaltenskontrolle", (2) „Zugestehen eigener Vorurteile" und (3) „Vorurteilsfreie Selbstdarstellung" gegenüber Ausländern (hier Türken) und Homosexuellen erfasst wurden, die durch Vergleich von implizit und explizit gewonnenen Einstellungen hervortraten. Gemäß Voraussage des Tests ist bei hohen Skalenwerten eher nicht mit einer diskriminierenden *expliziten* Einstellung zu rechnen, während die implizite Einstellung davon unberührt blieb und sich nicht veränderte.

4.1.3 Skurrile Typen nach den Beobachtungen von Theophrast

Denken Menschen an sonderbare oder seltsame Charaktere, fällt ihnen sicherlich automatisch der griechische Philosoph aus der Antike mit Namen Theophrast ein (s. z. B. die Ausgaben von Rüdiger, 1949; Steinmann, 2000; Klose, 2000 und Plankl, 2014). Alle 30 Charaktere des Theophrast werden in den zitierten Publikationen z. T. mit unterschiedlichen Bezeichnungen oder Etiketten versehen, meinen aber inhaltlich jeweils den gleichen Menschentyp. So spricht der eine von dem „Verstellungskünstler", der in einem anderen Werk als der „Verlogene" oder „Unaufrichtige" bezeichnet wird. Von den 30 Theophrast-Charakterbildern könnten exemplarisch im Hinblick auf Manipulationen einige Charaktere relevant sein. Zugegeben, bei der hier getroffenen Auswahl zeigen die Verhaltensbeschreibungen oder Anekdoten in der Tat konkrete Beeinflussungs- oder Täuschungsversuche in dem hier verstandenen Sinne, während dies bei den restlichen Charakteren allenfalls weniger offensichtlich ist, da ihre Verhaltensweisen hinsichtlich Beeinflussungen subtiler und weniger eindeutig sind.

4.1.3.1 Der Unaufrichtige

So ist der Unaufrichtige oder Verlogene ein „Meister der Selbstverkleinerung", der sich ungern „in die Karten schauen lässt" und als Zeuge nie etwas bemerkte oder sah bzw. sich nicht daran erinnern konnte (Rüdiger, 1949). Solch ein Menschentyp neigt zum Vorspielen einer falschen Realität und beherrscht dabei sicherlich die Kunst des Täuschens und Tarnens. Gern führt er andere Personen bewusst „in die Irre" bzw. beeinflusst sie in ihrer Wahrnehmung und situativen Beurteilung.

4.1.3.2 Der Gerüchtemacher

Der Gerüchtemacher erfindet Geschichten, die er gerne „im Vertrauen" anderen exklusiv erzählt. Oder wie es an anderer Stelle heißt: „Das Gerüchtemachen ist eine Konstruktion unwahrer Berichte und Ereignisse, die nach dem Willen des Gerüchtemachers geglaubt werden sollen,..." (Steinmann, 2000, S. 41). Diese erfundenen und konstruierten Geschichten beruhen in der Regel auf „Hörensagen" und die angeblichen Quellen sind ebenso frei erfunden. Kritischen Nachfragen wie „Glaubst Du denn das?" begegnet er mit der Bemerkung, diese Nachricht wird sich bald verbreiten und alle werden es dann wissen. Aber in diesem Moment macht der Gerüchtemacher seinen Gesprächspartner zum Geheimnisträger und bewusst und mit voller Absicht zu seinem Komplizen.

4.1.3.3 Der Prahler und Geltungssüchtige

Prahler und Geltungssüchtige, oder auch „Flunkerer" (Steinmann, 2000, S. 72 f.) oder „Aufschneider" (Rüdiger, 1949, S. 54 ff.) genannt, nehmen es mit der Wahrheit auch nicht so genau. Sie sind bestrebt, anderen Menschen „Sand in die Augen zu streuen" und ihnen bewusst etwas vorzumachen. Vom eigentlichen Lügen sind sie nicht allzu weit entfernt, wenngleich ihnen zugutezuhalten ist, dass sie andere Personen nicht schädigen oder benachteiligen wollen. Sie wollen sich nur interessant machen und sich auf diese Weise Anerkennung und Genugtuung verschaffen. Ein „Prahlhans" soll z. B. als Mieter einer Wohnung gegenüber einem Besucher gemäß Theophrast geäußert haben, dass er diese Wohnung von seinem Vater geerbt hat und sie wahrscheinlich jetzt zu einem guten Preis verkaufen will – was natürlich so nicht stimmte.

4.1.4 Auffällige seltsame Charaktere in unserer Zeit

Neue seltsame Personentypen tauchen aufgrund von Beobachtungen auch in unserer Gegenwart auf, wie es Ortheil (2022) z. B. beschrieben und karikiert hat. Schließlich ist festzustellen, dass das Repertoire an seltsamen manipulativen Persönlichkeiten womöglich unerschöpflich ist! Hier ist zunächst eine „Kostprobe" aus der Sammlung von Ortheil.

4.1.4.1 Die Schönfärberin

Für Ortheil (2022, S. 48 f.) ist die Schönfärberin eine Person, die „in einer phantastischen Welt (lebt), zu der nur sie selbst Zugang hat". In ihrer Fantasie ersinnt sie Geschichten oder Legenden, die sich schön anhören und die sie ausschmückt, die aber leider nicht der Realität oder den Tatsachen entsprechen. Schönfärberei ist somit nichts anderes, sich selbst *und anderen* etwas vorzumachen. Oder, wie Ortheil (2022, S. 48) es ausdrückt: „In Wahrheit besteht ihre Welt aus Geschichten, die sie (selbst) erlebt haben könnte oder gerne erleben würde."

4.1.4.2 Die Eilfertige

Eilfertige sind den Dingen oder der Zukunft immer voraus. Sie haben, wie es Ortheil (2022, S. 105) formuliert hat, „immer das Nächstmögliche vor Augen". Damit beeinflussen sie das Geschehen, egal, ob es sich um situative Ereignisse oder Personen handelt. Beispielsweise sind es die Eilfertigen, die bei einer Warteschlange vor der Kasse im Supermarkt sofort danach rufen, eine zweite Kasse zu öffnen, und somit „das Kommando übernehmen". Die Kassierer oder Angestellten des Geschäftes haben dann „nach ihrer Pfeife zu tanzen" – und zwar sofort und ohne Widerrede. Das ist auch nichts anderes als soziale Beeinflussung.

4.1.5 Und es gibt noch mehr „schräge Vögel"?

Vielleicht wurde in der eben zitierten Lektüre die eine oder andere sonderbare und nicht genannte Persönlichkeit schlicht und ergreifend vergessen oder ausgeblendet. Das soll allerdings kein Grund dafür sein, darüber hinwegzugehen und sie nicht zu berücksichtigen. Nachfolgende Charaktere könnten uns in der einen oder anderen Situation noch „über den Weg laufen" bzw. uns versuchen zu beeinflussen.

4.1.5.1 Der Scheinheilige

Vermisst wird in der Auflistung von Ortheil (2022) m. E. der oder die „Scheinheilige", der (oder die) auch im allgemeinen Sprachgebrauch als Heuchler, Pharisäer oder sogar als Lügner verschrien ist. Ein Scheinheiliger ist hinterhältig und täuscht bewusst andere, indem er als Person den Anschein erweckt, etwas zu sein, was er oder sie nicht ist; oder so tut, als ob und sich dann anders verhält. Es heißt ja auch, Scheinheilige predigen anderen, Wasser zu trinken, und sie selbst genießen den Wein, oder m. a. W., andere sollen sich mäßigen und sparsam oder genügsam sein, während sie heimlich prassen und über alle Maßen es sich gut gehen lassen – unter Umständen noch auf Kosten anderer! Kurz, Scheinheilige leben nach ihren „eigenen" Regeln und lassen es sich dabei gut gehen.

In ihrer Frömmigkeit lassen sich Scheinheilige, daher auch der Begriff, ungern von anderen übertreffen. So verweisen Scheinheilige gerne auf ihre Religiosität und heben ihre besonderen moralischen Ansprüche an sich selbst hervor, was sich später als pure Heuchelei herausstellt, wie es die eben genannten Verhaltensbeispiele als Ausdruck von „Parasiten- oder Schmarotzertum" illustrierten.

Die Versuche zur Manipulation liegen bei Scheinheiligen in der Eindrucksbildung und Täuschung des oder ihres wahren Charakters, den sich Beobachter nicht zu eigen machen sollten.

4.1.5.2 Der Besserwisser

Besserwisserei ist für die betroffenen und darunter leidenden Mitmenschen äußerst lästig und stößt unangenehm auf. Besserwisser sollten sich nicht darüber beklagen, dass sie entweder gemieden oder bei ihren Belehrungsversuchen ignoriert werden. Häufig meinen sie, sie wüssten nicht nur alles besser und „hätten die Weisheit für sich gepachtet“, sondern sie müssten zu allem „ihren Senf dazugeben“. Aber ihre „Schlaumeierei“ ist eher aufgesetzt und ohne Tiefgang. Getreu dem Motto „Große Sprüche, und nichts dahinter“! Wenn es darauf ankommt, und sie von Skeptikern oder Kritikern zur Rede gestellt werden, haben sie außer schönen Worten oder hohlen Sprüchen wenig zu bieten, was für alle Beteiligten entlarvend ist.

Vielleicht etwas weniger penetrant, aber ebenso „nervtötend“ sind „Dampfplauderer“, die zwar nicht unbedingt behaupten, alles besser zu wissen, aber alles mit nichtssagenden Worten kommentieren müssen, um andere versuchsweise zu beeindrucken.

4.1.5.3 Der Bedenkenträger

Nicht gerade angenehm im Umgang sind auch die sogenannten „Bedenkenträger“, die sich weder entscheiden noch zu etwas aufraffen können. Mit ihren ständigen Bedenken blockieren sie das Geschehen und die laufenden Prozesse und sind für ihre soziale Umwelt ein „Hemmschuh“.

Vergleichbar, aber nicht vollkommen identisch sind Bedenkenträger mit den „Ja, aber-Typen“, die ständig alles infrage stellen (Ortheil, 2022, S. 15 f. nannte sie „Die Aber-Sagerin“). Ja, aber-Typen können sich ebenfalls nicht für etwas oder für eine Alternative entscheiden, sie neigen mit ihrem „Ja, aber“ zu automatischen reflexhaften Gegenreaktionen, egal, was gerade vorgeschlagen wird.

Bedenkenträger sehen hingegen alles negativ und versteifen sich darin, was alles nicht geht oder nicht funktioniert. Natürlich fällt ihnen der Umgang mit z. T. unberechtigter Kritik, entweder über Personen, Abläufe oder Situationen, auch nicht schwer.

4.2 Zusammenhänge zu „objektiven" Größen als Zeichen der Kriterium-Validität

Menschen mit einem ausgeprägten Beeinflussungsvermögen dürften in manchen Berufen erfolgreicher sein als andere, die nicht über diese Gabe oder über dieses Talent verfügen. Jeder denkt dabei sicherlich an die Handelsvertreter, die als Verkäufer ihre Kunden von ihren angebotenen Produkten überzeugen müssen, wenn sie Erfolg haben wollen und davon leben müssen. Kriterium wären bei „Vertriebsleuten“ somit die Umsätze oder Verkaufserlöse.

Aber auch ganz andere Berufssparten müssen sich der Suggestivität als „Werkzeug und Kunst" bedienen, wenn es ihnen darum geht, andere, ihnen anvertraute Menschen zu formen, sei es im Sport durch ein entsprechendes Training oder in der Schule im Unterricht und beim Lernen schlechthin. Im Grunde enthält jede Beratung ein Mindestmaß an Beeinflussungsvermögen, wenn sie effektiv und erfolgreich sein soll. Erfolgskriterium wäre dann die erfolgreiche Umsetzung dieser Beratungsaktivitäten oder Vorschläge, die sich dann in den Lern- oder Trainingserfolgen, wie z. B. im Wettkampf durch Erhalt einer Siegermedaille, der beratungsbedürftigen Zielpersonen widerspiegelt.

Auf der anderen Seite müssen Menschen wie z. B. Schüler auch bereit sein, sich beraten und sich etwas sagen zu lassen, und Hilfe oder Ratschläge annehmen, wenn sie am Ende Erfolg haben wollen. M. a. W.: Sie müssen die Bereitschaft zeigen, sich im positiven Sinne beeinflussen zu lassen.

Selbsthypnosen oder Autosuggestionen zeigen sich z. B. in der Schnelligkeit und Intensität, eine körperliche Entspannung zu erreichen, was allerdings nur über neurophysiologische Aufzeichnungen verlässlich feststellbar wäre.

Neurophysiologische Messungen finden auch beim Lügendetektor-Test statt, um den Stress oder die Anspannung, die Lügner oder Leute mit Falschaussagen in dem Moment verspüren, zu messen. Nach den vorliegenden Erkenntnissen kann in mehr als 80 % der Fälle eine wahrheitswidrige Behauptung oder Aussage als Lüge anhand der Aufzeichnungsprotokolle nachgewiesen werden (s. z. B. Schauer, 2022, S. 121 und Abschn. 7.3.1.2 und 8.3).

Ob es beim Auftreten von Voyeuren oder Stalkern auch objektive Kriterien oder konkrete situative Umstände gibt, ist wahrscheinlich eine spekulative Frage. Eher scheint es so zu sein, dass Zufallsereignisse, wie ein schwerer Verkehrsunfall, Voyeure auf ihre Kosten kommen lassen, indem sie dann mit ihren Handys Fotos schießen oder sich als „Gaffer" hervortun.

Vorurteile oder Stereotypen als „Richtschnur" bei Bewertungen oder Entscheidungen sind wahrscheinlich nur durch Beobachtungen und Erfahrungen feststellbar und registrierbar.

4.3 Resümee

Ohne eine Validität-Überprüfung bleibt die Erforschung und Konstruktion von Persönlichkeitsmerkmalen „auf halber Strecke stehen" und wäre unvollständig. Sowohl die Konstrukt-Validität als auch, falls passende Kriterien vorhanden sind, die Kriterium-Validität wären empirisch durch Korrelationsbeziehungen als Zusammenhangsmaße nachzuweisen. Für eine Konstrukt-Validität spricht im Übrigen auch, wenn es nachweislich belastbare Beziehungen zu anderen Persönlichkeitsmerkmalen sowie zu bekannten Persönlichkeitstypen gibt, die entweder einen gemeinsamen Kern aufweisen oder sich erwartungsgemäß voneinander unterscheiden. Sämtliche Validitätsüberprüfungen hängen schließlich von der Güte und Messtauglichkeit der eingesetzten Instrumente und Systeme als Merkmalsskalen ab.

Zur Abrundung der Diskussion um die Konstrukt-Validität sollten die schon seit der Antike bestehenden Charaktere von Theophrast und aus der Neuzeit stammende und sonderbare Persönlichkeitstypen nicht vergessen werden, die mit manipulativen Verhaltenszügen in Verbindung stehen könnten.

Bereits in früheren Jahren hat es bei der Entwicklung von Tests häufig Versuche gegeben, entweder sogenannte „Validität-Skalen" wie z. B. die Lügen-Skala in den Test zu implementieren oder separat für bestimmte Konstrukte geeignete Testskalen zu entwickeln (z. B. durch Verwendung und Einsatz „inverser Items" mit negativen Aussagen, die ggf. zu verneinen sind).

5 Individualdiagnostik: Erkennen von Dichtung und Wahrheit

Ausgehend von den bisher skizzierten vielen Möglichkeiten, mit der Realität im positiven wie im negativen Sinne verbal (oder auch nonverbal) umzugehen, z. B. durch Verdrehen der Tatsachen oder Verleugnung der Wahrheit, also durch unbewusstes oder bewusstes „in die Irre führen" oder in voller Absicht zu lügen, stellt sich anschließend die Frage, wie in der Kommunikation mit anderen Personen oder Parteien mit gegensätzlichen Interessen zu verfahren ist. Viele berufsmäßige Funktionen, die auch Ermittlungen oder Befragungen als Aufgabe zu meistern haben, und das sind nicht nur Kriminalbeamte oder Richter beim Gericht, sondern auch Führungskräfte oder Personalleiter o. Ä., sind ständig bemüht, sich nicht täuschen zu lassen und die Wahrheit herauszufinden. Solche Gesprächs- oder Interviewpartner können ebenfalls in Streitereien oder Konflikte verwickelt werden und müssen sowohl der Zielperson, z. B. als Beschwerdeführer, als auch anderen daran beteiligten Personen Gehör verschaffen (z. B. als Angeklagte oder neutrale Zeugen). Für das Personalgeschäft ließ sich diese Ausgangslage für die notwendigen Erkundungen oder Befragungen wie folgt darstellen (s. Abb. 5.1).

Wie aus diesem Schaubild als Systematik für Befragungen ersichtlich wird, ist sowohl die Sichtweise als auch die Art der zu erwartenden Informationen unterschiedlich und verlangt ggf. eine differenzierte Methodik in der Art des Vorgehens. Klar ist, dass Beschwerdeführer aufgrund ihrer eigenen Betroffenheit sehr subjektiv den Vorgang schildern. Andere Personen, die das Geschehen aus einer eher neutralen Position beobachtet haben, steuern „Informationen aus 2. Hand" aus einer größeren Distanz bei oder richten sich nach dem sogenannten „Hörensagen", was ggf. wiederum andere meinten, beobachtet oder gehört zu haben. Wenn sogar beide Aspekte dieser „Sekundäranalyse" zutreffen, stellt sich umso mehr das Problem von *Dichtung* und *Wahrheit!*

Methodisch kommt es auf das „gesprochene Wort" der Beteiligten und Interviewten an, das in jedem Gespräch sorgsam zu dokumentieren und zurückzuspielen ist. Andere Verfahren wie psychologische Tests, ob nun mit oder ohne Lügen-Skala, kommen i. d. R. eher nicht in Betracht und zum Einsatz.

H. Wienkamp, *Diagnostik von Manipulationen*,
https://doi.org/10.1007/978-3-662-68601-0_5

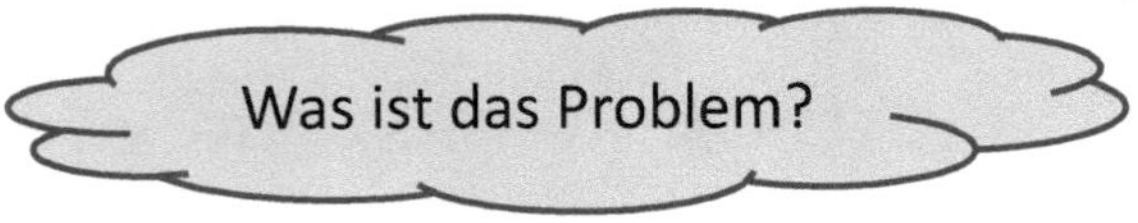

Nr.	Kriterium	Betroffener	Andere Personen
1	Perspektive	Eigene Sichtweise	Fremdwahrnehmung
2	Art der Information	Selbsterfahrungen und Erlebnisse	Beobachtungen als Informationen aus 2. Hand
3	Diagnostik • Methodik • Besondere Herausforderungen	Problemanalyse + Dichtung vs. Wahrheit unterscheiden + Unter-/Übertreibungen erkennen	Sekundäranalyse + Stimmigkeit prüfen + Vergleiche anstellen
4	Ergebnis • Form • Indikation	Problemskizze/Szenario als Feedback z. B. Coaching oder Therapie	„Plausi – Check" z. B. Änderung einer Beurteilung
5	Praxisbeispiele	Beschwerden oder Arbeitsstörungen	Konflikte bei Beurteilungen Entscheidung nach der Probezeit

Abb. 5.1 Was ist das Problem? (aus Wienkamp, 2023b)

5.1 Aussagen eines Betroffenen

Verständlicherweise versucht jeder, sich Gehör zu verschaffen, der aktuell unter einem Problem oder Konflikt leidet, wofür er andere Beteiligte verantwortlich macht. In der Arbeitswelt gehen z. B. Mitarbeiter oder Mitarbeiterinnen zu ihrem Vorgesetzten oder Chef, wenn sie mit einem Kollegen oder einer Kollegin in Streit geraten und die Zusammenarbeit gestört ist. Oder sie wenden sich an die Personalabteilung, wenn sie Probleme mit ihrem direkten Vorgesetzten haben, z. B., weil die letzte Mitarbeiterbeurteilung überraschend schlecht ausfiel, was sie als ungerecht und nicht nachvollziehbar empfinden. Viele Beurteilungsverfahren haben daher institutionalisierte Konfliktregelungen vorgesehen und i. d. R. in Betriebsvereinbarungen dokumentiert und verabschiedet, um mit diesen Problemen oder Streitereien in der Praxis umzugehen (s. z. B. Wienkamp, 2022b).

Institutionalisierte Konfliktmechanismen sehen z. B. bei unterschiedlichen Auffassungen zwischen den Parteien über eine Mitarbeiterbeurteilung vor, dass unter Einschaltung des *nächsthöheren* Vorgesetzten, also der Vorgesetzte des Beurteilers auf der nächsthöheren Führungsebene, der Personalabteilung und ggf. des Betriebs- oder Personalrates, wenn es dem Wunsche des Beschäftigten entspricht, die Streitpunkte behandelt werden. In ähnlicher Formation werden auch andere Problemstellungen in Organisationen besprochen und behandelt.

Bei Einschaltung des Personalbereiches führt der zuständige Personalbetreuer zunächst ein vertrauliches Gespräch „unter vier Augen" mit dem betroffenen Mitarbeiter oder Mitarbeiterin als Zielperson oder z. B. als Beschwerdeführer. Dabei trägt der Betroffene seine subjektive „Sicht der Dinge" vor. Für den Vertreter des Personalwesens ist das aus methodischer Sicht eine *Problemanalyse*, die eher einer Bestandsaufnahme, zunächst ohne Wertung und Beurteilung, entspricht und wo es lediglich auf das *vollständige* Bild aus der Perspektive des betroffenen Beschäftigten ankommt, um seinem oder ihrem Anliegen gerecht zu werden. Allenfalls stellt der Personalbetreuer Verständnisfragen oder Anschlussfragen, um eine für ihn aussagefähige *Problemskizze* zu zeichnen, die er dann am Ende des Gespräches (oder der Gesprächskette) dem Mitarbeiter oder der Mitarbeiterin als Feedback seiner oder ihrer Aussagen zurückspielt und sich bestätigen lässt. Aus den geführten Gesprächen versucht der Vertreter der Personalabteilung, für sich „im Geheimen" z. B. Versuche der Dramatisierung als Übertreibung oder das „Kleinreden" von unvorteilhaften Geschehnissen als Untertreibung zu erkennen und hieraus (und evtl. anderer Im-Plausibilitäten) zwischen „Dichtung und Wahrheit" zu differenzieren.

Besonders sollte der Interviewer sensibel dafür sein, ob der Befragte überhaupt das eigentliche und richtige Problem anspricht oder meint oder ob eine Problemverschiebung vorliegt. Bekanntlich hat bereits die Managementliteratur (Drucker, 2009, S. 26) inständig darauf hingewiesen, dass falsche oder unzweckmäßige Lösungswege für das richtige oder zutreffende Problem eher und leichter zu korrigieren sind als umgekehrt richtige Lösungswege für die falschen Probleme. Beschwert sich z. B. ein Mitarbeiter oder eine Mitarbeiterin über Störungen im Team oder in der Zusammenarbeit mit Kollegen, muss das nicht unbedingt an der mangelnden Teambildung oder dem „Teamgeist" liegen, sondern es kann auch an einer Persönlichkeitsstörung oder Krise des Betroffenen selbst liegen (z. B. aufgrund von Minderwertigkeitskomplexen als das „eigentliche Problem"), die er oder sie tunlichst unterdrücken oder verbrämen möchte. Diese nicht eingestandenen Persönlichkeitsprobleme zwingen die Person zur Abwehr und Verdrängung der Problematik.

Wichtig bei dieser Problemanalyse ist, sich mit Beurteilungen jeglicher Art zurückzuhalten und auch keine versteckten nonverbalen oder sprachlichen Signale der Zustimmung oder Skepsis zu geben. Nicht immer dürfte es den Personalverantwortlichen leichtfallen, neutral und objektiv zu bleiben und sich nicht von den Aussagen beeindrucken oder beeinflussen zu lassen. Dass am Ende auch der Hinweis erfolgt, dass weitere Gespräche entsprechend der betrieblichen Regelung oder aufgrund der herrschenden Usancen mit der anderen Seite oder mit sonstigen Beteiligten, z. B. als Zeugen, erforderlich sind, erklärt sich wohl von selbst.

5.2 Aussagen anderer Personen als Beteiligte

Wie in juristischen Verfahren oder Angelegenheiten, können nach Vorliegen von Problemschilderungen oder Anklagen Betroffener im Anschluss daran weitere Befragungen erforderlich sein. Sowohl mit der Gegenpartei als Verursacher, Schädiger oder Angeklagter als auch mit neutralen Beobachtern des Geschehens als Zeugen

o. Ä. sind somit weitere Gespräche zu führen. Nach dieser Lesart handelt es sich um Fremdwahrnehmungen oder Beobachtungen, die eben nicht der Sichtweise der betroffenen Zielperson in der Rolle des Klägers entsprechen müssen. Da es sich um Beobachtungen oder Erfahrungen aus einer anderen Perspektive handelt, darf an dieser Stelle auch von „Informationen aus 2. Hand" entweder von dem angeschuldigten Gegner oder von unbeteiligten Dritten gesprochen werden.

Begrifflich soll deshalb zwischen der Problemanalyse des Betroffenen als Methodik und Verfahren und der *Sekundäranalyse* aufgrund von Aussagen und Beobachtungen von anderen Personen, ob nun direkt beteiligt oder neutral, gesprochen werden.

5.2.1 Aussagen des Beschuldigten (als „Gegner")

In welchem Kontext auch immer Beschuldigungen vorkommen, auf jeden Fall ist der Beschuldigte oder Angeklagte schon aus Gründen der Fairness zu befragen, um ihm oder ihr die Gelegenheit einzuräumen, seine oder ihre Sicht der Dinge als Gegendarstellung zu schildern.

Schon im Gespräch mit dem Betroffenen als Beschwerdeführer war nicht auszuschließen, dass falsche Behauptungen oder Tatsachen vorgetragen wurden. Umso mehr gilt diese Gefahr oder Situation bei der Vernehmung von Verdächtigen. Verfälschungstendenzen oder sogar das eklatante Lügen, um den „eigenen Hals aus der Schlinge zu ziehen", ist ein Faktum, mit dem Kriminalisten jeden Tag zu tun haben (s. hierzu auch Abschn. 10.3.3.1).

Aber nicht nur Lügen sind zu erwarten, sondern es ist bei Verhören o. Ä. auch mit verdeckten Beeinflussungsversuchen zum eigenen Vorteil und zwecks Eindrucksbildung bei den Gesprächspartnern zu rechnen, die mannigfaltige Formen annehmen können. Nicht umsonst wurde neben dem Lügen oder der bewussten Falschaussage auf trickreiche Ansätze oder Verhaltensmanöver hingewiesen, womit insbesondere das „Täuschen, Tarnen und sich Verstecken" (s. Abschn. 3.4), was sich eben des bewussten Weglassens wichtiger Informationen oder Tatsachen oder sogenannter „Halbwahrheiten" bedient, und was als eigenständiger Verhaltenszug des Manipulierens gemeint ist.

Vor diesem Hintergrund sind die Sub-Konstrukte Suggestivität und das Lügen in Verbindung mit ihren möglichen Verhaltensmanifestationen (s. Kap. 3) sehr ernst zu nehmen. Vielleicht können gerade diese Verhaltensweisen bei den einschlägigen Befragungen wichtige Hinweise bezüglich der Wahrheitsfindung beisteuern oder Signale aussenden, die eine besonders kritische Haltung gegenüber den getätigten Aussagen nahelegen und rechtfertigen.

5.2.2 Aussagen von Unbeteiligten oder Zeugen

Wohlmeinend darf davon ausgegangen werden, dass neutrale Beobachter kein Interesse haben, Falschaussagen bewusst zu produzieren und ggf. sich noch dem Risiko einer späteren Strafverfolgung eben wegen wahrheitswidriger Aussagen oder „Behinderung der Justiz“ bzw. des lfd. Verfahrens auszusetzen. Trotzdem kann es vorkommen, dass die Schilderungen nicht oder eben nicht ganz der Wahrheit entsprechen und nicht „objektiv richtig“ sind. Erinnerungslücken, Falschwahrnehmungen und insbesondere Fehl-Attributionen bzw. fehlerhalte oder oberflächliche Schlussfolgerungen des gesehenen Geschehens können bei Zeugenvernehmungen jederzeit vorkommen und passieren.

Ob z. B. auch Vorurteile oder Stereotypen gegen bestimmte Gruppen wie Ausländer, Behinderte usw. vielleicht auch die eigene Urteilsfähigkeit schmälern und beeinträchtigen, ist des Weiteren ein großes Problem bei den Aussagen von Zeugen und der anschließenden Beurteilung und Wahrheitsfindung. So hatten z. B. in früheren Zeiten Sinti und Roma als „fahrende Zeitgenossen“ mit dem Vorurteil von sesshaften Bewohnern zu leben, dass sie dazu neigen zu stehlen (ein diskriminierender Spruch lautete z. B.: „Wenn die Z. kommen, muss du die Wäsche abnehmen.“). Somit beinhalten und umkleiden auch diese Verfälschungstendenzen das schon angesprochene Problem von „Dichtung und Wahrheit“ – nur jetzt aus einer anderen Perspektive betrachtet.

Neben dem möglichen Einfluss von Vorurteilen oder dgl. sind manche Zeugen auch auf andere Weise beeinflussbar, insbesondere dann, wenn ihnen die Befragung, aus welchen Gründen auch immer, sehr unangenehm ist und sie sich scheuen, überhaupt eine Aussage zu machen. Befangenheit ist auf jeden Fall ein Grund, sich um Antworten auf unbequeme Fragen zu drücken. In nicht wenigen Fällen wollen sie dann die Vernehmung nur schnell hinter sich bringen und stimmen dem zu, was der Vernehmende oder Fragensteller gerne hören möchte oder ihnen „in den Mund legt“, was sie dann bejahen. Das muss noch nicht einmal die Anwendung von Suggestivfragen bedeuten.

Nach den Erfahrungen von Gerichtsgutachtern für Zeugenaussagen oder Verhörspezialisten scheint es vor allem darauf anzukommen, dass das Geschehen sorgfältig und detailgenau rekonstruiert wird und der Zeuge sich nicht mit oberflächlichen Aussagen davonstehlen kann. So ist z. B. der zeitliche chronologische Ablauf oder die genaue Folge bei wechselnden Örtlichkeiten ein wichtiges Kriterium für die Glaubwürdigkeit der Zeugenaussage (s. Abschn. 10.3.3.2). Nicht von ungefähr ist es üblich und sinnvoll, Zeugenbefragungen zu protokollieren und sich per Unterschrift bestätigen zu lassen.

5.3 Reaktionen von Schaulustigen und Voyeuren

Das Gaffen, wie es Schaulustige und Voyeure vorziehen und praktizieren, wirkt auf viele Menschen abstoßend und keinesfalls nachahmenswert. Befragungen nach Motiven für voyeuristisches Verhalten kommen allenfalls dann zustande, wenn es z. B. zu Strafanzeigen kommt, weil die sensationsgierigen Zuschauer z. B. den Rettungskräften oder der Polizei den Weg versperrten und sie in ihrer Arbeit behinderten, was auch zu nicht rechtzeitiger, verspäteter Hilfeleistung und im schlimmsten Fall zu Sterbefällen geführt hat. Ob mit den Antworten der Befragten etwas anzufangen ist, sei dahingestellt! Eher ist mit Beschwichtigungen, dem Abstreiten der dahinterliegenden Motive (wie z. B. Sensationsgier) und mit „plumpen“ Ausreden zu rechnen.

Erinnert sei noch an die Fernsehbilder, wenn Schaulustige sich weigerten, den Anweisungen der Ordnungskräfte zu folgen, weil sie nicht um ihr „persönliches Vergnügen“ von „Handy-Schnappschüssen“ gebracht werden wollten.

Verhaltensweisen von Schaulustigen u. dgl. sind entweder durch Beobachtungen vor Ort oder durch Aufzeichnungen wie z. B. durch Kameras zu erfassen.

5.4 Resümee

In der hier skizzierten und beschriebenen Individualdiagnostik von Betroffenen und unbeteiligten Personen z. B. als Zeugen kommt es darauf an, objektiv und neutral zu bleiben und sich nicht beeinflussen oder sogar täuschen zu lassen. Für eine effektive Gesprächsführung ist darüber hinaus eine Sensibilität für Problemverschiebungen oder deren Verdrängung gefragt.

Verschiedene Methoden stehen den Gesprächsführern dabei zur Verfügung. Insbesondere ist es wichtig und eigentlich eine Selbstverständlichkeit, die Aussagen schriftlich festzuhalten und den Gesprächspartnern immer wieder Feedback zu geben, bis das „Bild“ vollständig gezeichnet ist bzw. die eigentlichen Probleme und ihre Verursachungen bekannt und unstreitig sind.

Manipulation per System

6

Am einfachsten finden Manipulationen durch allgemein verbindliche Regelungssysteme statt. Prominentes Beispiel ist die Verkehrsordnung. Strategische Überlegungen, die zur Vorbereitung und Planung eines Geschehens oder Prozesses dem eigenen Vorteil dienen, sind dagegen mehr in sozialen Interaktionen, wie z. B. bei der Austragung von Spielen, gefordert, die zwar auch über ein Regelwerk verfügen, wie z. B. das Schachspiel, aber zusätzlich noch viele potenzielle Handlungsspielräume den beteiligten Spielern einräumen und überlassen.

6.1 Ordnungen und Vorschriften

Manipulationen können, was auf den ersten Blick vielleicht überraschend ist, durch ein System bzw. durch dessen Systemregeln selbst erfolgen. Vielen Menschen ist gar nicht klar, oder sie nehmen es als eine gegebene natürliche Ordnung hin, wenn sie durch ein bestehendes System mit seinen Anweisungen oder Vorschriften beeinflusst oder besser in ihrem Verhalten zum allgemeinen Wohlbefinden und Nutzen aller Beteiligten gesteuert werden. Das beste Beispiel sind, wie bereits erwähnt, die Verkehrsregeln, deren Nicht-Befolgung entweder zu Katastrophen in Form schwerer Unfälle oder zu Verkehrsstrafen – oder sogar zu beiden – führt. Jeder kennt daher die Verkehrsregel: „Rechts vor links“ oder die allgemein gültige Ordnung „Rechts- oder Linksverkehr“. Wie gefährlich ein Verstoß gerade gegen den bei uns geltenden Rechtsverkehr ist, kann an den besagten „Geisterfahrern“ auf der Autobahn festgestellt und nachvollzogen werden, die nicht nur sich selbst, sondern auch den entgegenkommenden Verkehr in tödliche Gefahr bringen.

H. Wienkamp, *Diagnostik von Manipulationen*,
https://doi.org/10.1007/978-3-662-68601-0_6

6.2 Spiele und deren strategische Kalküle

Um sich im Straßenverkehr rechtskonform zu verhalten, ist strategisches Denken und Handeln i. d. R. nicht gefordert und auch nicht nötig, wie es bei anderen Gegebenheiten der Fall sein könnte. Ebenso wenig ist strategisches Räsonieren gefordert in „Ein-Mann-Spielen" bzw. wenn ein Mensch gegen die Natur spielt, wie Binmore (2009, S. 25) es ausdrückte. Ein schönes Beispiel ist die Lage eines Landwirtes, der überlegt, ob er aufgrund der heutigen Wettervorhersage es wagen kann, zu ernten oder die Ernte einzufahren? Er spielt dann ein Spiel gegen die Natur, oder wie hier geschehen, mit dem Wetter. Vergleichbar ist diese Situation mit einem Spaziergänger, der vor der Entscheidung steht, einen Regenschirm mitzunehmen oder nicht? In solchen Situationen scheinen Menschen eine „Wette mit sich selbst" einzugehen!

Strategisches Denken in Form einer erfolgreichen Planung der Spielzüge zeichnet dagegen Akteure aus, deren Entscheidungen und Verhalten sich in einer gegenseitigen Abhängigkeitsbeziehung und den damit verbundenen Absichten und Präferenzen befindet. Bekanntlich gehören zu einem Spiel immer zwei Parteien, die gegeneinander spielen, also interagieren, und jeweils gewinnen wollen, was die Gegenpartei in ihrem eigenen Interesse jeweils verhindern und mit ihren Spielzügen und Gegenreaktionen durchkreuzen will entweder mit dem Ergebnis Remis oder als eigener Sieg oder Erfolg des Spiels.

Die Wissenschaft oder das methodische Konzept für das strategische Denken oder Verhalten in Spielsituationen lieferte die gleichnamige Spieltheorie. Die Spieltheorie funktioniert nur bei Annahme einer Rationalität der Mitwirkenden, die versuchen, die für sie bestmöglichen Spielzüge zu setzen, und in ihren Entscheidungen konsistent sind. Die anschaulichsten Beispiele liefern das Schachspiel, das Pokerspiel, aber auch Versteigerungen oder Auktionen, deren Ausgang ebenso von den Erwartungen und Geboten der anwesenden und mitbietenden Interessierten abhängt.

Um nicht missverstanden zu werden, rationales Denken und Handeln bedeutet nicht, das Geschehen im Voraus zu prognostizieren, aber die Handlungsalternativen und deren Nutzen zu kennen und zu bestimmen, um die darauf basierenden möglichen Konsequenzen und Resultate einschätzen zu können. Irrationales Denken, wie es bei weltfremden Romantikern oder „Verrückten" zuweilen vorkommt, erfüllt nicht die Norm oder Vorstellung von Rationalität, wenn keine nachvollziehbaren Entscheidungskriterien existieren und alles mehr oder weniger vom Zufall oder von der aktuellen Laune abhängt. Auf der Auswahl der bestmöglichen eigenen Entscheidungen und Spielzüge von jeweils beiden Mitspielern, die die gleichen Absichten verfolgen, basiert das Konzept der Spieltheorie.

6.2.1 Elemente von Spielen

Spiele kennen nicht nur Spielregeln im Sinne von verbindlichen Handlungsanweisungen oder Grenzen, sondern „das Salz in der Suppe" sind ihre Erfolgs- oder Gewinnstrategien, die gerade von erfahrenen Spielern präferiert und gekonnt angewendet werden. Unter eher konzeptionellen oder methodisch-analytischen Aspekten gibt es darüber hinaus noch Modelle, die für das eine oder andere Spiel so etwas wie Gesetzmäßigen aufdecken, die schnellere oder vorteilhaftere Lösungen begünstigen, wenn sie den Spielern bekannt sind und berücksichtigt werden. Ein Lösungskonzept für eine analytische rationale Spielstrategie wäre das „Nash-Gleichgewicht (engl.: Nash Equilibrium)“, das für beide Mitspieler oder Parteien jeweils eine „Best-Practice-Strategie“ wäre, da es keine bessere oder erfolgreichere Handlungsstrategie als Alternative gibt.

Das Nash-Gleichgewicht kommt sowohl in puren Spielstrategien als auch in gemischten Strategien zur Anwendung.

6.2.1.1 Nash-Gleichgewicht

Ein für Spiele entwickeltes „Analyse-Tool“ ist das Nash-Gleichgewicht, das für beide Spieler eine Möglichkeit bietet, auf der Basis ihres jeweiligen zu erwartenden und kalkulierten Nutzens die bestmögliche oder optimale Entscheidung unter Berücksichtigung des gegebenen Risikos aufgrund der möglichen eigennützigen Spielzüge der Gegenpartei zu finden.

Ein Nash-Gleichgewicht entsteht somit, wenn beide Parteien simultan und unabhängig voneinander eine für sie „beste“ Entscheidung oder Antwort als Reaktion auf die erwartete Entscheidung des Mitspielers treffen. Die Entscheidung ist entweder für beide Spieler oder für einen der Spieler, der über eine sogenannte „dominante Strategie“ (s. Abschn. 6.2.1.2) verfügt, nicht nur die vorteilhafteste Reaktion, sondern auch alternativlos!

Für manche Spielkonstellation besteht zwar die Möglichkeit, einen noch höheren gemeinsamen Nutzen zu erzielen, dies würde aber eine Kooperation voraussetzen, die einmal bei simultanen nicht-kooperativen Spielen unter Wettbewerbsbedingungen nicht gegeben ist und da zum anderen keiner der Mitspieler sich des Risikos eines großen Nachteils oder Fehlschlages aussetzen würde, weil der andere Spieler es sich anders überlegt hat und nicht kooperiert, sondern „kaltschnäuzig“ und ohne Skrupel von seinem sich bietenden potenziellen Vorteil Gebrauch macht. Genauso gut kann der andere Spieler spontan oder rein zufällig, sozusagen „aus Spaß an der Freude“, eine andere Entscheidung fällen und sich damit unberechenbar oder irrational verhalten. Besonders eindrücklich kommt dieses Risikoproblem in dem Spiel „Gefangenendilemma (engl.: Prisoner’s dilemma)“ zum Ausdruck (s. Abschn. 6.2.2.1).

Nasch-Gleichgewichte sind häufig zirkulär oder auch tautologisch geprägt, wenn die Überlegungen der Spieler dahin gehen, wie der eine Spieler über den anderen denkt (und umgedreht), sodass sich eigentlich ein nicht enden wollender Gedankengang über die möglichen Spielzüge der jeweils anderen Gegenpartei daraus ergibt. Beste Beispiele für diese Spekulationen sind Konstellationen, bei denen der eine alles gewinnt und der andere alles verliert und umgekehrt, was zwei Nash-Gleichgewichte bedeuten würde, und zusätzlich eine Konstellation, die unter Risikogesichtspunkten ausbalanciert ist und für beide Seiten akzeptabel wäre, was zu einem weiteren Nash-Gleichgewicht führen würde. Genauso wie in einem Spiel mehrere Nash-Gleichgewichte auftreten können, gibt es auch Spiele, wie das

Nullsummenspiel „Matching Pennies", auch bekannt als Münzwurf „Kopf oder Zahl", die kein Nash-Gleichgewicht aufweisen (s. ebenfalls Abschn. 6.2.2.1).

In den nachfolgend exemplarisch dargestellten Spielarten soll der Bezug und die besondere Auswirkung eines Nash-Gleichgewichtes auf die anstehenden Entscheidungen oder Spielzüge noch einmal vertieft und illustriert werden. Neben der Spielart ist die Identifikation von Nash-Gleichgewichten primär abhängig von der Dauer oder Ausgangslage des Spiels und der gegebenen Strategieform.

6.2.1.2 Strategieformen und Spielzüge

Spiele können sozusagen *„rein"* bzw. *„pur"*, d. h. ohne Wahrscheinlichkeitserwartungen und mit *100-prozentiger Sicherheit* eines gewählten Spielzuges, also mit vollständiger oder „perfekter" Information als *reine Strategie*, oder als *gemischte Strategien* mit angenommenen Wahrscheinlichkeiten für die infrage kommenden alternativen Spielzüge in Abhängigkeit der persönlichen Präferenzen als Nutzen oder Auszahlung (engl.: Payoff) gespielt werden.

Abhängig von den zu erwartenden Ergebnissen, i. d. R. dargestellt mithilfe einer „Auszahlungsmatrix", gilt einmal die Wahl, sofern möglich, eine *strikt dominante Strategie* zu spielen, wie sie in Abb. 6.1 als Muster spezifiziert ist, indem z. B. eine konkrete Entscheidung des einen Spielers (hier Spieler A mit dem Spielzug 1 – Neuinvestitionen) unabhängig von den Reaktionen des Mitspielers (B) gegenüber den anderen alternativen Spielzügen des Spielers (A) präferiert wird, da sie durchweg besser oder vorteilhafter gemäß den zu erwartenden Auszahlungen ist (der Nutzen würde in diesem Beispiel „3" und „5" betragen). Der schlechtergestellte Gegenspieler (B) wählt dann die Entscheidungsalternative, die für ihn den größten Nutzen bringt. In der Terminologie der Spieltheorie wären die strategischen Entscheidungsmöglichkeiten oder Spielzüge dieses Mitspielers (B) *streng dominiert* vom Spieler (A) und damit „suboptimal" bzw. „geringwertiger".

Nebenbei sei darauf hingewiesen, dass die Gewinne oder Verluste in den Auszahlungsmatrizen in vielen Fällen weniger exakte quantitative Berechnungen oder Kalkulationen sind, sondern es sich vielmehr um eine *qualitative Präferenzstruktur* der beteiligten Personen in Form einer Rangreihe oder Ordinalskala oder um einfache (direkte) Einschätzungen handelt, die versuchen, die gehegten Vorstellungen realitätsgetreu abzubilden.

Spieler: A (Zeilen) / B (Spalten)	*Neuinvestitionen*	*Status quo halten*
Neuinvestitionen	0 **3**	2 **5**
Status quo halten	3 1	2 2

Abb. 6.1 Auszahlungsmatrix bei strikt dominanter Strategie eines Spielers (A)

Inhaltlich lässt sich die Abb. 6.1 wie folgt interpretieren:

„Die Akteure A und B stehen vor der Entscheidung, alles so zu lassen, wie es ist, oder ihre Geschäftstätigkeit zu intensivieren und auszuweiten, sei es durch zusätzliche Investitionen in die Produktentwicklung, Marktbearbeitung oder in die Arbeitsprozesse z. B. durch mehr Digitalisierung.

Allerdings ist die Ausgangslage dieser beiden Unternehmen unterschiedlich. Firma A würde von zusätzlichen Investitionen auf jeden Fall profitieren, egal wie sich der Konkurrent B verhält, und über eine dominante Strategie (verbunden mit einem Nash-Gleichgewicht) verfügen. Damit liegt die Strategie „Neuinvestitionen" für Spieler A quasi auf der Hand.

Wettbewerber B ist leider nicht in solch einer komfortablen Ausgangsposition. Zum einen würde es den Konkurrenzkampf angesichts der Neuinvestitionen von A sehr wahrscheinlich verlieren und dabei unnötige Ressourcen verschwenden (deshalb liegt der Nutzen oder die Auszahlung bei 0), zum anderen bleibt ihm nur die Hoffnung, dass die Neuinvestitionen von A nicht die gehegten Ansprüche von A erfüllen, sodass seine Strategie, den Status quo beizubehalten und seine verfügbaren Mittel zu schonen, die für ihn beste Lösung ist. Zudem besteht die Aussicht, ggf. erfolgreiche Innovationen von A später zu kopieren und zu imitieren. Deshalb ist diese Konstellation für B aufgrund der damit verbundenen Flexibilität ebenso vorteilhaft (daher Auszahlung = 2), als wenn am Markt alles so bleibt, wie es ist, was durch den Status quo beider Marktteilnehmer zum Ausdruck kommt und dem Marktteilnehmer B auch einen Nutzen von 2 bescheren würde.

Dass der Wettbewerber A aus nicht nachvollziehbaren Gründen auf Neuinvestitionen verzichtet und seinen Konkurrenten B ggf. den Vortritt lässt, dürfte angesichts der niedrigeren Nutzenwerte illusorisch sein."

Bei komplexen Spielen mit mehr Handlungsalternativen als Spielzüge geht das Bestreben dahin, streng dominierte Entscheidungen oder Spielzüge auszusondern, da sie der Logik entsprechend kein Nash-Gleichgewicht haben und nur die schlechtesten Resultate in sich bergen und ausweisen (siehe hierzu das Beispiel von Dixit & Nalebuff, 1995, S. 72, über die simulierte Aufstellung von Treffern der geplanten Angriffswaffen, z. B. Drohnen oder Raketen, und die mögliche Abwehr der Gegenseite mit alternativen Verteidigungssystemen aus dem Irak-Krieg der Amerikaner, die zur Eliminierung der unwirksamsten, also dominierten, Formationen führte).

Strategien haben sich darüber hinaus an der gegebenen Ausgangslage bzw. Spielanlage zu orientieren. Die Spieltheorie unterscheidet in diesem Zusammenhang zwischen simultan und sequenziell angelegten Spielen. *Simultane Spielweisen* sind meist nicht-kooperative Spiele häufig nur mit einem anstehenden Spielzug (wie z. B. das Spiel „Gefangenendilemma"; s. Abschn. 6.2.2.1). Strategieentscheidungen sind bei diesem Spiel von den Akteuren zumeist unabhängig voneinander, separat und ohne die Möglichkeit von Absprachen zu treffen. Bei ihren Überlegungen dürften sich die beteiligten Spieler an den vorhandenen und erkannten Nash-Gleichgewichten orientieren und als Maß ihrer Entscheidung nutzen.

Dagegen können *sequenzielle Strategien* sowohl eine bestimmte (finale) Anzahl an Spielzügen aufweisen als auch unendlich oft („repetitiv") gespielt werden. Ein Spieler beginnt und macht den ersten Zug, den der andere Spieler zur Kenntnis nimmt und gemäß seinen Überlegungen oder Präferenzen darauf reagiert. Beim nächsten darauffolgenden Zug ist der zuerst begonnene Spieler wieder an der Reihe und wählt nach der bekannten Entscheidung des Gegenspielers seine Antwort.

Solch ein Spiel mit wiederholten Spielzügen kann, wenn man so will, endlos weitergehen. Von den anwesenden Spielern wird allerdings erwartet und als „gute Strategen" verlangt, dass sie wie beim Schachspiel die möglichen Spielzüge beider Parteien bis zum Ende (oder so weit, wie es geht) gedanklich durchspielen und jeweils die Kette an Spielzügen mit den sich ergebenden Auszahlungswerten als Ergebnisse kennen oder kalkulieren. Ausgehend von der als Endergebnis vorliegenden Auszahlungsmatrix, sollten sie dann den Weg zurückgehen oder zurückverfolgen und ihren jeweils ersten Spielzug noch einmal überdenken bzw. „auf den Prüfstand stellen" und sich für den besten oder aussichtsreichsten Eröffnungsspielzug entscheiden. Im englischen Sprachraum ist bei dieser Spielanlage von „Backward strategy" oder *„Backward induction"* (s. z. B. Binmore, 2007, S. 37 ff.) die Rede. Ein *Entscheidungsbaum* als Werkzeug oder Instrument kann den Beteiligten dabei eine wertvolle Hilfe sein.

Manche „Spielernaturen" verfügen, losgelöst von den strategischen Überlegungen und Dispositionen im Rahmen der Spieltheorie, noch über eher „eigensinnige" Spielweisen, die ggf. auch zum Erfolg führen könnten, aber eher unkonventionell und willkürlich erscheinen. So könnte z. B. ein etabliertes Unternehmen ständig den Markt nach Innovationen von z. B. neuen „Start-ups" absuchen und beobachten und bei Markterfolg diese Produkte kopieren bzw. diese Innovationen imitieren (s. Dixit & Nalebuff, 1995, S. 15) oder, es könnte die Start-ups mit ihrem Know-how schlichtweg aufkaufen oder sich an dem Unternehmen beteiligen.

Eine andere Spielweise wäre, einfach auf den Zufall zu setzen, wie z. B. beim Roulette mal die Farbe *Rot* und dann irgendwann wieder die Farbe *Schwarz* zu wählen, um eine sogenannte *„randomisierte Strategie"* zu fahren. In interaktiven Spielen schafft dieses Vorgehen ein hohes Maß an Unberechenbarkeit für den Mitspieler, da er über keinerlei Anhaltspunkte verfügt, was und wann auf ihn zukommt. Wie noch zu zeigen sein wird, gibt es auch Spiele, insbesondere die „Gewinn- oder Verlustspiele" oder auch „Nullsummenspiele" genannt, bei denen es auf den Zufall ankommt und wie mit Zufallsereignissen zu verfahren ist, um nicht irrational zu agieren.

6.2.2 Ausgewählte populäre Spielarten

Von den vielen erdenklichen Spielen sind einige sehr populär und schon zum „Klassiker" geworden wie z. B. das Spiel „Gefangenendilemma". Ungeachtet dessen macht es Sinn, die vielen Spiele grob zu unterteilen, wie z. B. nach „nichtkooperativen Spielen" und „kooperativen Spielen", um einen Überblick über das „Universum der Spiele" zu erhalten (und zu behalten).

Nicht-kooperative Spiele zeichnen sich durch eine wie bereits angedeutet *simultane* Entscheidungssituation aus und haben i. d. R. nur *einen* Spielzug, sodass danach keine Revanche oder Vergeltung des Mitspielers oder der Gegenseite für „erlittenes Ungemach" möglich ist. Anders die kooperativen Spiele, die entweder endlich bei Vorgabe einer definierten Angabe an Spielrunden oder, im Extremfall, bis ins Unendliche wiederholt zu spielen sind. Durch die Möglichkeit des Weiterspielens haben im günstigsten Fall beide Parteien ein Interesse zu kooperieren, da die Gegenpartei sich bei erlittener unfairer Spielweise in der nächsten Runde rächen kann. Letztlich läuft diese Haltung auf eine stillschweigende Absprache oder „Arbeitsteilung" hinaus.

6.2.2.1 Nicht-kooperative Spiele

Spiele, die auf ein Gewinnen oder Verlieren als alleinige Alternative abzielen, können von Natur aus nicht kooperativ angelegt sein, sondern huldigen dem Wettbewerb unter den Mitspielern. In reinster Form sind sie „Nullsummenspiele", wie z. B. beim Wurf einer Münze mit Kopf und Zahl. Entweder gewinnt der, der sich für Kopf entschieden hat, wenn auch Kopf erscheint, oder andernfalls der, der Zahl als Favorit erkoren hat. Alternativ kann auch mit zwei Münzen gespielt werden, wobei es dann entweder um *gleiche* Symbole, also Kopf : Kopf oder Zahl : Zahl geht oder um *ungleiche* Symbole. Im englischen Sprachgebrauch ist von „Matching Pennies" die Rede, für die die Auszahlungsmatrix in Abb. 6.2 gilt (s. z. B. Binmore, 2007, S. 10).

Addieren wir die Werte in den o. g. Zellen der Matrix, erhalten wir jeweils als Ergebnis null, daher auch der Name „Nullsummenspiel". Die Wahrscheinlichkeit für eine Spielkonstellation (z. B. Kopf : Kopf) liegt bei jeweils 0,25 oder 25 %. Somit erhält jeder Spieler (A oder B) die Chance, mit einer Wahrscheinlichkeit von 0,25 + 0,25 = 0,50 oder 50 % bei jedem Spieldurchgang zu gewinnen – oder zu verlieren. Die beste Strategie wäre für jeden Mitspieler die (gemischte) Strategie, nämlich seine einmal getroffene Entscheidung wie z. B. Kopf : Kopf über alle Spielzüge beizubehalten, da eine bessere Ausgangsposition oder Wahrscheinlichkeit als 50 % als Gesamtergebnis über ggf. unendlich viele Spiele sonst nicht zu erwarten ist. Bei einer vom Zufall abhängigen (randomisierten) Strategie, die wechselweise Entscheidungen beinhaltet, ist unter Umständen mit einem schlechteren Gesamtergebnis zu rechnen. Spiele wie das Spiel „Matching Pennies" haben im Grundsatz kein Nash-Gleichgewicht (s. Osborne, 2004, S. 29). Bei einer gemischten Strategie mit einer gewählten fixen Wahrscheinlichkeit beider Mitspieler haben auch Nullsummenspiele, wie alle anderen Spiele überhaupt, ein Nash-Gleichgewicht, wenn beide Spieler z. B. mit einer Wahrscheinlichkeit von 0,5 operieren (s. Binmore, 2009, S. 169).

Spieler: A (Zeilen) / B (Spalten)	*Kopf*	*Zahl*
Kopf	- 1 + 1	+ 1 - 1
Zahl	+ 1 - 1	- 1 + 1

Abb. 6.2 Auszahlungsmatrix beim Spiel mit zwei Münzen und Kopf oder Zahl

Ein anderes, altbekanntes Spiel ist das sogenannte „Chicken Game", das ebenso auf Sieg oder Niederlage angelegt ist. Von dem Spiel „Münzwurf" unterscheidet es sich dahin gehend, dass beide Spieler einen bestimmten Spielausgang, der in einem Desaster enden könnte, wie z. B. ein schwerer Unfall, vermeiden wollen und müssen. Nach der bekannten Filmversion „Denn sie wissen nicht, was sie tun" mit dem Hauptdarsteller James Dean handelt es sich um ein Autorennen mit nur zwei Handlungsmöglichkeiten, entweder mit voller Geschwindigkeit („Speed") weiterzufahren, um zu siegen, oder dem konkurrierenden Fahrzeug auszuweichen und ggf. zu stoppen und sicher zu verlieren. Dargestellt als Auszahlungsmatrix ergibt sich das in Abb. 6.3 dargestellte Bild.

Unschwer ist zu erkennen, wenn beide Autofahrer mit unverminderter Geschwindigkeit weiterrasen, dass es zu einem „Crash", also unvermeidlich zu einem schweren Unfall kommen muss, wenn die Rennstrecke Engpässe oder schmale Abschnitte, die nur Platz für ein Fahrzeug bieten, aufweist. Insofern hätten beide Spieler nichts davon und der vermeintliche Nutzen wäre negativ (– 1:– 1). Wer andererseits dem anderen Fahrer ausweicht und ihn vorlässt, hat verloren, daher ist der Nutzen gleich null, während der andere als Sieger vom Platz geht (Nutzen = + 3). Wenn allerdings beide, wenn man so will, „kooperieren" und ausweichen oder langsamer fahren, wäre der Nutzen mit + 2 für beide „Rennfahrer" gleich hoch, denn sie haben ein gemeinsames Interesse, einen Unfall zu vermeiden. Diese Konstellation oder Spielausgang wäre dann das eigentliche Nash-Gleichgewicht, da ein Weiterfahren zwar einen höheren Nutzen bei einem Sieg erbringen würde, aber bei diesem Spiel der Mitspieler dies verhindern kann, indem er sich ebenso egoistisch und eigentlich irrational verhält. Nach den Aussagen der Spieltheorie würde allerdings auch diese Handlungsstrategie zu einem Nash-Gleichgewicht mit einem möglichen Nutzen von + 3 wechselseitig für jeweils beide Spieler bzw. einen Spieler führen (s. Binmore, 2007, S. 14). Für andere Autoren (z. B. Holler & Klose-Ullmann, 2007, S. 48) besteht im Chicken-Spiel kein Nash-Gleichgewicht, da zwar jeder Spieler seinen individuellen Nutzen durch die Aktion „Speed" verbessern könnte – aber sicherlich auf Kosten oder besser mit dem Risiko eines Unfalls, was eine irrationale Reaktion wäre und dem zwingend angenommenen Rationalitätsprinzip widersprechen würde.

Ähnlich dem vorhergehenden Chicken-Spiel verfügt auch das Spiel „Gefangenendilemma" über mehrere Nash-Gleichgewichte, die allerdings ebenfalls

Spieler: A (Zeilen)/B (Spalten)	*Ausweichen, stoppen*	*Weiterfahren (Speed)*
Ausweichen, stoppen	+ 2 + 2	+ 3 0
Weiterfahren (Speed)	0 + 3	- 1 - 1

Abb. 6.3 Auszahlungsmatrix für das Spiel „Chicken Game"

Spieler: A (Zeilen)/B (Spalten)	*Geständnis*	*Kein Geständnis*
Geständnis	+ 1 Mittlere Strafe (z. B. 5 Jahre) + 1	0 Straffreiheit und Höchststrafe (z. B. 10 Jahre) + 3
Kein Geständnis	+ 3 Straffreiheit und Höchststrafe (z. B. 10 Jahre) 0	+ 2 Milde Strafe (z. B. 1 Jahr) + 2

Abb. 6.4 Auszahlungsmatrix beim Spiel Gefangenendilemma

unterschiedlich hoch in ihrem Nutzen ausfallen sowie sicher bzw. unsicher für die Mitspieler als Verdächtige sind. Beim Spiel Gefangenendilemma hat wahrscheinlich die in den USA geltende „Kronzeugenregelung", verbunden mit Straffreiheit bei einem Geständnis und Belastung eines Mittäters oder Komplizen, einen Impuls gesetzt. Dieses Spiel konnte sich dann für viele Anwendungszwecke sowohl in der Praxis als auch in der experimentellen Sozialforschung durchsetzen und etablieren.

Folgende Dramaturgie sieht dieses Spiel vor (s. Abb. 6.4):

„1) Es werden zwei Verdächtige nach einem begangenen Verbrechen gefasst und getrennt voneinander verhört. Eine Kommunikation oder Absprache zwischen den Angeklagten ist nicht möglich und grundsätzlich ausgeschlossen.
2) Beiden Verdächtigen wird separat die Kronzeugenregelung angeboten mit dem Hinweis, wenn sie ein Geständnis ablegen und ihren Komplizen belasten, und der andere Mittäter nicht gesteht, erhalten sie *Straffreiheit* für dieses Delikt. Der beschuldigte Komplize erhält dann die *Höchststrafe* nach Anklageerhebung und Verurteilung. – In manchen Spielversionen wurden geständige Angeklagte wegen eines anderen weniger gravierenden Deliktes angeklagt und erhielten eine geringfügige Strafe (z. B. bei einem schweren bewaffneten Raub als Hauptstraftat eine milde Strafe wegen unerlaubten Waffenbesitzes), die vielleicht noch zur Bewährung ausgesetzt wurde.
3) Wenn beide ein Geständnis ablegen, kommt es zur Anklage und sie erhalten einen Strafnachlass von einigen Jahren, sodass von einer *mittleren* Bestrafung als Strafmaß auszugehen ist.

4) Falls beide Gefangenen *kein* Geständnis ablegen, können sie auch nicht überführt werden, sodass sie allenfalls wegen einer anderen Gesetzesübertretung angeklagt und bestraft werden (z. B. wegen zu schnellen Fahrens vor der Ergreifung durch die Polizei). Insgesamt dürfte in diesem Fall das Strafmaß eher *milde* ausfallen."

Nach den vorliegenden Forschungsbefunden gab der überwiegende Teil der Versuchspersonen beim ersten Durchgang ein Geständnis ab, um auf „Nummer sicher zu gehen". Mit der Zeit und nach mehreren Spielrunden lernten die Teilnehmer in dem Experiment dazu und es kam ohne vorherige Verständigung zur Kooperation, d. h., beide Mitspieler legten *kein* Geständnis ab und maximierten damit den Gesamtnutzen, sodass sich jetzt lt. Auszahlungsmatrix 2 + 2 = 4 ergab, anstatt 1 + 1 = 2 oder 3 + 0 = 3 (vgl. Binmore, 2007, S. 80 ff.).

Mit der Möglichkeit, mehrere, also repetitive Spielrunden zu spielen, geht das Gefangenenspiel allmählich in ein kooperatives Spiel über.

6.2.2.2 Kooperative Spiele

Wie bereits schon angedeutet, liegen kooperativen Spielen mehrere Durchgänge zugrunde, die die Möglichkeit eröffnen, dem Mitspieler durch eine kooperative Spielweise entgegenzukommen und zu belohnen oder bei unfairer Spielweise, also bei Täuschung oder Betrug, Revanche zu nehmen und ihn oder sie im nächsten Spielzug zu bestrafen. Auf diese Art und Weise können sich beide Spieler gegenseitig durch Drohung und Abschreckung beeinflussen. Gerade bei kooperativen Spielen gilt das Gebot oder Prinzip der Reziprozität und damit der Rationalität.

Zwei Versionen sind bei kooperativen Spielen grundsätzlich zu unterscheiden: Einmal kann ein Spiel, wie z. B. das Spiel Gefangenendilemma, mehrfach oder auch endlos gespielt werden, wobei jede neue Spielrunde wieder ein eigenes Spiel ist. Zur Kooperation oder Revanche kommt es dann, wenn der andere Spieler sich in dem vorausgegangenen Spielzug kooperativ oder eben nicht kooperativ verhalten hat. Solche Spiele werden auf der Basis *sozialer Reziprozität*, oder *„Tit for Tat"* ausgetragen (s. auch Abschn. 9.1), was nichts anderes bedeutet als „Wie Du mir, so ich Dir" oder „Auge um Auge, Zahn um Zahn"! Mit einer kooperativen Spielweise erreichen beide Seiten ihr Nash-Gleichgewicht, d. h. den maximalen Nutzen. Im Volksmund heißt es deswegen auch: *„Man trifft sich im Leben immer zweimal."*

Die Reziprozität ist auch im alltäglichen Leben angelegt, wenn bestellte Ware nach Lieferung auch bezahlt wird; andernfalls wird der Lieferant sich zu wehren wissen und entsprechende Maßnahmen einleiten und ergreifen (z. B. ein Mahnverfahren einleiten).

Eine andere Spielweise ist *sequenziell* angelegt, sodass ein Spieler wie beim Schach den ersten Zug macht und der Mitspieler darauf reagiert usw. (s. hierzu auch Abschn. 6.2.1.2). Solch eine Spielanlage kommt beispielsweise in der Wirtschaft in Konkurrenzsituationen vor, wenn ein Unternehmen gezwungen ist, auf die Marketing-Aktivitäten eines Konkurrenten zu reagieren, weil dieser z. B. versucht, in den angestammten Markt einzudringen, und z. B. neue eigene Filialen gründet (vgl. hierzu auch das Beispiel in Abb. 6.1 in diesem Kapitel). In klassischer Manier muss sich dann das bedrohte Unternehmen zwischen einem Preiskampf oder Akzeptanz des konkurrierenden Unternehmens in seinem Markt entscheiden. Ein ruinöser Preiskampf dürfte für beide Seiten negativ sein und möglicherweise zu Verlusten führen, sodass sich irgendwann eine der beiden konkurrierenden Firmen aus dem Markt verabschieden muss, wenn sie nicht „pleitegehen" will. So fand z. B. ein Konkurrenzkampf der beiden Reifenhersteller Goodyear und Michelin in der Vergangenheit um den Eintritt in die jeweils lokalen Märkte Europa und Amerika statt, der dazu führte, dass sich nachher Michelin aus dem amerikanischen Markt aufgrund der herben Verluste wieder zurückzog (s. Holler & Klose-Ullmann, 2007, S. 32 f.).

Bei der Analyse von Spielsituationen ist somit Vorsicht geboten. So darf nicht blind von der einen Spielsituation (z. B. vom Spiel Gefangenendilemma; s. Abb. 6.4) auf eine völlig andere Konstellation, wie hier z. B. die Konkurrenzsituation eines Dyopols, geschlossen werden. Zu Recht machten Holler und Klose-Ullmann (2007, S. 33) bei dem o. g. „Goodyear-Michelin-Fall" darauf aufmerksam, dass dieser Fall nicht zu den Verhältnissen beim Spiel „Gefangenendilemma" passte, da sich Michelin notgedrungen wegen hoher Verluste aus den amerikanischen Automarkt zurückziehen musste und Goodyear noch heute in Europa am Markt aktiv ist und dort „gutes Geld" verdient.

Besser ist allemal eine Verständigung, die auf eine Kooperation oder Absprache bzw. auf eine Marktaufteilung zu angemessenen Preisen hinausläuft, wovon dann beide Marktteilnehmer etwas haben, also ausreichend am *Gesamtgewinn* partizipieren. Hilfreich wäre für die Auswahl der Spielstrategie, die Spieloptionen anhand eines Entscheidungsbaumes zu skizzieren und sich auf diese Weise die Ausgangsposition klarzumachen und „chronologisch-logisch" vorzugehen.

Sequenzielle Spiele kennen noch als eine spezielle Variante das sogenannte „Diktator-Spiel" oder „Ultimatum-Spiel" (engl.: „The Ultimatum Game"). Bei der Spielanlage des Ultimatum-Spiels darf der erste Spieler einen Vorschlag machen, dem der andere Spieler entweder zustimmen muss oder den er ablehnen kann. Nur bei Zustimmung des Mitspielers kommt es zur Auszahlung und damit zur Nutzenverwertung, andernfalls erhält keiner etwas und beide Spieler gehen „leer aus". In dieser Spielvariante, also in dem Ultimatum, den Verteilungsvorschlag anzunehmen oder abzulehnen, geht es um das Prinzip: „Take or leave it!" – und zwar für beide Parteien. Beim Diktator-Spiel kommt es im Gegensatz zum Ultimatum-Spiel *nicht* auf die Zustimmung des Mitspielers an, sondern der erste und vorschlagende Spieler entscheidet für sich und autonom – und sein Mitspieler hat keinen Einfluss auf das Spielgeschehen, d.h. z.B. auf die Aufteilung des Geldbetrages oder des Vermögens, und muss mit der vorgeschlagenen Lösung leben und sehen, wo er bleibt.

In der Forschung wird z. B. das *Ultimatum-Spiel* mit der Instruktion gespielt:

> „Stellen Sie sich vor, Sie haben Ihre Geldbörse mit 100 € verloren und ein Finder bringt Sie Ihnen dankenswerterweise zurück. Wie viel Finderlohn würden Sie ihm geben?"

Unter streng rationalen Gesichtspunkten dürfte bereits das Angebot von nur 1 Euro akzeptabel sein, denn 1 € ist besser als nichts! Aus Gründen der Fairness würden manche (oder sogar viele) Versuchspersonen allerdings einen weitaus höheren Betrag für gerechtfertigt halten, im Idealfall sogar „fifty: fifty", also in dem Fall 50 € als ein und derselbe Geldbetrag für beide Seiten. Ungeachtet, wie das Verteilungsangebot ausfällt, das Nash-Gleichgewicht liegt in der Zustimmung des anderen Spielers zu diesem Vorschlag.

Im wirklichen Leben könnte dieses Ultimatum-Spiel bei Erbregelungen vorkommen, indem der Erblasser die Erben (z. B. zwei Parteien) auffordert, sich auf einen Vorschlag zu einigen. Einer der Erben soll dann einen Vorschlag machen, wie das Erbe aufzuteilen ist, und der zweite Erbe muss dem Ergebnis zustimmen, andernfalls gehen beide Erben „leer aus" und erhalten nichts.

Zu berücksichtign ist allerdings, dass dieses Spiel erst ab einem weniger engen Verwandtschaftsgrad, z. B. Verwandtschaftsgrad III im Verhältnis zwischen Onkel oder Tante und Neffen oder Nichte, wo es sowohl keinen Pflichtteil eines Erben als auch keine Möglichkeit der Anfechtung des Testamentes gibt, realistischerweise zur Geltung kommt.

Unabhängig von den juristischen Aspekten kann diese Spielanleitung ein probates Verfahren sein, um Erbstreitigkeiten nach Testamentseröffnung aus dem Wege zu gehen. Sonst treten Konflikte oder Ressentiments evtl. in Verbindung mit Anfechtungsklagen unter den (potenziellen) Erben garantiert dann auf, wenn einige der Erben sich übervorteilt fühlen und ihrer Meinung nach ungerecht behandelt oder bedacht wurden. Wenn, wie bei einem Verwandtschaftsverhältnis zu Onkel oder Tante, keine Anfechtungsklage möglich ist, sodass einer oder einige Neffen oder Nichten alles bekommen und erben und die anderen eben aus unerklärlichen Gründen nichts, dürfte die bisherige einvernehmliche und friedliche Verwandtschaftsbeziehung ein Ende gefunden haben. Zumindest eine vorherige Kommunikation über die vorgesehene Erbregelung würde Streit vermeiden helfen und Insuffizienzgefühlen entgegenwirken und vorbeugen.

6.2.3 Sonstige spieltheoretische Konzepte

Mit den bisher genannten spieltheoretischen Ansätzen ist das Spektrum der spieltheoretischen Konzepte noch nicht erschöpft. Im Gegenteil, es finden sich in der Wirtschaft, in der Politik und „auf der sozialen Bühne" gesellschaftlichen Handelns noch viele wichtige Anwendungsfelder, bei denen die Spieltheorie Erklärungen liefern kann. Ob nun im kleinen Rahmen, wie z. B. im privaten Lebensbereich einer Partnerschaft oder Familie, oder im großen Rahmen eines Kollektivs, geht es im Prinzip immer um einen für beide Seiten akzeptablen Interessenausgleich, der über Verhandlungen und gegenseitige Abstimmungen zu bewerkstelligen ist (s. hierzu auch Abschn. 10.3.2).

Nicht zu vergessen ist auch die freie Natur, also die Biologie mit ihren evolutionären Geschehnissen und Entwicklungen. In der Evolutionsforschung heißt es nicht umsonst: „Survival of the Fittest", wenn derjenige mit der am besten oder optimalen Überlebensstrategie obsiegt! Nach dem spieltheoretischen Verständnis ist das nichts anderes als ein Nash-Gleichgewicht, wovon die „egoistischen Gene" (Dawkins, 1978) und ihre Nachkommenschaft profitieren.

Unbenommen der Vielfalt an Spielweisen gibt es darüber hinaus noch Spielansätze, die vielleicht nicht unbedingt als „Spiel an sich" verstanden und so genannt werden, wie z. B. Auktionen oder Versteigerungen.

6.2.3.1 Interessenausgleich durch gegenseitige Abstimmung oder Verhandlung

Ähnlich den o. g. kooperativen Spielen, oder speziell dem Ultimatum-Spiel, können Spiele dazu führen, einen Interessenausgleich über Abstimmungen oder Verhandlungen zu erreichen. Solche Spiele sind ein übergreifendes Anwendungsfeld, um einen Interessenausgleich oder Kompromiss als Ergebnis zu erzielen, egal um welche Thematik es sich handelt.

Nach Meinung der „Spieltheoretiker" ist das Verhandlungsergebnis genau das Nash-Gleichgewicht, das selbst bei unvollständigen Informationen über die jeweiligen Präferenzen oder Erwartungen sich „einpendelt" (vgl. hierzu Schelling, 1960/2011, S. 167 ff.). Binmore (2007, S. 145 ff.) lieferte hierfür ein schönes anschauliches Beispiel über ein jungverheiratetes Paar, das über die Verteilung der anstehenden Hausarbeit sich einigen musste. Bisher hat die Frau als Alleinstehende jeden Tag 2 h, also in der Woche 14 h, für (ihre) Hausarbeit investiert. Ihr Ehemann vorher in seinem Single-Haushalt nur pro Tag 1 h, was wöchentlich 7 h als Aufwand bedeutete. Das Nash-Gleichgewicht und damit ein für beide Seiten fairer Kompromiss würde sich wie folgt ergeben:

> „1) Addition oder Summierung der bisherigen Zeitaufwände für Hausarbeit, also 14 + 7 = 21 h;.
> 2) Teile den Zeitaufwand von 21 h durch 2, also 21:2 = 10,5 h;
> 3) Bei 10,5 h würde die Frau gegenüber vorher 14 h 3,5 h weniger arbeiten und ihr Mann nur noch 3,5 h, da mehr als 14 h für die Hausarbeit wöchentlich nicht erforderlich sind. Beide hätten sich die gesparte Zeit bei einem gemeinsamen Haushalt redlich geteilt."

Es dürfte nicht überraschen, dass wie beim Ultimatum-Spiel die Lösung oder der Kompromiss im Umfeld einer 50:50-Verteilung zu suchen und zu finden ist, was nach geltender Logik ein Gleichgewicht verkörpert. Abweichungen sind hiervon dann zu erwarten, wenn die vorherige Ausgangslage, also der Status quo berücksichtigt und in die Vorteils-Nachteils-Rechnung oder in die Kalkulation einfließt, wie das o. g. Beispiel es illustrierte. Unter ideologischen Gesichtspunkten betrachtet, könnte dieses als „fairer Kompromiss" gewertete Ergebnis auch alles andere als fair und ausgewogen sein, da der Mann seinen häuslichen Arbeitsaufwand um die Hälfte, also von 7 auf 3,5 h wöchentlich halbiert, die Frau hingegen nur um 25 % von 14 auf 10,5 h pro Woche.

Unterschiedliche Präferenzen der in Verhandlung sich befindenden Personen sind darüber hinaus auch in einem anderen *erweiterten* Konzept um sogenannte *„empathische Präferenzen"* (s. Binmore, 2005, S. 113 ff.) wirksam. Empathische Präferenzen berücksichtigen soziale, zwischenmenschliche Aspekte und Beziehungen und könnten wie eine Art Mindesterwartung an das zu erzielende Verhandlungsergebnis bei gleichzeitigem emotionalen Verständnis für die Bedürfnisse oder Anliegen der anderen Seite fungieren. Nicht zuletzt haben empathische Präferenzen die Funktion, den „neuralgischen Grenzwert" des Gegenspielers durch „das Eintauchen in dessen Lage (oder dessen Schuhe)" zu entdecken und in Abhängigkeit von der herrschenden Gefühlslage aufzuspüren. Solch ein Grenzwert oder „Cut off" wäre für die Gegenseite noch akzeptabel und würde einen ausgeglichenen Kompromissvorschlag ergeben (s. auch Binmore, 2009, S. 70 ff.). Allgemein gesprochen wären sie das bis an die Schmerzgrenze gehende „letzte Angebot" (für beide Seiten).

Kompromisslösungen durch Beteiligung Dritter als Schlichter oder Moderator dürften sich gleichfalls an solch einer Ausgangslage orientieren und das in ihre Kalkulationsrechnung aufnehmen bzw. in eine mögliche Nutzenkalkulation transformieren. Das könnte dann im Allgemeinen wie folgt aussehen und funktionieren:

> „*1) Ausgangssituation der verhandelnden Parteien:* Jeder Verhandlungspartner hat sowohl eine *persönliche* Präferenz- oder Nutzenskala als auch eine davon unabhängige zusätzliche *empathische* Nutzenskala mit einer eigenen Skalierung, also mit ganz anderen Werten des Nutzens.
> *2) Beziehung von persönlicher und empathischer Nutzenskala:* Jeder Skalenwert einer persönlichen Präferenz korrespondiert aktuell mit einem bestimmten Skalenwert der ggf. parallel existierenden Empathie-Skala – und umgekehrt.
> *3) Transformation und Veränderungen:* Nach dem Grad der Kompromissbereitschaft oder sonstiger äußerer Einflüsse können sich diese beiden Skalen gegeneinander verschieben. So führt ein „Zurückschrauben" der persönlichen Präferenzen z. B. zu einer Steigerung oder Erhöhung der empathischen Präferenz und damit zu einem aus Sicht des Anbieters besseren oder guten Angebotes für die andere Partei.
> *4) Kompromiss als Gleichgewicht und Verhandlungslösung:* Wenn es zu einem Kompromiss kommt, ist ein Interessenausgleich oder Gleichgewicht der verhandelnden Parteien erreicht, wie es Binmore (2005, S. 155) grafisch dargestellt hat."

Eine empathische Nutzenskala ist wahrscheinlich nichts anderes als ein Vehikel oder Transmissionsriemen von den persönlichen Nutzenerwartungen oder Präferenzen in die Bedürfnislage oder Realität des anderen Partners, um einen für beide Seiten akzeptablen Kompromiss zu erzielen. Binmore (2009, S. 70 ff.) spricht davon, dass der jeweilige Akteur genötigt ist, eine *neue* persönliche Nutzenskala nach der empfundenen Empathie für seinen Mitspieler zu konstruieren. Empathische Präferenzen erinnern sehr stark an die Konstrukte zum prosozialen Verhalten (s. Kap. 9).

Müssen sich die betroffenen Parteien untereinander selbst einigen, weil es keine übergeordnete Instanz als Autorität oder Schlichter gibt, gilt in unserer Kultur das Prinzip „Fairness", um zu einem Gleichgewicht oder Interessenausgleich zu kommen. Zu beachten ist bei der Diskussion um Fairness generell, dass dieses Prinzip oder Konstrukt in der Wahrnehmung und Bewertung rein subjektiv zu verstehen ist und so gesehen wird und niemals objektiven oder physikalischen Kriterien folgt.

In der Praxis dürften z. B. Reklamationen in das Blickfeld der empathischen Präferenzen geraten und unter diesem Gesichtspunkt zu behandeln sein. Eine Leistung oder eine Rechnung, die ein Kunde reklamiert, bedarf der empathischen Präferenz des Leistungserbringers oder Lieferanten, indem er sich in die Lage des Kunden versetzt, sozusagen „in seine Haut schlüpft" und vor diesem Hintergrund seine persönlichen Präferenzen oder Erwartungen anpasst und dem Kunden über die empathischen Präferenzen entgegenkommt. Im Idealfall wäre über einen Kompromiss das Problem gelöst.

Mit dem Konzept empathischer Präferenzen sind womöglich auch Verteilungen angesprochen, die von vornherein *keine* Gleichverteilung im Sinn haben, sondern z. B. aufgrund unterschiedlicher Kompetenzen, Bemühungen oder Herrschaftsverhältnisse ungleiche Aufteilungen bezwecken und nahelegen. Ein schönes Beispiel ist die Jagd, wo der Jagdleiter aufgrund seiner Führungstätigkeit einen größeren Teil der Beute für sich beansprucht, was von seinen Begleitern auch akzeptiert wird, da seine Geschicke und Erfahrungen in der Leitung der anwesenden Jäger überhaupt erst eine erfolgreiche Jagd verbunden mit zusätzlicher Beute ermöglichten. So ist bei einer gemeinsamen Jagd (im Kollektiv), wie z. B. bei einer Treibjagd, eine ganze andere „Strecke" als Ausbeute möglich, als wenn jeder einzelne Jäger separat auf die Jagd geht und vielleicht nur mit einem (kleinen) Stück Wild zurückkommt. In der Literatur wird hierzu gerne der Vergleich „Stag Hunt Game", also die (gemeinsame) Hirschjagd, vs. „Hare", also die Hasenjagd eines einzelnen Jägers, bemüht und zitiert (s. Binmore, 2005, S. 67).

„Stag Hunt" kann darüber hinaus auch die gegenseitige Abhängigkeit bei gemeinsamen Unternehmungen, wie hier die Hirschjagd, exemplarisch hervorheben. Nach dieser Formation wären z. B. für eine erfolgreiche Hirschjagd mehrere, oder zumindest zwei Jäger, vonnöten. Sobald ein Jäger sich verweigert und die Einzeljagd (eines Hasen) vorzieht, kann sein Mitstreiter sich entweder dem anschließen und selbst auf Hasenjagd gehen oder er geht leer aus. Die Nash-Gleichgewichte liegen somit entweder in der gemeinsamen Hirschjagd (mit höherer Auszahlung oder Nutzen für beide Seiten) oder in der jeweils separat durchzuführenden Hasenjagd (s. Osborne, 2004, S. 20 f. und 29 f.). Manche Individuen würden sich in anderen Situationen vielleicht deshalb lieber für die vermeintlich sichere „kleinere Beute" (hier den Hasen) entscheiden, da sie von dem Grundsatz ausgehen, „lieber den Spatz in der Hand als die Taube auf dem Dach", was die beiden Nash-Gleichgewichte anschaulich widerspiegelten.

6.2.3.2 Auktionen

Auktionen sind zum einen wegen ihrer ökonomischen Motive oder Nutzenkalküle, zum anderen aufgrund der im Hintergrund agierenden und ablaufenden psychologischen Mechanismen und Prozesse, insbesondere die durch das konkurrierende Bieten eintretenden Aufschaukel-Effekte zu immer höheren Geboten sowie die dadurch auslösenden gegenseitigen Beeinflussungsversuche, von sehr starkem Interesse. Fokussiert auf die dort stattfindenden Manipulationsvorgänge stellt sich insbesondere die Frage, wer beeinflusst wen – oder womöglich sich selbst?

Demnach kann ein Bieter sich von seinen Begierden stark manipulieren oder unter Druck setzen lassen. Ebenso kann er oder sie von anderen anwesenden Auktionsteilnehmern stark beeinflusst werden und sich möglicherweise auf einen exzessiven „Bieterwettbewerb" einlassen, was er oder sie womöglich später bereuen könnte, wenn im Eifer des Gefechtes ein zu hoher Preis für das „Objekt der Begierde", also z. B. das angebotene Kunstwerk oder ein besonderes Liebhaberstück, fällig wird und zu bezahlen ist.

Festzuhalten ist, dass in solchen später zu bereuenden Situationen eher von irrationalem Verhalten auszugehen ist, anstatt dass die abgegebenen Gebote einem rationalen Kalkül folgten. Für rationale Bieter haben die Spieltheoretiker folgendes Konzept entwickelt:

„1) Jeder Bieter setzt sich vor der Versteigerung eine absolute Preisobergrenze als Limit, die er oder sie nicht überschreiten wird. Dies wäre dann jeweils der individuelle, persönliche Wert des zu versteigernden Objektes.
2) Unterhalb dieser Preisobergrenze definiert jeder Bieter einen „Idealpreis", der für den Teilnehmer das erwünschte und bestmögliche Geschäft verkörpert (z. B. 30 % unterhalb des Limits als sogenanntes „Schnäppchen").
3) Zu Beginn eröffnet der Auktionator mit einem Mindestpreis, wie das z. B. bei der „englischen Auktion" üblich ist, der aus Sicht des Verkäufers das äußerste Limit „nach unten", also dem sogenannten „Floor" als Preisuntergrenze, darstellt und aller Wahrscheinlichkeit gleich von den Bietern überboten wird, da dieser Preis, wie schon gesagt, unter normalen Bedingungen als zu niedrig angesetzt ist und mehr als „Köder" zu verstehen ist.
4) Wenig überraschend dürfte sein, dass der ablaufende Bieterprozess bei jedem Interessenten früher oder später seinen „Idealpreis" (s. hier Pkt. 2) übersteigt und ab diesem Gebot der individuelle Spekulationsgewinn dezimiert wird, bis das oberste persönliche Preislimit erreicht ist und bei diszipliniertem Verhalten eigentlich Zeit zum Ausstieg wäre.
5) Nun ist es aber so, dass die aufkommenden Emotionen und Begierden das „Zepter des Handelns" übernehmen könnten, sodass die vorherigen („eisernen") Vorsätze nicht mehr gelten und sich das Bieterverhalten verselbstständigt mit der Konsequenz, dass es für den Bieter unmöglich ist aufzuhören und er oder sie sukzessive weiter Gebote platziert, da der Wunsch, bei dieser Auktion letztendlich zum Zuge zu kommen, alles andere ausblendet und ignoriert."

Wie Binmore (2007, S. 114) süffisant bemerkte, kann es für beobachtende Forscher ein Vergnügen sein, die sich gegenseitig ansteckenden emotionalen Prozesse und Beeinflussungsmanöver bei den Probanden im Experiment zu beobachten, als würden sie im wirklichen Leben geschehen.

Irrationaler Druck, woraus ein irrationales Überbieten an Preisgeboten resultiert geschieht aufgrund des unbändigen individuellen Dranges, zu siegen und zum Erfolg zu kommen. Hinzu kommt die empfundene und belastende Erfahrung von *Knappheit*, wenn es das Versteigerungsobjekt nur einmal gibt, wie ein Kunstwerk als Unikat, sowie der *Konkurrenzsituation* von mehreren Auktionsteilnehmern, die alle dasselbe wollen.

Spieltechnisch gesehen ist das individuelle Verhalten und Erleben bei der Preisstellung sowohl abhängig von den eigenen Motivationskräften als auch vom Verhalten der Konkurrenz oder der Mitbieter. Derjenige Bieter, der letztendlich zum Zuge kommt und das Objekt ersteigert, muss mit seiner Entscheidung leben; sie ist für ihn so etwas wie sein „steady state", also etwas Endgültiges, und sein persönliches „Nash-Gleichgewicht"!

Üblich kann auch sein, dass der Auktionator eine Teilnahmegebühr für die Anwesenheit an allen geplanten Versteigerungen dieses Tages erhebt, sodass für die Bieter zumindest die Anwesenheitsprämie als Verlust zu beklagen wäre, falls sie bei keinem Versteigerungsobjekt zum Zuge kämen. Solch ein Aufwand findet natürlich Eingang in die individuelle „Gewinn-und-Verlust-Rechnung (G+V-Rechnung)".

Ähnlich wäre es auch bei Teilnahme an „amerikanischen Versteigerungen", wo das individuelle Gebot über den zuletzt gebotenen Preis auf jeden Fall zu entrichten und bei einem nachfolgenden höheren Gebot für den Bieter sein Geld als Einsatz verloren ist. Bei diesen „All-Pay-Auktionen" kommt es aufgrund des karitativen Zweckes eher auf die Einsammlung einer großen Geldsumme an als auf den angemessenen Preis für den Erwerb des angebotenen Objektes.

6.2.3.3 Soziale Kontrakte als Spielkonzept

Vielleicht mag es überraschen, dass normale und natürliche Lebensformen als Spiele verstanden und definiert werden, wie es z. B. Binmore (2007, S. 85) mit der Versorgung von älteren Familienangehörigen (oder allgemein gesprochen der älteren Generation) andeutete. Hinter diesem Beispiel steht der allseits bekannte „Generationenvertrag", der die unbedingte Unterhaltung und Versorgung der älteren, nicht mehr arbeitsfähigen Menschen einer Gesellschaft betrifft und auf dem unser heutiges Sozial- oder besser Alimentationssystem basiert.

Bekanntlich lebten in grauer Vorzeit die Menschen in Großfamilien über mehrere Generationen, in Familienverbänden oder auch Sippen. Von den Ernten oder von den bei der Jagd erlegten Tieren bekamen die daran nicht beteiligten und nicht mehr aktiven Personen selbstverständlich ihren Anteil zum Überleben (sozusagen als „Rente").

„Spielerisch" lässt sich diese Lebenssituation gemäß Binmore (2007) wie folgt darstellen:

> „1) Gesetz den Fall, in diesem fiktiven Spiel erhält jeder Mitspieler einer Alterskohorte oder Generation *zwei* Brote, die er entweder selbst konsumieren, also „verfrühstücken", oder mit den Eltern (oder einem Elternteil) teilen kann. Sparen oder Aufbewahren eines Brotlaibes für das Alter ist nicht möglich, da das Brot verderben und damit ungenießbar wird.
> 2) Ein Gleichgewicht im Sinne der Spieltheorie besteht, wenn jeweils die junge Generation (also die Tochter oder der Sohn) das erhaltene Brot in dieser Lebensphase mit den Eltern jeweils teilt, was nach geltender Theorie für beide Seiten von Nutzen und im Prinzip alternativlos wäre. Geschieht das nicht, würden die Eltern leiden und sogar verhungern und hätten keine andere Möglichkeit, diese Missetat noch zu Lebzeiten zu vergelten oder zu rächen.
> 3) Allerdings gilt in der Spieltheorie das Prinzip: „Tit for Tat", also „Wie Du mir, so ich Dir" (s. Abschn. 6.2.2.2), sodass die Tochter bzw. der Sohn für ihre unterlassene und verweigerte Hilfeleistung und für ihr unfaires Verhalten später von ihren eigenen Kindern der nächsten Generation durch Nahrungsentzug ihrerseits bestraft werden können.
> 4) Dieses Verhaltensprinzip für unterlassene Fürsorge bedürftiger älterer Menschen wirkt auf die soziale Gemeinschaft oder Gesellschaft insgesamt abschreckend, sodass Nonkonformisten damit rechnen müssen, selbst später für ihr unfaires Verhalten sanktioniert bzw. bestraft zu werden."

Anzunehmen ist daher, dass dieses System der gegenseitigen Abhängigkeit und Kooperation, das sich bei konformen Verhalten aller Gemeinschaftsmitglieder oder Familienangehörigen in einem Gleichgewichtszustand befindet, aufgrund des gegenseitigen Nutzens über die Generationen hinweg stabilisiert und zu einer sozialen oder kulturellen Errungenschaft wird. Manipulationsmanöver finden dann durch das übergeordnete „System an sich“ oder seiner Instanzen oder Prinzipien statt.

Das allseits bekannte, heute in den Sozialsystemen etablierte „Umlageverfahren“ folgt diesem Prinzip auf überindividueller oder gesellschaftlicher Ebene, indem es versucht, die Einhaltung des „Generationenvertrages“ in den sozialen Sicherungs- oder Alimentationssystemen durch ständige Anpassung zu garantieren.

6.2.3.4 Der Blick in den Abgrund: Zum Umgang mit gefährlichen „Klippen“ und Schieflagen („Brinkmanship“)

Politik ist nicht nur, aber zuweilen leider auch von militärischen Auseinandersetzungen oder Konflikten überschattet und gekennzeichnet. Die Sicherheit und Unversehrtheit des Landes, seiner Einwohner und des herrschenden Staatswesens sind die obersten Prioritäten oder Maxime des Staatsoberhauptes oder der damit beauftragten Regierung. Im Falle eines handfesten Disputes, der bis zu einem bewaffneten Konflikt eskalieren kann, stehen sich zwei Landesregierungen oder Staatenblöcke, wie z. B. die NATO einerseits und der frühere Warschauer Pakt andererseits, gegenüber und handeln in Abhängigkeit von den vermuteten oder unterstellten Absichten der gegnerischen Seite in ihrem eigenen Interesse. Angesichts der heutigen Hochrüstung mit Nuklearwaffen dient die Bewaffnung vordergründig der Vergeltung, also der „Zweitschlagfähigkeit“ bei einem Erstangriff. In dieser Fähigkeit zur Vergeltung liegt auch die Abschreckung als Drohung gegenüber möglichen Angreifern.

Nun bewegen sich aber Staatsoberhäupter mit der ihnen obliegenden Befehlsgewalt auf „dünnem Eis“, da in puncto möglicher kriegerischer Auseinandersetzungen Missverständnisse, Fehldeutungen oder technische Defekte, also sogenannte „falsche Alarme“, nie auszuschließen sind, sodass nicht in jedem Fall unbedingt von einer bösartigen und vorsätzlichen Absicht einer gegnerischen Partei auszugehen ist.

Besonders deutlich wurde dies in der Vergangenheit bei der Entstehung des „1. Weltkrieges“ vor der Kriegserklärung zum 1. August 1914, wo sich die verantwortlichen Regierungen, damals hauptsächlich die Monarchien in Russland, Österreich-Ungarn und Deutschland, in verschiedenen Bündnissystemen organisierten und zum Teil aus Eitelkeiten oder besonderen Macht- oder Partikularinteressen nicht für eine Entschärfung des Konfliktes sorgten, um als „oberstes Gut“ den Frieden zu bewahren. Von der publizierenden Historikerin Barbara Tuchman (1962/2013) wurde das „Schlittern in die Katastrophe“, d. h. in den 1. Weltkrieg, illustrativ nachgezeichnet und dokumentiert.

Viele Jahre später war diese damalige Situation für den amerikanischen Präsidenten, John F. Kennedy die „Blaupause“, wie ein Spiel am Abgrund oder ein „Spiel mit dem Abgrund“ (Dixit & Nalebuff, 1995, S. 199) als sich allmählich hochschaukelnder Konflikt nicht behandelt werden sollte, was dann zu einem ganz anderen Ergebnis während der Kuba-Krise 1962 geführt hat.

Manchen mitdenkenden und dem rationalen Handeln verpflichteten Wissenschaftlern, wie z. B. Thomas Schelling (1960/2011), war es ein Anliegen, solche drohenden, eskalierenden politischen Konflikte mit den Mitteln der Spieltheorie zu analysieren und ihre Dynamik zu verstehen – und evtl. den verantwortlichen Politikern oder Befehlshabern wichtige Erkenntnisse zu liefern. Viel erinnert bei diesen eben geschilderten politisch-militärischen Konflikten an das sogenannte Phänomen „Brinkmanship". Das im englischen Sprachraum genannte Konzept „brink of war" beinhaltet also das Management „am Rande eines Abgrundes (oder hier Krieges)" mit dem Ziel, durch Manipulation eines herbeizuführenden bzw. entstehenden Risikos in Richtung Desaster den aggressionslüsternen Gegner so zu verunsichern, dass er einen akzeptablen Ausweg aus der brisanten Situation für sich sucht, damit es nicht zu einer kriegerischen Auseinandersetzung und zur möglichen „großen Katastrophe" kommt, von der er selbst geschädigt und womöglich vernichtet wird.

Bildlich lässt sich das „Brinkmanship" als eine Situation von sich bewegenden Kontrahenten vor oder am Rande einer Klippe vorstellen (also die durch ihr Lavieren und Agieren in diese Richtung taumeln), die sich am Ende einer abschüssigen Ebene befindet, und in der jeder neue Schritt mit zunehmendem Schwung mehr an Dynamik erfährt und die möglichen Konsequenzen riskanter werden. Beide Seiten hangeln somit am Abgrund und unterwerfen sich dem Einfluss der Situation, so wie sie sie verstehen, und irgendwann verlieren sie ungewollt jegliche Kontrolle und die negativen zu befürchtenden Entwicklungen könnten sich verselbstständigen. Dieses Risiko soll dem Adressaten mit einer feindlichen Gesinnung zunehmend unerträglicher werden, sodass er sich wohler fühlt, wenn er seine Handlung stoppt und sich allmählich zurückzieht und bestehende Risiken entschärft.

Während es vor Beginn des 1. Weltkrieges den handelnden Parteien nicht möglich war, einmal „über ihren Schatten zu springen" und eine Initiative für eine Problem- oder Konfliktlösung zu ergreifen und zum anderen die Bedrohlichkeit dieser eskalierenden Situation richtig zu begreifen und wahrzunehmen, machten die Amerikaner in der Kuba-Krise den Sowjets unmissverständlich klar, dass sie bei einer Fortsetzung ihrer Aktivitäten, d. h. bei einem Durchbruch und Verletzung der Schiffsblockade vor Kuba, mit allen erdenklichen Konsequenzen und Risiken zu rechnen haben. Die unkalkulierbaren Risiken lagen für die Sowjets nicht nur in den Intentionen und Entscheidungen des amerikanischen Präsidenten, sondern auch in den unterhalb seines Kommandos ablaufenden Prozessen des ihm unterstellten Militärs – und das auf allen Ebenen. Natürlich bestand für den Aggressor die zusätzliche Unsicherheit, nicht auszurechnen und kalkulieren zu können, wie weit im äußersten Fall der amerikanische Präsident bereit wäre zu gehen.

Manipulationen in einer solchen für beide Seiten gefährlichen Situation zielen darauf ab, die Erwartungen eines für den Gegner erfolgreichen Handelns zu dämpfen und ihn in unkalkulierbare Risiken zu drängen und zu verwickeln, die ihn zu einer Neubewertung der Situation und damit zu einer „Umkehrung" seines Handelns veranlassen. Somit wäre es auch für den Aggressor schließlich vorteilhafter, zu deeskalieren und den geordneten Rückzug anzutreten, auch wenn ihm dies vielleicht aus Imagegründen schwerfallen könnte.

Psychologisch gesehen haben Drohungen somit den Zweck, den Gegner abzuschrecken und, paradox, wie es klingt, dazu zu veranlassen, aus Angst vor einer Eskalation – und den eigenen Nachtteilen oder sogar der Vernichtung – so zu handeln, dass die Drohung nicht zur Tat führt. Die drohende Partei muss sich dazu auch selbst verpflichten und dies unmissverständlich durchschimmern lassen, um glaubwürdig zu sein.

Abschreckung bedeutet hingegen als Ergänzung zur Drohung zum einen die Fähigkeit, auch bei einem unerwarteten Erstschlag jederzeit zurückschlagen zu können, also die sogenannte „Zweitschlagfähigkeit", die nach dem Erstschlag auch den Aggressor (z. B. als Staat oder Land) vernichtet. Zum anderen ist damit das für einen Gegner unkalkulierbare Risiko entweder generell oder von „falschen Alarmen" gemeint, die möglicherweise ebenso ungewollt in die Katastrophe führen können, wenn er oder sie die Eskapaden auf die Spitze treibt.

6.3 Resümee

Offensichtlich scheint das „Universum" an Strategiespielen unerschöpflich zu sein, sodass die zunächst vorgestellten „klassischen" Strategiespiele, wie z. B. die wirtschaftliche Situation von zwei Oligopolisten (Duopolisten) in einem definierten gemeinsamen Markt oder die legendären Spiele wie das Gefangenendilemma oder das sogenannte Chicken-Spiel, nur einen kleinen Ausschnitt aus der Vielfalt der Spiele darstellen.

Nicht vorgestellt und diskutiert wurden z. B. Spiele, die auch als ausgesprochene Konzepte mit einer jeweils eigenen Spielausrichtung oder Zwecksetzung fungieren, wie „Battle of the Sex", also dem „Kampf der Geschlechter", das auch unter der Bezeichnung „Bach oder Strawinsky" bekannt ist, oder verkürzt und umgangssprachlich ausgedrückt „Kino oder Fußball". Bei diesem Spiel kommt es für beide Spieler darauf an, sich für eine Möglichkeit gemeinsam zu entscheiden, um zusammenzubleiben und nicht getrennte Wege bei ihrer Freizeitgestaltung gehen zu müssen (wenn z. B. die Frau ins Kino geht und der Mann zum Fußballspiel). Beim Spiel „Public Goods", als weiteres bekanntes Spielkonzept, geht es um die Ausplünderung natürlicher Ressourcen, wie z. B. eine Weide oder Wiese. Für das Grasen einer Herde ist auf dieser (öffentlichen) Wiese nur eine bestimmte Anzahl von Weidetieren zulässig, wenn die Wiese sich nach dem Grasen anschließend regenerieren soll, was jedem Hirten bewusst ist und er sich nicht auf Kosten anderer oder der Allgemeinheit bereichern darf.

Wie bereits bei den Strategieansätzen und Spielformen angeschnitten, lassen sich die Spiele nach verschiedenen Kategorien unterscheiden und einteilen, wie z. B. nach „Nullsummenspiele" (oder auch non-kooperative Spiele genannt) vs. „Nicht-Nullsummenspiele" oder kooperative Spiele. Ferner kann differenziert werden nach „reinen Strategien", also Spiele mit einer alternativen Entscheidung wie „ja" oder „nein", oder „gemischten Strategien", die mit Wahrscheinlichkeitsannahmen arbeiten. Schließlich haben Spiele eine jeweils spezifische Prägung in Abhängigkeit von ihrem Umfeld oder Anwendungsbereich, also ob sie sich mit wirtschaftlichen Fragen oder Problemen beschäftigen oder ob sie im Bereich der Justiz bzw. Kriminalistik oder in der Politik (inkl. Militär und Gesellschaft) bestimmte Konflikte aufgreifen.

Unbenommen dieser Differenzierungen und spezifischen Spielweisen gibt es darüber hinaus noch Spielansätze, die vielleicht nicht unbedingt als „Spiel an sich" verstanden und so genannt werden, wie z. B. Auktionen oder Versteigerungen. Bei allen diesen Spielkonzepten geht es letztendlich darum, über die Interaktionen oder Spielzüge der Mitspieler bzw. Gegner entweder einen Interessenausgleich über Verhandlungen oder Absprachen zu erreichen oder zu obsiegen bzw. ein bestmögliches Ergebnis zu erzielen in Abhängigkeit von den möglichen Reaktionen der Gegenpartei, die das gleiche Ziel verfolgt (also ein sogenanntes Nash-Gleichgewicht zu erreichen). In diesen offensichtlichen oder verborgenen Interdependenzen zwischen den am Spiel beteiligten Akteuren liegt das Manipulationspotenzial zur gegenseitigen Beeinflussung, was insbesondere bei Drohungen und Abschreckungen bezüglich Vergeltungsmaßnahmen zum Zuge kommt.

„Systemdiagnostik“ von Abhängigkeitsbeziehungen und gegenseitigen Beeinflussungsversuchen

7

Bei der Individualdiagnostik von einzelnen zu befragenden Personen zu konkreten Fragestellungen oder Problemen ließ sich dieses Vorhaben auf verschiedene Art und Weise umsetzen (s. Kap. 5). Entweder allein durch ein Gespräch oder im Einzelfall mittels des Einsatzes von Persönlichkeitstests oder sonstigen Befragungsinstrumenten wie Checklisten o. Ä. Falls diese Testverfahren über eine Lügen-Skala verfügten, konnte der Wahrheitsgehalt der abgegebenen Antworten bzw. die auf Manipulation beruhende „Soziale Erwünschtheit“ zumindest kontrolliert und hinsichtlich der Interpretation der Testergebnisse in den Persönlichkeitsmerkmalen grob eingeschätzt werden.

Für die „Systemdiagnostik“ von spielerischen Prozessen oder Interaktionen, mit den bereits hervorgehobenen Interdependenzen im strategischen Verhalten der Mitspieler, gibt es naturgemäß kein mit Persönlichkeitstests vergleichbares Verfahren. Für eine Diagnostik oder Analyse des (Spiel-)Geschehens steht entweder nur die Beobachtung und Registrierung des Verhaltens oder der „Spielzüge“ (z. B. auch per Filmaufnahme oder Videoaufzeichnung) als Mittel der Wahl bereit, oder es ist möglich, im Rahmen von vorherigen Planspielen oder Experimenten (z. B. als Computersimulation wie beim Schachspiel) den möglichen Spielablauf a priori zu simulieren und zu testen. Perspektivisch stellt eine „Systemdiagnostik“ in dem hier verstandenen Sinne eine Art „Metaanalyse“ dar, die versucht, aus einer übergeordneten Sichtweise, also Vogel- oder Helikopterperspektive, das aktuelle Geschehen oder die bevorstehenden Spielzüge oder Reaktionen der Beteiligten aufgrund der unterstellten oder angenommenen Interessen oder Präferenzen zu erahnen und den möglichen und wahrscheinlichsten Spielausgang deterministisch einzugrenzen und zu erfassen oder, so gut es geht, zu prognostizieren.

Als Ergebnis dieser strategischen Überlegungen wären als Hochrechnungen oder Planungsrechnungen die möglichen Nutzenerwartungen (also die „Payoffs“ in den Feldern der Auszahlungsmatrix) für die infrage kommenden Entscheidungs- oder Strategiekonstellationen unter Berücksichtigung auch der möglichen Reaktionen des Mitspielers zu quantifizieren oder als grobe „Grenzwertbetrachtung“ einzuschätzen.

H. Wienkamp, *Diagnostik von Manipulationen*,
https://doi.org/10.1007/978-3-662-68601-0_7

Zumindest sollten, wie bereits im vorherigen Kapitel (s. Abschn. 6.2.1.2) erwähnt, die Präferenzen der Akteure in einer Ordinalskala bzw. in einem nach Rängen geordneten System hervorgehoben werden. Nicht zu unterschätzen sind bei jeder Interaktion oder Spielkonstellation die psychologischen Determinanten und Aspekte, die besonders im Hinblick auf mögliche Manipulationsversuche hervorstechen und zum Tragen kommen.

Wie bereits dargestellt (s. Abschn. 6.2.2), gibt es eine Fülle von Spielvarianten, die jeweils ihre eigenen „Gesetzmäßigkeiten" als Spielmöglichkeiten offenbaren. Soweit sinnvoll und notwendig, soll bei der nachfolgenden Erklärung der Analyse oder Diagnostik von Spielansätzen hierauf bei Bedarf Bezug genommen werden. Ansonsten geht es in diesem Kap. 7 zum einen mehr um die Systemanalyse, die sich zunächst an der „Anatomie" von Spielen per se orientiert, zum anderen um bestimmte Arten von Spielen, die sich aus psychodiagnostischer Perspektive aufgrund der hier typisch menschlichen Denk- und Verhaltensmuster für eine Analyse eignen. Abschließend liefern noch besondere spezifische Methoden Ansätze für eine ganz andere Art von Systemanalyse, wie z. B. die „Signal-Entdeckungs-Theorie" oder die Portfolio-Techniken, die sich von einer Diagnostik von Spielen oder Spielzügen unterscheiden.

7.1 Systemanalyse und Systemdiagnostik der Anatomie von Spielen

Grundsätzlich haben sich in einem Spiel zwei sich gegenüberstehende Spieler oder Parteien für jeweils eine Entscheidungsalternative zu entscheiden. Wählt der Spieler (A) z. B. die Entscheidung (X) anstelle von (Y), spielt er die Strategie (XA), und nicht (YA), unabhängig davon, wie sich sein Mitspieler entscheidungsmäßig festlegt oder darauf reagiert (s. Abb. 7.1). Gleicher Sachverhalt gilt auch für den Mitspieler (B) als Ausgangssituation, der seine Strategie „MB" oder „NB" spielt.

Ohne eine Vorstellung, was am Ende als Konsequenzen oder Resultate der möglichen alternativen Entscheidungen oder Strategien zu erwarten ist, macht ein Spiel grundsätzlich keinen Sinn. Somit ist es erforderlich, den voraussichtlichen Nutzen einer gewählten Strategie zu kalkulieren oder einzuschätzen, um auf eine persönliche

Spieler: A (Zeilen)/B (Spalten)	*Entscheidung „M"*	*Entscheidung „N"*
Entscheidung „X"	Strategie „MB" Strategie „XA"	Strategie „NB" Strategie „XA"
Entscheidung „Y"	Strategie „ MB" Strategie „YA"	Strategie „NB" Strategie „YA"

Abb. 7.1 Von der Entscheidung zur Strategie

Spieler: A (Zeilen)/B (Spalten)	*Entscheidung „M"*	*Entscheidung „N"*
Entscheidung „X"	U = 3 U = 3	U = 2 U = 2
Entscheidung „Y"	U = 1 U = 4	U = 4 U = 1

Abb. 7.2 Entscheidungs- und Auszahlungsmatrix bei unterschiedlichen Nutzenwerten

Präferenz für die weiteren Spielzüge zu stoßen. Nicht selten münden die zu erwartenden Nutzenwerte (= U) in ein Entscheidungsdilemma, nämlich dann, wenn ihr Ausgang von der Reaktion oder Gegenreaktion des Mitspielers abhängt (s. Abb. 7.2).

So wäre für den Spieler (A) die Entscheidung (Y) die beste Entscheidung, allerdings nur dann, wenn der Mitspieler (B) für die Entscheidung (M) votiert. Das wäre bei einer zu erwartenden Auszahlung von U = 1 für Spieler (B) eher nicht zu erwarten. Wählt Spieler (B) stattdessen die Variante (N), würde sich das Ergebnis für Spieler (A) sogar ins Gegenteil verkehren und Spieler (B) hätte den Nutzen, den sich zuvor Spieler (A) gewünscht hätte.

So ist bei gleichem Informationsstand der Spieler zu erwarten, dass Spieler (A) die Entscheidungsvariante (X) präferiert und Spieler (B) sich der Alternative (M) anschließt, da sie aufgrund der Abhängigkeitsbeziehung für beide Akteure quasi das beste Ergebnis (oder ein Gleichgewicht) darstellt. Anzumerken wäre noch, dass diese Konstellation für beide Mitspieler ambivalent und ihre bestmögliche Entscheidung wäre, da keiner der beiden Akteure eine „dominante Strategie" besitzt, die er oder sie in jedem Fall ausspielen würde, egal wie sich die gegnerische Seite verhält.

Ausgangspunkt aller Überlegungen sollte daher die Frage sein, ob es eine „dominante Strategie" für einen der Mitspieler gibt? Wenn es sie gibt, liefert sie ihm auch ein Nash-Gleichgewicht. Konsequenter- und auch logischerweise wird jeder Spieler eine dominante Strategie spielen, da sie für ihn alternativlos ist. Dem anderen Mitspieler bleibt nur die Möglichkeit, seine „beste Antwort" ohne Einfluss auf das Verhalten des anderen (dominanten) Spielers zu wählen. Gibt es keine dominante Strategie, wie in diesem Beispiel in der Abb. 7.2, beginnt gezwungenermaßen die Suche nach einem Gleichgewicht des Spiels (s. Dixit & Nalebuff, 1995, S. 60 ff., 67 und 76).

Nicht immer sind die zu ergreifenden möglichen Spielzüge gleichwahrscheinlich, also diskrete Ereignisse, die entweder eintreffen oder bei Nicht-Berücksichtigung eben nicht eintreffen. Mitunter sind deshalb von den „Strategen" Wahrscheinlichkeitsannahmen (s. Abb. 7.3) über das Auftreten dieses Ereignisses vonnöten. Wenn z. B. der Spieler (A) mit einer Wahrscheinlichkeitserwartung (p) für ein Ergebnis bei einer Entscheidung (X) = 70 % (oder 0,70) rechnet, muss nach gel-

Spieler: A (Zeilen)/B (Spalten)	*Entscheidung „M"*	*Entscheidung „N"*
Entscheidung „X"	(U = 3) x q (U = 3) x p	(U = 2) x (1-q) (U = 2) x p
Entscheidung „Y"	(U = 1) x q (U = 4) x (1-p)	(U = 4) x (1-q) (U = 1) x (1-p)

Abb. 7.3 Entscheidungs- und Auszahlungsmatrix bei unterschiedlichen Nutzenwerten und Wahrscheinlichkeitsannahmen

tender Logik die Gegenwahrscheinlichkeit (1 – p) für das Nicht-Auftreten dieses Ergebnisses oder Ereignisses (1 – 0,70 = 0,30) oder 30 % betragen. Das wäre dann die Wahrscheinlichkeitsaussage für das Eintreten des Ergebnisses bei einer Entscheidung (Y). In gleicher Weise kalkuliert der Spieler (B) die zu erwartenden Wahrscheinlichkeiten (q) in Abhängigkeit von seiner gewählten Entscheidung (M) oder (N).

Unschwer ist in der Abb. 7.3 zu erkennen, dass die Nutzenerwartung aus der Abb. 7.2 um die Wahrscheinlichkeitsannahmen lediglich ergänzt wurde.

Anhand dieser a priori erstellten Entscheidungs- und Auszahlungsmatrizen kann das Spielergebnis in Abhängigkeit von den möglichen Spielkonstellationen eingeschätzt und versuchsweise quantifiziert werden, um zu einer „bestmöglichen" oder optimalen Strategie zu gelangen, wodurch die Systemanalyse bzw. Systemdiagnostik in der Abfolge dieser Verfahrensschritte ihren Abschluss finden würde.

Nash-Gleichgewichte bei „gemischten Strategien" bedeuten auch, dass bei Paaren von Wahrscheinlichkeiten, wie (p) bzw. (1 – p), keiner der Teilnehmer einen höheren Nutzen als bei diesen erwarteten Wahrscheinlichkeiten erreichen kann (s. Holler & Klose-Ullmann, 2007, S. 155), was durch die Gewichtung der Nutzenwerte mit ihren Wahrscheinlichkeiten zum Ausdruck kommt.

Anders als bei vollständigen oder perfekten Informationen über die Ausgangslage des Spiels (wie in Abb. 7.2 dargestellt), sind bei *imperfekten Informationen*, die auf unsicheren Lageeinschätzungen beruhen, hilfsweise Annahmen oder Vermutungen anzustellen oder hinzuziehen (wie in Abb. 7.3 geschehen). Unsicherheiten lassen sich dabei am besten durch Wahrscheinlichkeitsaussagen oder Erwartungen ausdrücken und für eine kalkulierte Entscheidungsfindung bzw. für die Identifizierung eines Gleichgewichtes verwenden. Wahrscheinlichkeiten beruhen, falls keine anderen oder genaueren Informationen vorliegen, i. d. R. auf *subjektiven* Wahrscheinlichkeitsschätzungen, sozusagen „nach bestem Wissen und Gewissen".

Allgemein sei noch darauf verwiesen, dass für die Bestimmung von Nutzenerwartungen oder Payoffs der Ansatz von Bernoulli die Methode der Wahl ist (wie bereits in Abb. 7.3 vorgenommen und dargestellt wurde). Bei diesem Verfahren lassen sich sowohl die erwarteten Nutzenwerte des gewünschten oder präferierten Ereignisses mit der angenommenen Eintrittswahrscheinlichkeit (p) gewichten, als auch die alternativ möglichen Ausgänge nach gleichem Verfahren mit ihrer „Gegenwahrscheinlichkeit“ (1 – p) zu einem Erwartungswert addieren.

Anhand des Spiels „Kampf der Geschlechter (oder „Battle of the Sex“)“, wo es um die Verabredung und Einigung auf eine gemeinsame Freizeitgestaltung geht, wie z. B. Kino oder Fußball, lässt sich die Situation eines Spielers, der sich über die Präferenzen seines Mitspielers (B) nicht im Klaren ist, exemplarisch demonstrieren (dieses Zahlenbeispiel, von dem nur die Zahlen aus Vergleichsgründen übernommen wurden, befindet sich bei Osborne, 2004, S. 273 ff.).

Im Unterschied zu dem vorhergehenden Anwendungsbeispiel (s. Abb. 7.3) steht ein Mitspieler vor grundsätzlich alternativen Ausgangssituationen, die er in seine Überlegungen zur Strategieplanung einfließen lassen muss.

Um die Kalkulation einfach zu halten, geht der Spieler (A) von einer Wahrscheinlichkeit (p) von jeweils 0,5 oder 50 % aus, dass der Mitspieler (B) sich für die Alternative 1 (z. B. sich zu treffen = ja) oder Alternative 2 (z. B. sich nicht zu treffen = nein) entscheidet. Die Kalkulation der erwarteten Nutzenwerte von Spieler (A) sieht dann wie in Abb. 7.6 dargestellt aus.

Im Ergebnis ergeben sich für Spieler (A) die um ihre Eintrittswahrscheinlichkeit von 0,5 gewichteten Nutzenwerte in Abhängigkeit von der Entscheidungskombination des Mitspielers (B). Wenn Spieler (B) weiß, welche Präferenzstruktur Spieler (A) bevorzugt oder hat, verfügt Spieler (B) über vollständige oder perfekte Informationen mit den Payoff-Werten aus den Auszahlungsmatrizen der Abb. 7.4 und 7.5. Durch Vergleich der Nutzenwerte der Spieler (A) und Spieler (B) aus den Abb. 7.4 und 7.5 lassen sich die möglichen Gleichgewichte feststellen (s. Abb. 7.6).

Falls Spieler (A) die Strategie „X“ spielt, wäre ein Gleichgewicht bei der Kombination von M1 und N2 von Spieler (B) mit U = 1 zu erwarten, spielt er hingegen die Strategie „Y“, würde sich als Gleichgewicht die Kombination für Spieler (A) von N1 und N2 von Spieler (B) anbieten (s. Osborne, 2004, S. 278).

Nach Binmore (2005) sind des Weiteren noch folgende Ausgangsbedingungen bei der Berechnung des Nutzens (U) zu unterscheiden:

„1) Orientierung am beiderseitigen maximalen Gesamtnutzen (nach dem Utilitätsprinzip) Gemäß Abb. 7.2 ist der Gesamtnutzen bei der Konstellation der Entscheidungen „X“ (bei Spieler A) und „M“ (bei Spieler B) maximal, wie leicht zu erkennen ist, mit

Spieler: A (Zeilen)/B (Spalten)	*Entscheidung „M1“*	*Entscheidung „N1“*
Entscheidung „X1“	1 2	0 0
Entscheidung „Y1“	0 0	2 1

Abb. 7.4 Auszahlungsmatrix für Spieler (A) für den Fall, dass der Mitspieler (B) sich verabreden möchte (Alternative 1)

Spieler: A (Zeilen)/B (Spalten)	*Entscheidung „M2"*	*Entscheidung „N2"*
Entscheidung „X2"	0 2	2 0
Entscheidung „Y2"	1 0	0 1

Abb. 7.5 Auszahlungsmatrix für Spieler (A) für den Fall, dass der Mitspieler (B) sich nicht verabreden möchte (Alternative 2)

	Kombinationen von Spieler B	M1 und M2	M1 und N2	N1 und M2	N1 und N2
Kalkulationen von Spieler A	für X1 und X2	½ x 2 + ½ x 2 = 2	½ x 2 + ½ x 0 = 1	½ x 0 + ½ x 2 = 1	½ x 0 + ½ x 0 = 0
	für Y1 und Y2	½ x 0 + ½ x 0 = 0	½ x 0 + ½ x 1 = 1/2	½ x 1 + ½ x 0 = 1/2	½ x 1 + ½ x 1 = 1

Abb. 7.6 Kalkulation der gewichteten Nutzenwerte von Spieler (A)

$3 + 3 = 6$ bei Addition der Nutzenwerte und bei Multiplikation $3 \times 3 = 9$, die von keiner anderen Entscheidungskombination in der Auszahlungsmatrix weder erreicht noch übertroffen werden. Eine Multiplikation der Nutzen-Scores ist dann sinnvoll und nötig, wenn der Status quo in die Berechnung einfließen soll. War der Status quo als Ausgangswert bei beiden Spielern z. B. „1", würde folgende Kalkulation Anwendung finden:

$(3 - 1) \times (3 - 1) = 4$ als Gesamtnutzen für beide Spieler (s. Binmore, 2005, S. 26).

Unschwer ist zu erkennen, dass dieser Gesamtnutzen unter Berücksichtigung des Status quo in diesem Beispiel von keiner anderen Entscheidungskombination erreicht wird.

2) Orientierung bei unterschiedlichen Gewichtungen oder Präferenzen der Spieler („social indices" gemäß Binmore, 2005, S. 29 f.)
Gesetzt den Fall, der Spieler (A) hat eine Präferenz (oder einen „Sozialen Index") von 2 und damit einen doppelt so hohen Anspruch an den Nutzen wie sein Mitspieler (B), dann würde sich in dieser Rechnung folgendes Resultat ergeben:

$3/2$ (für A) + $3/1$ (für B) $= 1{,}5 + 3 = 4{,}5$ (als Gesamtnutzen und Gewichtung)

Bei dieser Kalkulation wäre der Nutzen für den Spieler (A) zwar geringer als für den Spieler (B), dennoch ist es insgesamt das bestmögliche Ergebnis.

3) Orientierung an gleichgroßen Anteilen (nach dem Egalitätsprinzip) sowie unter Berücksichtigung des Status quo
Bei Berücksichtigung gleich großer (egalitärer) Anteile ergibt sich eine ganz andere Rechnung, nämlich (wobei der Status quo für beide Spiele ebenfalls „1" ist):

$(3 - 1) = (3 - 1)$ oder $2 = 2$

4) Mit Berücksichtigung der persönlichen Präferenzen (oder Gewichtungen) sähe die Berechnung wie folgt aus (s. hierzu auch Punkt 2 dieser Beispielrechnungen) und würde im Grunde genommen nicht mehr der Egalitätsanforderung entsprechen:

$(3 - 1)/2 = (3 - 1)/1$ oder $1 = 2$ bzw. 1:2."

Gemäß Binmore (2005, S. 33) ignorieren die Anhänger des Utilitarismus den Status quo, während die Egalitaristen ihn immer mit berücksichtigen. Bei der Orientierung nach dem Nützlichkeits- oder Utilitätsprinzip scheint es einzig und allein auf den möglichen Gewinn oder auf den Mehrwert als Gesamtergebnis oder gemeinsames Ergebnis anzukommen, während auf Fairness und Gerechtigkeit die Anhänger des Egalitäts- oder Gleichheitsprinzips großen Wert legen. Unter Berücksichtigung des Status quo ist deshalb das Ausmaß der Veränderung gegenüber dem Status quo entscheidend.

Auf den ersten Blick scheinen die o. g. Berechnungen einfach und trivial zu sein, da an mathematischen Kenntnissen die sogenannten „vier Grundrechenarten“ völlig ausreichen, egal ob der Status quo oder irgendwelche Gewichtungsfaktoren in die Kalkulation einfließen.

Binmore (2005) erweiterte mit seinen Ausführungen zum Utilitätsprinzip und Egalitätsprinzip den bestehenden Rahmen der Spieltheorie um moralphilosophische und gesellschaftsbezogene bzw. soziale Bedingungen für interaktives Handeln zwischen verschiedenen Personen und machte den Versuch, für die Lösung strittiger Probleme Verfahrensansätze anzubieten (s. hierzu auch Kap. 9). Somit schuf Binmore zusätzliche Sichtweisen oder Blickpunkte für eine Systemanalyse.

Entscheidend für die „Systemdiagnostik“ ist des Weiteren die Ausgangslage, also ob die Entscheidungen entweder simultan und ohne mögliche Abstimmungen bzw. gegenseitige Beobachtungen der Parteien zu treffen sind oder ob die Entscheidungen nacheinander, also sequenziell getroffen werden, sodass ein Spieler die vorherige Entscheidung seines Mitspielers zur Kenntnis genommen hat und entsprechend darauf reagieren kann (s. hierzu auch das vorherige Kap. 6). Welche Entscheidungskonstellation vorliegt, hängt häufig von inhaltlichen Problemen der gegebenen Situation selbst ab.

7.2 Ausgewählte Spiele und deren Analyse

Mit den bereits aufgelisteten Entscheidungs- und Auszahlungsmatrizen konnten einige tiefgehende Einblicke in die Spielanlage von Strategiespielen ohne Berücksichtigung der Spielvariante vermittelt werden. Ein anderer Einflussfaktor auf die Spielweise solcher Spiele sind jedoch die inhaltlichen situativen Problemstellungen, worauf schon an anderer Stelle hingewiesen wurde (s. Abschn. 6.2). Es macht demgemäß einen gehörigen Unterschied, ob es sich um ein ökonomisches Problem bei der Marktbearbeitung konkurrierender Firmen handelt oder ob wir es mit der Abschreckung eines denkbaren militärischen Konfliktes zwischen zwei Staaten oder Verteidigungsbündnissen zu tun haben. Nicht nur die möglichen „Payoffs“ als Entscheidungs- oder Handlungskonsequenzen dürften nicht vergleichbar sein, sondern auch die situativen Bedingungen dürften sich massiv voneinander unterscheiden und völlig unterschiedliche Ausgangslagen und damit auch völlig andere Handlungsmaximen als Konsequenzen heraufbeschwören.

Ungeachtet situativer Unterschiede und Problemstellungen bleibt es in diesem Kontext einer Systemanalyse nicht aus, dass sich die nun folgenden Spiele oder Episoden aus dem „alltäglichen Leben“ bezüglich der Präferenzen in den Auszahlungsmatrizen mit den Prototypen an Spielen aus dem vorhergehenden Kap. 6 in ihrer Struktur und Aufbereitung zum Teil überschneiden könnten.

7.2.1 Schadensregulierung

Ein schönes und häufig vorkommendes Beispiel aus der Praxis ist die Schadensregulierung bzw. die Ansprüche des Geschädigten (oder des Opfers) bei einem durch eine andere Person (oder dem Täter) beigefügten Schaden (z. B. bei oder nach einem Verkehrsunfall), die zudem häufig vor Gericht von einem Amtsrichter entweder durch Vergleich geschlichtet und geregelt oder per Urteil entschieden werden. Anknüpfungspunkt ist der bereits angesprochene Interessenausgleich, der als Problemlösung oder Kompromiss, was auch ein Schieds- oder Urteilsspruch durch eine übergeordnete Instanz sein kann, und mit einem „ausbalancierten“ Ergebnis bzw. mit einem Gleichgewichtszustand endet (s. Abschn. 6.2.3.1). Natürlich ist mit dem erreichten Kompromiss nicht automatisch sichergestellt oder impliziert, dass alle Beteiligten mit dem Verhandlungsergebnis auch restlos zufriedengestellt sind, was das anschließende Beispiel zur Befriedigung eines Anspruches auf Schadensersatz verdeutlicht.

Nach einem eingetretenen Schaden, wie z. B. nach einem Verkehrsunfall, stehen sich immer der Geschädigte als „Opfer“ und der Schädiger als Verursacher gegenüber. Für die Schadensregulierung ist des Weiteren entscheidend die Schuldfrage, also ob der Verursacher sozusagen zu „100 %“ den Schaden herbeigeführt hat oder ob den Geschädigten eine Mitverschuldung trifft und zur Last gelegt wird. So kann sich z. B. die Schuldfrage radikal ändern, wenn dem geschädigten Verkehrsteilnehmer z. B. Alkoholkonsum durch einen Bluttest einwandfrei nachzuweisen ist oder wenn er oder sie keine Fahrerlaubnis besitzt oder besaß.

Abgesehen von der Klärung der Schuldfrage kann im Normalfall und zum Zwecke der hier anstehenden Analyse oder Systemdiagnostik von einem eindeutigen Sachverhalt ausgegangen werden, z. B. wenn ein Autofahrer ein abgestelltes Fahrzeug aus Unaufmerksamkeit beschädigt und der andere Kraftfahrzeugbesitzer persönlich nicht anwesend und in den Unfall verwickelt war. Allenfalls wäre dann nach Hinzuziehung eines Sachverständigen oder nach vorgenommener Reparatur durch eine Fachwerkstatt die Höhe des Schadens strittig, was in letzter Konsequenz durch Gerichtsurteil zu klären und zu entscheiden wäre. Soll die Schadensregulierung entweder außergerichtlich oder in der ersten Verhandlung („der ersten Instanz“) abschließend entschieden werden, stehen die betroffenen Parteien vor folgender Ausgangssituation:

„1) Der Geschädigte macht einen Schadensanspruch von z. B. 10.000 € geltend. Davon sind ein unbestrittener (materieller) Teil z. B. infolge von Reparaturkosten und ein immaterieller Anteil z. B. als Schmerzensgeld oder sonstige (vermeintliche) Nachteilsausgleiche, über die dann verhandelt oder sogar gestritten wird.
2) Der Schädiger ist unter Umständen bereit, die materiellen Ansprüche zu befriedigen plus ggf. noch eine Ausgleichszahlung zur Abgeltung der übrigen Ansprüche, die als

Gegenangebot i. d. R. unterhalb der gewünschten Schadensersatzsumme (z. B. 60 % oder 6000 € wie in diesem Beispiel) liegt.

3) Entweder kommt es aufgrund bilateraler Verhandlungen (mit oder ohne Rechtsbeistand) oder im Zuge eines Klageverfahrens zu einer Lösung.

4) Die Präferenzstruktur der streitenden Betroffenen könnte z. B. wie in Abb. 7.7 gezeigt sich darstellen:"

Spieltheoretisch kann nun folgende Problemsituation in Abhängigkeit von der Schuldfrage vorliegen, die für die Kalkulation der Akteure (spiel-)entscheidend ist (die hier gewählten Nutzenwerte U = … in Abb. 7.7 sind frei gewählt):

„(1) Trägt der Geschädigte eine Mitschuld oder liegt sogar eine vollständige Selbstverschuldung vor, kann der Schädiger davon ausgehen, dass er entweder zu keinem Schadensersatz verpflichtet ist oder allenfalls nur zu einer relativ geringfügigen Leistung, unabhängig davon, wie hoch die Forderungen der anderen Seite sind. Für den vermeintlichen Schadensverursacher ist das ein positives Ergebnis, dass entweder noch positiver als erwartet ist oder in etwa seinen erwarteten Entschädigungsleistungen entspricht. Der Nutzen kann für ihn mit *U = 2* veranschlagt werden. Für den Geschädigten ist die Regelung weniger positiv, da seine ursprünglichen Ansprüche nicht erfüllt werden, daher *U = 1*.

(2) Treffen sich die Forderungen des Anspruchstellers genau mit den Ausgleichsangebot der gegnerischen Partei, liegt ein Nash-Gleichgewicht vor, da die Erwartungen beider Seiten erfüllt und von keinem Spielzug übertroffen werden. In der o. g. Matrix würde der Geschädigte das Gegenangebot akzeptieren mit einem Payoff von *U = 3,* und er würde auch psychologisch hinter dem Angebot stehen (deshalb U = 3 als der größere Nutzen für ihn gegenüber U = 1, wo er seine ursprüngliche Forderung nicht durchsetzen konnte). Sein Gegenspieler fährt den größten persönlichen Nutzen mit *U = 4* ein, weil dieses Ergebnis genau auf seiner Linie liegt.

(3) Für den Geschädigten wäre natürlich die Begleichung des Schadens in gewünschter Höhe ein „Top-Ergebnis", das exakt seinen Erwartungen entspräche und von der Gegenpartei entweder widerwillig akzeptiert oder durch Urteilsspruch gefällt wurde. Der psychologische Nutzen liegt aufgrund der Akzeptanz bei *U = 4* bei dem Anspruchsteller und bei *U = – 1* für die andere Seite, da sie diesen Schadensanspruch „schweren Herzens" entgegennehmen und sich damit abfinden muss, da z. B. das Gericht so entschied.

Geschädigter: A (Zeilen)/ Schadensverursacher: B (Spalten)	*Begleichung des maximalen Schadensanspruchs (= M)*	*Begleichung des angebotenen Schadensanspruchs (= N)*
Forderung nach maximalem Schadensanspruch von 10.000 € (= X)	U = -1 U = 4	U = 2 U = 1
Akzeptanz des Gegenangebotes von 6.000 € (=Y)	U = 3 U = - 1	U = 4 U = 3

Abb. 7.7 Auszahlungsmatrix zum Fall Schadensregulierung

(4) Ambivalent sieht die psychologische Befindlichkeit für den Schadensverursacher aus (deshalb *U = 3)*, wenn er bereit ist, den Schaden zwar vollständig zu begleichen, aber die geschädigte Person entweder geringere Ansprüche geltend macht oder von einer richterlichen Instanz höhere Ansprüche abgelehnt werden und sie hierzu gezwungen wird. Unabhängig davon, ob sich dann der Schadensverursacher später über den geringeren zu leistenden Schadensersatz freut oder nicht, hätte er sich genötigt gesehen und wäre bereit gewesen, über die nunmehr konstatierten Schadensansprüche der Gegenseite hinauszugehen, sie also überzukompensieren. Ein Verzicht auf geltende Ansprüche ist für einen Antragsteller immer a priori schmerzlich, sodass für den Geschädigten die Situation mit *U = – 1* psychologisch so empfunden und beurteilt wird."

Nebenher dürfte auffallen und sei vermerkt, dass der Gegenspieler B als Schadensverursacher eine dominante Strategie ausüben kann, die das Spielgeschehen absolut prägt – oder auch manipuliert! In der einschlägigen Fachliteratur ist dieser Fall von Schadensersatz auch formal-logisch und mathematisch dargestellt, wobei auch dort darauf insbesondere hingewiesen wird, dass ein Gleichgewicht im Aufeinandertreffen der beiden Forderungen bzw. Gegenforderungen zustande kommt, was dann für beide Seiten die „beste Lösung" wäre.

Eine Limitierung der Ansprüche auf Schadensersatz des Geschädigten liegt automatisch, also per System, vor, wenn bzw. weil der Anspruch unter normalen Umständen und aufgrund der geltenden Logik niemals übertroffen werden kann (nur in absolut besonderen Ausnahmesituationen wären spätere Nachforderungen z. B. wegen später auftretender Gesundheitsschäden als Langzeitfolgen denkbar und ggf. zulässig).

Sollte die Schuldfrage nicht eindeutig geklärt sein und in einer Aufteilung einer „Teilschuld" münden, wäre noch folgender Ansatz als „Nebenrechnung" relevant und durchzuführen: Rein formal ist dem Erwartungsanspruch (E) der Kontrahenten der ermittelte oder zugewiesene Anteil (p) bei der einen Partei und (1 – p) bei der anderen Partei ggf. in Abhängigkeit von der Schuldfrage auf der Basis der ermittelten oder festgelegten Schadenssumme (Z) in Ansatz zu bringen, d. h. davon abzuziehen, sodass sich ein Restwert als Ausgleich zwischen Null (0) und E – (p × Z) bzw. E – (1 – p) × Z bei der gegnerischen Seite ergeben kann (vgl. Osborne, 2004, S. 91 ff.).

7.2.2 Unterlassene Hilfeleistung

Manche oder sogar viele Menschen sind nicht unbedingt bösartig oder haben einen „miesen Charakter", wenn sie sich nicht in Notfällen um Hilfe für die Opfer kümmern und bemühen. Meistens sind sie unbekümmert und insoweit bequem, weil sie sich mehr oder weniger sorglos und ohne „schlechtes Gewissen" auf die Reaktionen anderer Personen verlassen.

So mancher hat bestimmt schon oft davon gehört, oder sogar selbst erlebt und beobachtet, dass je zahlenmäßig größer das zufällig anwesende Publikum ist, desto weniger ist zu erwarten und damit zu rechnen, dass irgendjemand aktiv wird und z. B. einen Notruf bei einem Unfall tätigt. Dieses Phänomen, das in der Sozialpsychologie als „Kollektive Nicht-Verantwortung" bekannt ist und daraus entsteht, dass jeder sich gerne auf den anderen verlässt, um selbst nicht aktiv werden zu müssen! Selbstverständlich ist jede Aktivität nicht nur mit Energie, sondern auch mit „psychologischem Aufwand“ oder Stress verbunden, überhaupt eine Handlung zu initiieren und in Gang zu setzen und sich womöglich im Nachhinein dafür noch rechtfertigen zu müssen.

Spieltheoretisch lässt sich die Wahrscheinlichkeit der Inaktivität bei *zunehmender* Personenzahl als ein „symmetrisches gemischtes Gleichgewicht“ darstellen und beweisen (s. Abb. 7.8). Nach den Ausführungen z. B. von Osborne (2004, S. 133 f.) gilt:

> „1) der Wert für einen Notruf ist „v“ (für value oder Wert)
> 2) der „psychologische Aufwand“ ist „c“ (für cost oder Kosten)
> 3) der Payoff für einen Notruf ist dann „v – c“ (und der Payoff für keinen Notruf „v – c“ = 0)
> 4) die Wahrscheinlichkeit (p) für einen Notruf ist „v × p“, und die Wahrscheinlichkeit für keinen Notruf „v × (1 – p)“
> 5) daraus ergibt sich dann auf der Basis der „Payoff's“ (v – c) und durch algebraische Umformungen das Verhältnis c/v = – 1 + p oder p = 1 – c/v
> 6) und unter Berücksichtigung der Personenzahl (n) ergibt sich die Wahrscheinlichkeit:
>
> $p = 1 - (c/v)^{1/n-1}$, dass ein Notruf von irgendeiner anwesenden Person erfolgt
>
> 7) wenn die Anzahl der Personen (n) zunimmt, lässt sich nachweisen, dass die Wahrscheinlichkeit, dass wenigstens ein Notruf geschieht, kontinuierlich abnimmt; z. B. bei 2 Personen (und c/v = 1/4) gilt: $p = 1 - (1/4)^{1/2-1} = 1 - 0{,}25 = 0{,}75$ und z. B. bei 3 Personen gilt: $p = 1 - (1/4)^{1/3-1} = (1 - 1/2) = 1 - 0{,}50 = 0{,}50$“

Somit geht die Wahrscheinlichkeit für einen Notruf in dem hier vorgestellten Beispiel bei einer zusätzlichen Person bei nun drei Personen anstelle von vorher zwei Personen von 75 % auf 50 % zurück und die Indifferenz der anwesenden Personen findet, wenn man so will, hier ihr „Gleichgewicht“ oder „steady state“. Aus Sicht der Systemdiagnostik ist dies ein vorzügliches Anwendungsbeispiel, um mithilfe der Spieltheorie die Mechanismen von sozialen Systemen untersuchen und analysieren zu können. Individuelle Eigenarten oder Dispositionen bleiben hierbei außen vor bzw. sind nicht Gegenstand dieser psychologischen Diagnostik bzw. der Systemdiagnostik.

Verantwortungsdiffusion in Verbindung mit dem Zuschauereffekt war oder ist in der Sozialpsychologie eine der intensivsten Forschungsbemühungen mit am besten bestätigten experimentellen Befunden. Obwohl es sich hierbei um unterschiedliche

Person: A (Zeilen)/andere Personen: B (Spalten)	*Notruf (= M)*	*Kein Notruf (= N)*
Notruf (= X)	(v – c) x q (v – c) x p	(v – c) x (1 – q) = 0 (v – c) x p
Kein Notruf (= Y)	(v – c) x q (v – c) x (1 – p) = 0	(v – c) x (1 – q) = 0 (v – c) x (1 – p) = 0

Abb. 7.8 Auszahlungsmatrix zum Fall „Unterlassene Hilfeleistung“

Forschungshypothesen handelt, weisen die Untersuchungen mit ihren Ergebnissen in die gleiche Richtung.

Beginnend mit dem tragischen Mord an der Bardame Kitty Genovese in New York im Jahre 1964, wo nach Presseberichten angeblich 38 Zeugen die schreckliche Tat wahrgenommen haben, also entweder mit angesehen oder Schreie des Opfers vernahmen – und kein Notruf bei der Polizei erfolgte! Zunächst herrschten in der Öffentlichkeit über die unterlassene Hilfeleistung größtes Erstaunen, wenn nicht sogar Erschrecken, und vollkommenes Unverständnis.

So nahmen die Psychologen Latane’und Darley (1968; zitiert bei Levine & Manning, 2014, S. 369 f.) das vernommene „öffentliche Echo“ zum Anlass, die Erforschung dieses Phänomens „Unterlassene Hilfeleistung“ mit der Hypothese, dass mehr Anwesende an einem Unglücks- oder Tatort zugleich weniger Hilfsbereitschaft bedeutet, zu untersuchen. Ihre Experimente mit simulierten epileptischen Anfällen bei a) nur einer anwesenden Person, b) bei zwei Anwesenden und c) bei mehr als zwei Anwesenden (bei dem Versuch = 5 Anwesende) belegten eine rückläufige Rate an Unfallmeldungen bei zunehmender Zahl der Anwesenden.

Von allen allein anwesenden Probanden waren in dem Versuch 15 % überhaupt nicht bereit zu reagieren und verhielten sich passiv. Sobald noch andere Versuchspersonen dazukamen, sank die Quote an Hilferufen von zunächst (100 – 15 =) 85 % bei einer anwesenden Person auf 62 % (bei zwei anwesenden Teilnehmern) und auf 31 % bei mehreren Anwesenden (wie hier z. B. 5 Personen).

Tendenziell scheint der mathematische Ansatz aus der Spieltheorie den experimentellen Untersuchungsbefunden zu entsprechen, sodass sich diese Erkenntnisse wechselseitig bestätigten.

7.2.3 Trittbrettfahrer

In der heutigen Arbeitswelt kommen viele Beschäftigte, die zusammen mit anderen Kollegen oder Kolleginnen zusammenarbeiten, nicht umhin, zuweilen einen besonderen Einsatz zu zeigen, also „eine Schüppe zuzulegen“, und mehr zu arbeiten. Sei es durch zusätzliche Überstunden oder über die Arbeitsqualität bzw. Produktivität, sind sie z. B. bei personellen oder terminlichen Engpässen besonders gefordert, um das gemeinsame Projekt zum Erfolg zu führen. Nicht immer findet dieses Ansinnen bei allen Beteiligten ein positives Echo, sodass die notwendige Zusatzarbeit nicht von allen in gleicher Weise geleistet wird. Für Osborne (2004, S. 15 f.) ist dies ein Spiel, vergleichbar mit dem Spiel „Gefangenendilemma“ und mit gleicher „Payoff-Struktur“ (s. Abb. 7.9).

Vollkommen in Ordnung ist die Situation, wenn alle betroffenen Projektmitarbeiter „am gleichen Strang ziehen“ und den gleichen zusätzlichen Arbeitseinsatz und Ehrgeiz zeigen, um den erfolgreichen Abschluss des gemeinsamen Projektes zu gewährleisten. Folglich stellt sich ein Gleichgewicht mit dem Nutzen von U = 2 für alle beteiligten Personen ein. Trittbrettfahrer (oder auch Faulenzer oder im Englischen „Goof off“ genannt) sind per Definition alle diejenigen, die sich der Mehrarbeit verweigern oder entziehen und die anderen Kollegen oder Kolleginnen für

Mitarbeiter: A (Zeilen)/B (Spalten)	*Mehrarbeit*	*Keine Mehrarbeit*
Mehrarbeit	U = 2 U = 2	U = 3 U = - 1
Keine Mehrarbeit	U = - 1 U = 3	U = 1 U = 1

Abb. 7.9 Mehrarbeit oder „Trittbrettfahren"

Ölförderländer: A (Zeilen) /B (Spalten)	*Produktionsmenge Land B = 1*	*Produktionsmenge Land B = 2*	Gewinn in Abhängigkeit von Produktionsmenge
Produktionsmenge Land A = 4	U = 16 U = 64	U = 24 U = 48	16 bei Menge 5
Produktionsmenge Land A = 5	U = 12 U = 60	U = 16 U = 40	12 bei Menge 6
Alternative Produktionsmengen:	a) 4 + 1 = 5 c) 5 + 1 = 6	b) 4 + 2 = 6 d) 5 + 2 = 7	8 bei Menge 7

Abb. 7.10 Umsatz der Ölförderländer in Abhängigkeit von der Produktionsmenge und Gewinn

sich arbeiten lassen. Ihr Nutzen ist dann mit U = 3 maximal, während die einsatzwilligen Mitarbeiter oder Mitarbeiterinnen nicht nur die Mehrarbeit geleistet haben und das Projekt zum Abschluss brachten, sondern zusätzlich noch das ungute Gefühl ertragen mussten, ausgenutzt worden zu sein oder als Idiot dazustehen. Deshalb kann für sie kein Nutzen entstanden sein; eher ist vom Gegenteil auszugehen (deshalb U = − 1). Lassen alle an dem Projekt beteiligten Personen, wenn man so will, „die Füße baumeln" und das Projekt schleifen, wird die Arbeit nicht von Erfolg gekrönt sein (U = 1). Für sich in Anspruch nehmen können alle Projektbeteiligten, dass sie sich nicht allzu sehr und über Gebühr verausgabt haben.

Aber nicht nur in der Arbeitswelt ist mit mangelnder Kollegialität oder sonstigen unschönen oder sogar betrügerischen Attacken zu rechnen, auch in größeren Verbänden oder Organisationen können gemeine Manipulationen als „Schummeleien" vorkommen. So stellten z. B. Dixit und Nalebuff (1995, S. 332 f.) ein innerhalb der OPEC-Organisation denkbares Täuschungsmanöver bei der Absprache über die maximale Erdölproduktion dieser Erdöl produzierenden Länder vor (die Zahlen wurden aus diesem Beispiel übernommen, die Darstellung in Abb. 7.10 allerdings angepasst und verändert).

Gemäß Vereinbarung dürfte Land A vier (4) Einheiten an Öl produzieren und Land B nur eine (1) Einheit. Sowohl Land A als auch Land B könnten in die Versuchung kommen, heimlich mehr zu produzieren, also entweder zwei Einheiten (Land B) oder fünf Einheiten (Land A). Allerdings geht eine Ausweitung der Produktion nun zulasten der Gewinnmarge bzw. des Umsatzes. Das größere Förderland A schneidet somit besser ab, wenn es auf die „Schummelei" von Förderland B nicht reagiert und seinen Anteil konstant bei vier Einheiten belässt. Der Nutzen wäre für Land A mit U = 48 ungleich größer, als wenn es das Täuschungsmanöver von Land B erwidert und mit „gleicher Münze heimzahlt" (U = 40 für Land A und U = 16 für Land B).

Bei dem dann erreichten Umsatz oder Gewinn ergibt sich bei dieser Konstellation als Fördermenge für beide Erdölproduzenten oder Länder ein noch vertretbares Ergebnis, wenngleich dieses Resultat für das Land (A) alles andere als optimal ist, wie es bei Einhaltung der Absprache der Fall gewesen wäre (mit U = 64).

7.3 Sonstige Möglichkeiten der Systemdiagnostik

Abgesehen von den spieltheoretischen Ansätzen für die Analyse oder Diagnostik von Systemen und deren Verläufen existieren noch andere vergleichbare methodische Konzepte, die für wichtige (rationale) Entscheidungen Anwendung finden. Hierzu zählt einmal die aus der Nachrichtentechnik stammende „Signal-Entdeckungs-Theorie", die insbesondere bei der Erkennung „richtiger" bzw. „falscher" Signale (und ihren Verwechselungen oder Fehlern) wichtige Dienste erwiesen hat. Darüber hinaus muss in bestimmten Situationen mit Stichproben anstelle von Vollerhebungen zum Zwecke der Überprüfung oder Kontrolle gearbeitet werden, da solch ein Verfahren schlicht und ergreifend ökonomischer bzw. pragmatischer ist und für die Betroffenen ein unkalkulierbares Risiko der Entdeckung demnach bleibt. Schließlich ist die Portfolio-Analyse eine vorzügliche Methodik zur Selbstkontrolle und Strategieplanung, sodass sie in diesem Kontext nicht fehlen darf.

7.3.1 Sensitivitätsanalyse mithilfe der „Signal-Entdeckungs-Theorie"

Zur experimentellen Überprüfung verschiedener psychischer Leistungen, wie z. B. die Leistungen der Sinnesorgane wie das Auge, das Ohr etc. oder das Aufmerksamkeits- und Konzentrationsvermögen, um nur einige neben vielen anderen Untersuchungsbereichen zu nennen, bedarf es bestimmter Messverfahren mit einer dafür geeigneten Analyse- und Auswertungsmethodik. Ein gängiges Verfahren, das ursprünglich in den Ingenieurwissenschaften entwickelt und dann in der Nachrichtentechnik und beim Militär Verwendung fand, ist die „Signal-Entdeckungs-Theorie" (s. z. B. Velden, 1982).

Mit ihrer Anwendung verbindet sich i. d. R. das Ziel, zwischen *korrekten* Signalen (= Treffer) und *falschen* Signalen, die als richtig und korrekt wahrgenommen und bewertet werden bzw. nicht als falsch erkannt werden (= falsche Alarme oder auch „Blinder Alarm“ genannt), zu differenzieren, um die Leistung oder Fähigkeit des Systems (z. B. ein Sinnessystem wie das Hörvermögen) festzustellen und zu beurteilen. Probanden haben in den Untersuchungen noch die Möglichkeit oder Wahl, falsche Signale auch als solche zu erkennen (= korrekte Zurückweisungen) oder sie begehen den anderen Fehler, dass sie korrekte Signale als falsch oder Fehler einschätzen (= unerkannte oder übersehene richtige Signale). Voraussetzung für eine Sinnesleistung ist, dass z. B. ein Ton eine bestimmte Frequenz oder Lautstärke haben muss, um überhaupt wahrgenommen oder gehört zu werden; ansonsten würde der Proband „kein Ton“ signalisieren oder ggf. ein Rauschen als begleitendes Störgeräusch. In der Psychophysik sprechen wir bei der Erkennung von gerade wahrgenommenen Schwellen von „ebenmerklichen Schwellen oder Unterschieden“, wenn lt. Definition bei einem Reiz mit einer bestimmten physikalischen Maßeinheit oder Stärke (z. B. Frequenzen in Hz oder Schallpegel in dB) wenigstens 50 % der Reize als solche richtig erkannt und wahrgenommen wurden (vgl. Hayos, 1972).

Auch in der psychologischen Testdiagnostik findet dieses Untersuchungsverfahren Anwendung, wie z. B. beim „Aufmerksamkeits- und Konzentrationstest d2“ (ursprünglich Brickenkamp, 1962). Bei diesem Test muss ein Testkandidat zwischen ähnlichen Zeichen als Reizvorgaben unter Zeitdruck unterscheiden und selektieren, ob die Stimuli richtig dargestellt oder verfälscht sind. Je nachdem, wie die Untersuchung konzipiert und durchgeführt wird, hat der Teilnehmer Schwierigkeiten oder Probleme, die gewünschten und richtigen Zeichen zu erkennen und als solche zu identifizieren. M. a. W.: Bei einem zu bewältigenden Arbeitspensum in einer vorgegebenen Zeitspanne sind nicht nur Treffer, sondern auch Fehler in Abhängigkeit von der erbrachten Leistung und den vorhandenen Fähigkeiten zu erwarten.

Gerade die Fehlerhäufigkeit ist ein Indiz dafür, mit welcher Risikoeinstellung oder Risikoneigung der Testkandidat sozusagen „ans Werk geht“. Besonderes Interesse gilt der Frage, ob er oder sie eher oberflächlich viele Aufgaben bearbeitet mit überdurchschnittlich vielen Fehlern oder ob es ihm oder ihr auf Genauigkeit ankommt bei einer eher relativ geringen Bearbeitungsmenge. Beide Risiko- oder Arbeitsstile haben sowohl praktische Relevanz als auch sind sie im besonderen Maße problemabhängig, was die Konsequenzen von eingetretenen Fehlern betrifft. So ist das Militär oder die Flugsicherung aufgrund der bei falschen Objektidentifizierungen zu erwartenden negativen Folgen (also Desaster oder Katastrophen) bestrebt, auf ihren Radarschirmen alle Signale oder Objekte exakt zu erfassen und keine Fehler bei der Wahrnehmung und Beurteilung zuzulassen. Bei der Überprüfung der Konzentrationsleistung mittels des Leistungstests „d2“ wäre es dagegen tolerierbar, dass den Probanden auch Fehler unterlaufen können, da dies die Testdiagnostik selbstverständlich impliziert und keine gravierenden Folgen hat.

Bei der Diagnostik in der Medizin (z. B. bei der Früherkennung von Tumoren mittels Röntgenaufnahmen, wie Mammografie), bleibt es auch nicht aus, dass maligne Befunde nicht erkannt werden, weil entweder die Messungen oder Feststellungen fehlerhalft waren oder die Tumoren aufgrund ihrer kleinen Größe (im Frühstadium) noch nicht sichtbar und damit noch nicht diagnostizierbar waren. Gerade die medizinische Diagnostik wird an ihrer *Sensitivität* für einerseits klinisch bedeutsame Symptome oder Auffälligkeiten, andererseits unkritische (normale) Erscheinungen zu erkennen, gemessen, was in der Fachsprache *Spezifität* bedeutet und so bezeichnet wird.

7.3.1.1 Grund- oder Messmodell

Von dem in Abb. 7.11 dargestellten Prüf- und Testdesign (s. Abb. 7.11) ist bei Einsatz der Signal-Entdeckungs-Theorie als Instrument grundsätzlich auszugehen.

Ähnlich dem Umgang mit dem Test von Hypothesen auf Falsifikation, d. h. auf die Ungültigkeit oder Ablehnung der Nullhypothese (H_0) fokussiert, ist auch die Beurteilung von Signalen oder alternativen (irregulären oder falschen) Ereignissen aufgebaut. Bei der Falsifikation nimmt der Hypothesentester eine „negative" Grundhaltung ein, indem es ihm (oder ihr) darum geht, falsche Signale zu erkennen und richtigerweise zurückzuweisen (= keine Treffer oder korrekte Zurückweisungen) oder wie beim Test von Hypothesen die Nullhypothese im Sinne der Falsifikation abzulehnen.

Beim Hypothesentest ist bekanntlich das prinzipielle Ziel, die Nullhypothese zu verwerfen, was dann zur Annahme oder vorläufigen Gültigkeit der alternativen Hypothese (H_1) führt. Mit der Irrtumswahrscheinlichkeit (α) verbindet sich die Vorstellung oder Annahme, die Nullhypothese irrtümlich zu verwerfen, obwohl sie richtig ist und zutrifft. Die Wahrscheinlichkeit ($1 - \alpha$) ist deshalb auch der Vertrauensbereich oder das Konfidenzintervall, mit dieser Wahrscheinlichkeit die richtige Entscheidung getroffen zu haben.

Genauso verhält es sich mit der Identifizierung von Signalen oder sonstigen kritischen Befunden. Nur wäre die korrekte Reaktion auf die Signalerkennung gleich *ja* (= Treffer) und der Fehler, einen „Blindgänger" für ein korrektes Signal zu halten, die Wahrscheinlichkeit (α), einen „falschen Alarm" auszulösen – und vergleichbar wie beim Hypothesentest die Wahrscheinlichkeit, die Nullhypothese zu verwerfen, obwohl sie richtig ist. Nicht umsonst heißt der α-Fehler für „falsch positive" Entscheidungen Irrtumswahrscheinlichkeit!

In Ergänzung dazu sind die „korrekten Zurückweisungen" die „Nein-Reaktionen" auf die „falschen Signale" und die hierbei auftretenden Fehler, ein Signal zu über-

Stimulus (Zeile)/Person (Spalte)	Reaktion = **Nein**	Reaktion = **Ja**
Signal	Unerkannte (β – Fehler) falsch negativ	Treffer ($1 - \beta$)
Kein Signal (oder „Blindgänger")	Korrekte Zurückweisung ($1 - \alpha$)	Falsche Alarme (α) falsch positiv

Abb. 7.11 Testdesign für Untersuchungen mit der „Signal-Entdeckungs-Theorie"

sehen oder nicht zu erkennen und ebenfalls mit „Nein“ zu reagieren, die „falsch negativen“ Entscheidungen oder auch als Beta-Fehler (β) bekannt. -Beim Hypothesentest würde die Nullhypothese fälschlicherweise angenommen, obwohl sie falsch und unzutreffend ist, bzw. die Alternativhypothese (H_1) verworfen.

Bei der Durchführung von Hypothesentests oder der Erkennung und Zuordnung von Signalen ist ferner zu beachten, dass die beiden Wahrscheinlichkeitsfunktionen (der Nullhypothese und der Alternativhypothese) in einem bestimmten Verhältnis zueinander stehen und auf der „psychologischen Dimension“ (z. B. die Aufmerksamkeit für richtige oder falsche Signale oder die Konzentrationsleistung) ein Entscheidungskriterium (X_c = Cut off) enthalten, das für die Entscheidung des Probanden, also entweder Signal oder kein Signal anzugeben, verantwortlich ist und exakt die Empfindung oder Wahrnehmung des Getesteten wiedergibt. Bildlich gesprochen liegen zwei Normalverteilungen als „Gauß’sche Glockenkurven“ vor (Ordinate), die sich in dem Kriterium (X_c) auf der psychologischen Dimension (Abszisse) überschneiden. Verfahrenstechnisch interessant ist nun die Differenz zwischen den „Gipfeln“ der beiden Wahrscheinlichkeitsverteilungen, was bei empirischen Häufigkeitsverteilungen jeweils der Mittelwert (MW_1 bzw. MW_2) wäre. Da wir es mit Normalverteilungen zu tun haben, sind die Differenzwerte zwischen den Mittelwerten noch in Standardabweichungen zu transformieren oder zu normieren, sodass aus den einschlägigen Tabellen der Normalverteilung die sogenannten Z-Werte ablesbar sind und der „Diskriminationsindex“ (D′) gebildet werden kann nach der allgemeinen Formel:

$$D' = MW_1 - MW_2 / SD \qquad (SD = \text{Standardabweichung})$$

$$\text{oder:} \qquad D' = Z_1 - Z_2$$

Alternativ zu den Mittelwerten aus einer Untersuchung kann auch mit den Häufigkeitswerten oder Anteilen zwecks Ermittlung der Z-Werte aus der Wahrscheinlichkeitstabelle gearbeitet werden. In dem Fall ist von einer oder gleichen Standardabweichungen der beiden normalverteilten Variablen auszugehen.

Um die Risikoneigung eines Testkandidaten bei der Identifizierung der Signale abschätzen zu können, ist parallel zum Diskriminationsindex noch die „Reaktionsneigung“ oder Präferenz für eher Treffer oder Nicht-Treffer zu ermitteln und in Relation zueinander zu setzen nach der Formel:

$$\text{Beta}(R) = \text{Anzahl Treffer} / \text{Anzahl Nicht} - \text{Treffer}$$

Beta (R) oder β_R ist ebenfalls das Entscheidungskriterium X_C, wo der Proband seinen Grenzwert zugunsten einer der beiden Entscheidungsalternativen setzt oder markiert. Falls das Verhältnis von Beta > 1 ist, trifft die Versuchsperson eher überlegte oder vorsichtige Entscheidungen und hält insbesondere die Anzahl der Nicht-Treffer (im Nenner) eher klein. Kommt es ihm (oder ihr) auf eher viele Treffer-Angaben an, vergrößert sich zwangsläufig auch die Anzahl der Nicht-Treffer als „falsche Alarme“, da die korrekte Angabe der Treffer (im Zähler) mehr oder weniger gleich oder konstant bleibt.

Bei der Skalierung von Vergleichen zwischen zwei *verschiedenen* Variablen oder Stimuli, die z. B. auf kleiner vs. größer oder gleich vs. ungleich zu beurteilen sind, ändert sich das Messmodell, da die Varianzen (und die Standardabweichung als Ergebnis der Wurzelziehung aus den Varianzen) beider Variablen, auch wenn sie gleich groß sind, zu berücksichtigen sind. Somit wird die Formel für D′ bei der Operationalisierung von Differenzen zwischen zwei Reizen:

$$D' = MW_A - MW_B / SD_{(MWA-MWB)} \times \sqrt{2}$$

Bereits vor der Konzipierung der Signal-Entdeckungs-Theorie war in der Psychologie die sogenannte „Thurstone-Skalierung“ als Skalierungs- und Messverfahren etabliert auf der Basis der „Methode des Paarvergleiches“. Bei dieser Prozedur sind ebenfalls jeweils *zwei* Stimuli miteinander auf eine gewählte psychologische Qualität oder Eigenschaft, z. B. Gleichheit oder Ungleichheit, zu vergleichen. Besteht die Annahme, dass die beiden Reize oder Variablen nicht miteinander korrelieren, nimmt die Standardabweichung ebenso den Ausdruck:

$$SD = \sqrt{SD_A^2 + SD_B^2} \quad \text{oder: } \sqrt{2} \times \sqrt{SD_{A,B}^2} \text{ bzw. } SD_{A,B} \times \sqrt{2}$$

$$\text{oder: } \quad D' = MW_A - MW_B = Z_{p(A>B)} \times \sqrt{2}$$

als sogenanntes „Paarvergleichsgesetz“ an.

7.3.1.2 Operationalisierung und Anwendung

Untersuchungen zur Erkennungsleistung von bestimmten Signalen (Treffern) oder anderen Reizen (Nicht-Treffer) erfordern von den Versuchspersonen Antworten, wie richtig oder falsch, oder ihre Zustimmung oder Ablehnung und lassen sich hilfsweise über eine Instruktion von vorgegebenen Häufigkeiten oder Wahrscheinlichkeiten für das Auftreten eines Stimulus manipulieren, z. B. durch die Vorgabe: Variable A hat eine A-priori-Wahrscheinlichkeit von 70 %, Variable B nur von 30 %. Um sinnvolle und repräsentative Auswertungen zu ermöglichen, sollten wenigstens 100 Durchgänge vorgesehen sein. Nach Absolvierung der Testdurchläufe ist die Häufigkeit oder der Anteil an Treffern und „falschen Alarmen“, also der Anteil an Nicht-Treffen unter den Ja-Antworten, zu bestimmen und ihre jeweiligen Z-Werte aus der Normalverteilungstabelle zu entnehmen (unter der Prämisse, dass die Standardabweichung für beide Wahrscheinlichkeitsverteilungen gleich ist).

Alternativ zur Signalentdeckung als Versuchsdesign ist auch die Vorgabe von Ratingskalen mit abgestufter Skala (z. B. von 1 bis 6 oder als Prozentskala von 0 %, 20 %,… bis 100 %) für unterschiedliche Grade der Zustimmung oder Ablehnung möglich. Ratingskalen lassen sich dann nach einem feststehenden Prozedere auswerten, um die interessierenden Unterschiede zwischen den Attitüden wie z. B. Zustimmung oder Ablehnung zu ermitteln (s. hierzu z. B. Velden, 1982, S. 49).

In der psychologischen Forschung sowie in der Praxis standen zunächst die Leistungen der Sinnessysteme im Vordergrund und fanden die häufigste Anwendung. Von besonderem Interesse waren dabei Untersuchungen zur Wahrnehmungsschwelle, also ab welcher Frequenz wird z. B. ein bestimmter Ton mit einer Sicherheit von wenigstens 50 % in allen Untersuchungsrunden von der Versuchsperson gehört. Probanden wurden darüber hinaus auch bewussten unterschwelligen Reizen wie z. B. Tabuwörtern, die Abwehrimpulse auslösen können, ausgesetzt, um die Abwehr oder Reaktanz als Empfindlichkeit der Versuchspersonen zu erforschen. Nach geltender Vorstellung sollen solche Stimuli nicht bewusstseinsfähig werden, sich aber dennoch auf die Reaktionen beeinflussend auswirken. So wurden z. B. Töne schlechter wahrgenommen, wenn gleichzeitig unterschwellig Tabuwörter angeboten wurden, was den Wahrnehmungsprozess anscheinend nachhaltig stört und beeinträchtigt.

Vigilanz-Untersuchungen, die ebenfalls in der Forschung und Praxis verbreitet waren oder sind, testen die Aufmerksamkeit oder Konzentration, während einer vorgegebenen Zeitspanne eine gleichbleibende kontinuierliche Leistung zu erbringen, bzw. den Vigilanz-Abfall infolge Ermüdung oder Erschöpfung.

Schließlich haben sich in der Praxis noch Tests auf den Wahrheitsgehalt von Aussagen bzw. Lügen mittels Lügendetektoren durchgesetzt, die sowohl neutrale Items als auch kritische Items in Verbindung mit einem Tathergang, den nur der Täter bzw. die Kriminalbeamten kennen, enthalten. Wie bei der Signalerkennung werden hier die psychophysiologischen Indikatoren als autonome Reaktionen des Verdächtigen bei den kritischen Items registriert und ins Verhältnis zu den gesamten Antworten gesetzt. Da die A-priori-Wahrscheinlichkeit der kritischen tatrelevanten Items bekannt ist und vorgegeben wird, kann aus der gebildeten Relation zwischen den Auffälligkeiten oder Signalen bei kritischen Items zur Gesamtzahl der Darbietungen von Items ein Indikator als Anhaltspunkt oder Hinweis auf einen berechtigten Verdacht errechnet werden. Nach neueren Erkenntnissen liegt die Erfolgsrate für Lügendetektoren, also sowohl Verdächtige zu identifizieren als auch Unschuldige als Unverdächtige zu erkennen und auszuschließen, bei 70 % bis 85 % (s. Schauer, 2022, S. 121 und Abschn. 8.3).

7.3.2 Stichprobenziehungen oder: „Ein Exempel statuieren"

Manche Spieltheoretiker beschwören als Strategie die Nutzung der *Unberechenbarkeit* (Dixit & Nalebuff, 1995, S. 26 u. 164 ff.) in den Spielzügen, die es dem Gegner schwer macht, adäquat zu reagieren. Ein gutes Beispiel wären ungeplante Kontrollen oder Prüfungen, die es im „öffentlichen Leben" zuhauf gibt, wie z. B. mobile Geschwindigkeitskontrollen im Verkehr oder unerwartete Kontrollen des Zolls auf Baustellen oder Betriebsprüfungen der Steuerbehörden und Sozialversicherungsträger.

Auch gegenüber normalen Steuerzahlern kann das Finanzamt entweder ausgiebig prüfen und auf den Nachweis der Einkünfte oder Aufwendungen im unbekannten Ausmaß bestehen oder sich mit Stichprobenüberprüfungen begnügen oder im Einzelfall sogar ganz darauf verzichten. Für den „Steuerbürger" ist das Verhalten der Finanzbehörden demzufolge nicht berechenbar, und er (oder sie) muss mit allen Eventualitäten rechnen und sich entsprechend darauf einstellen. Ob diese Aktionen den Charakter von strategischem Verhalten oder Spielzügen haben, sei dahingestellt und zumindest strittig! Vielleicht vermag folgende Situation Klarheit stiften?

Angenommen, das Finanzamt fährt die aktuelle „Strategie", nur ein Prozent (1 %) der Steuererklärungen genau zu überprüfen, was natürlich die Allgemeinheit nicht weiß, und damit den Prüf- und Verwaltungsaufwand so gering wie möglich zu halten; ggf. ist es möglich, hierfür ein Verhältnis von Aufwand zu Nutzen als „Auszahlung" zu definieren. Aufgrund der Erfahrungen in der Vergangenheit versuchten rd. 20 % der Steuerzahler, Steuern zu umgehen oder sogar zu hinterziehen, was dann in manchen Fällen und bei schweren Vergehen zur Anzeige und Einleitung eines Strafverfahrens führte (s. Abb. 7.12). Somit kann das Finanzamt nur durch Variation der Stichprobenquote auf die „Steuermoral" der Steuerpflichtigen indirekt reagieren; von einem Gleichgewicht im Sinne der Spieltheorie dürfte angesichts dieser Ausgangssituation eher nicht die Rede sein.

Die hier zitierten Autoren Dixit und Nalebuff (1995, S. 164 ff.) haben zur Illustration der Strategie „Unberechenbarkeit" das Tennisspielen mit einer gemixten Strategie aus wechselseitiger Bedienung der Vorhand und Rückhand von Tennisspielern gewählt und mit ihren Erfolgsquoten als Payoff veranschaulicht.

Mit der Bezeichnung dieses „Spieles": „Ein Exempel statuieren" soll zumindest an die abschreckende Wirkung für potenzielle „Steuersünder" gedacht werden, wenn keiner im Voraus weiß, ob es ihn (oder sie) mit der Überprüfung trifft. Somit ergibt sich die in Abb. 7.12 dargestellte Ausgangssituation für dieses Szenario.

Eher als vom Ausgang eines strategischen Spiels mit einem (alternativlosen) Gleichgewicht für beide Seiten dürfte nach dieser Aktion vordergründig von einem empirisch festgestellten Ergebnis auszugehen sein, das entscheidend vom Zufall abhängt. Zweifelhaft ist ohnehin auch, ob die nicht geprüften Steuererklärungen auch eine Fehlerquote von rd. 20 % aufweisen, wie es bei den kontrollierten Steuererklärungen (wiederholt) der Fall war. Annahmen und Vermutungen ersetzen daher das strategische Kalkül, wenn mehr auf die abschreckende Wirkung der Unberechenbarkeit, also trifft es mich oder trifft es mich nicht, zu setzen ist!

Leicht ist zu erkennen, dass bei einer Stichprobengröße oder Grundgesamtheit von N = 1000 (Steuerpflichtigen) und einer Quote von nur 1 % Prüffälle nur ins-

Person: A (Zeilen)/ **Finanzamt: B** (Spalten)	***Finanzamt prüft*** ***(P = 1 %)***	***Finanzamt prüft nicht*** ***(1 - P = 99 %)***	Randsumme (Zeilen)
Steuerhinterziehung (Ja = 20 %)	**(P x N) x Ja** **(0,01 x 1000) x 0,20 =** ***2* (= Treffer)**	**(1 - P) x N x Ja** **(0,99 x 1000) x 0,20** ***198* (=Dunkelziffer)**	200
Steuerhinterziehung (Nein = 80 %)	**(P x N) x Nein** **(0,01 x 1000) x 0,80 =** ***8* (= Falscher Alarm)**	**(1 - P) x N x Nein** **(0,99 x 1000) x 0,80 =** ***792* (=Unschuldige)**	800
Randsumme (Spalten)	10	990	**N = 1000**

Abb. 7.12 Auszahlungsmatrix zum Fall „Ein Exempel statuieren"

gesamt 10 Steuererklärungen genau und bis ins Detail geprüft werden. Bei einer unterstellten Täuschungsquote von 20 % würden dem Finanzamt nur zwei „Steuerbetrüger“ ins Netz gehen und bei acht Steuerzahlern ergaben sich keine wesentlichen Beanstandungen (das wären die sogenannten „falschen Alarme“). Bei einer hochgerechneten oder geschätzten „Dunkelziffer“ von 198 Steuerhinterziehern stellt sich allerdings für die Zukunft die Frage, ob es bei der niedrigen Quote von 1 % bleibt oder ob sie z. B. für ein Jahr auf 5 % oder sogar 10 % zu erhöhen ist, um die Abschreckung in ihrer Wirksamkeit zu steigern. Solch eine Entscheidung hätte schon eine strategische Bedeutung! Solch eine Maßnahme hätte im Übrigen auch den Vorteil, „mehr Licht ins Dunkel zu bringen“, also die Dunkelziffer an Steuerhinterziehungen im wahrsten Sinne des Wortes zu erhellen und zu besseren Erkenntnissen auf einer breiteren und profunderen Basis zu gelangen.

Vermutlich liegt auch bei der Steuerprüfung der strategische Ansatz in einem sequenziell ausgerichteten Prozess oder Spielverlauf, wobei keiner der Beteiligten genau weiß, was der andere jeweils beabsichtigt zu tun. Besondere Bedeutung würde in diesem Kontext höchstwahrscheinlich dem Momentum der Unberechenbarkeit zukommen, denn die Steuerzahler verfügen nicht über ansatzweise (vollständige oder imperfekte) Informationen, was die Finanzbehörden planen und beabsichtigen zu tun.

7.3.3 Portfolio-Techniken zur Selbstkontrolle und Selbstsuggestion

Sozusagen zur Selbstsuggestion sollte jede Organisation gelegentlich in den Spiegel schauen, ob sie mit dem gegenwärtigen Leistungs- und Entwicklungsstand zufrieden sein kann. In manchen Fällen ist zwar die individuelle Beurteilung von Personen in verantwortlicher Funktion oder als absolute Spezialisten und „Know-how-Träger“ von einer eher umfassenden Funktionsdiagnostik oder Systemdiagnostik nicht zu separieren, dennoch gilt hier der Blick auf die Organisationseinheiten oder Funktionsbereiche und ihre prozessuale Zusammenarbeit innerhalb des Gesamtsystems. Im Ergebnis ließe sich das Ergebnis dieser Analyse in Form eines Kompetenzportfolios darstellen (s. Abb. 7.13).

Personalexperten sowie auch insbesondere Finanzökonomen ist natürlich die Portfolio-Technik als ihr wesentlichstes und entscheidendes Werkzeug für die strategische Planung hinreichend bekannt. Was vielleicht eher neu oder ungewöhnlich sein könnte, ist, dass nicht nur fremde oder andere Objekte (oder auch Subjekte wie bei einem Personalportfolio; s. z. B. Wienkamp, 2020b, S. 85 ff.) sich darin wiederfinden, sondern dass dieses Werkzeug nunmehr für die Selbstkontrolle und die eigene Positionierung im Vergleich zu anderen zu benutzen ist. Natürlich sollte sich z. B. die Unternehmensleitung wie der Vorstand nicht zu schade sein, im Rahmen einer strategischen Planung die Geschäfts- oder Produktsparten sowie die sie unterstützenden Funktions- oder Betriebsbereiche nach definierten strategischen Dimensionen oder Qualitätsfaktoren einzuschätzen und daraus Zielvorgaben für die Zukunft abzuleiten.

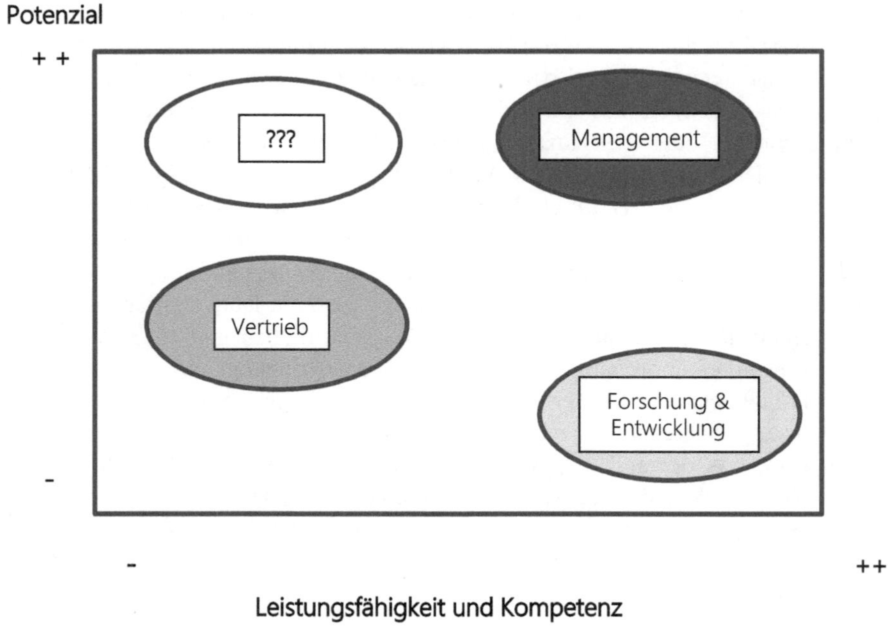

Abb. 7.13 Kompetenzportfolio „in eigener Sache"

7.4 Resümee

Systemdiagnostik bedeutet nichts anderes als Situationsanalysen von sozialen Beziehungen und deren interaktiven Prozessen vor dem Hintergrund strategischer Überlegungen und Vorteilskalküle, die von beiden Konkurrenten verfolgt werden. Anders als bei der Persönlichkeits- oder Individualdiagnostik sind Charaktere oder Persönlichkeitsprofile bei dieser Art von Analyse nicht von Interesse, sondern es geht hier um den Rahmen bzw. die „Systemregeln", den die Problemsituation oder ein Konflikt thematisch vorgibt, wie z. B. die Regulierung eines Schadens zwischen dem „Opfer" und dem Schadensverursacher, nach denen sich beide Konfliktparteien zu richten haben, um ihre Handlungsspielräume bestmöglich auf die gegebenen Alternativen auszurichten. Systemdiagnostik oder Systemanalyse ist dabei die Simulation oder das „Durchspielen" der potenziellen Entscheidungs- und Handlungsmöglichkeiten mit allen ihren Konsequenzen.

Anhand ausgewählter alltäglicher Szenarien, wie die bereits erwähnte Schadensregulierung oder z. B. Probleme in der Zusammenarbeit bei Projektarbeiten im Arbeitsleben, sollten die kritischen Einflussfaktoren, die eng mit den Interessen und Präferenzen der beteiligten Akteure verknüpft sind, identifiziert und bezüglich ihrer strategischen Relevanz analysiert und bewertet werden. Aufmerksamkeit fanden auch sozialpsychologische Phänomene wie die „Kollektive Nicht-Verantwortung", die das Phänomen der „Unterlassenen Hilfeleistung“ gerade bei Anwesenheit mehrerer Personen vor dem Hintergrund der ausbleibenden oder abnehmenden Verantwortung, z. B. einen Notruf zu tätigen, erklären könnten.

Für bestimmte Situationen, wie die Entdeckung von kritischen Signalen oder Fehlern, liegen Konzepte zur Messung und Operationalisierung vor, die in verschiedenen psychologischen Untersuchungen zur Begutachtung der Leistung von „Systemen“, wie z. B. das Sinnessystem, Anwendung fanden und finden. Ein Spezialfall ist der Einsatz von Stichprobenverfahren, wenn es um die Unberechenbarkeit von „Systemkontrollen“ geht, wie z. B. bei Steuerprüfungen. Für die Selbstkontrolle von Funktionalitäten eignen sich die Portfolio-Techniken, die unweigerlich suggestive Einflüsse auf die Verantwortlichen ausüben.

Ökonomische Konzepte der „rationalen Entscheidungsfindung“ 8

Anders als in den vorangegangenen Kap. 6 und 7 zur Spieltheorie und deren Analysen als „Systemdiagnostik“ kennen die ökonomischen Modelle und Verfahren zur rationalen Entscheidungsfindung nicht die interdependenten oder gegenseitigen Einflüsse durch Interaktionen der Beteiligten, die die Entscheidungsfindung massiv beeinflussen. Dennoch gibt es inhaltliche und methodische Überschneidungen zu den spieltheoretischen Ansätzen, z. B. zum einen durch den Rückgriff auf Wahrscheinlichkeitsaussagen bei Unsicherheit über das Eintreffen von Ereignissen oder Ergebnissen, zum anderen durch die Bestimmung des Erwartungsnutzens, dessen Wert oder dessen Größe zu der zu favorisierenden Entscheidung oder Auswahl unter den angebotenen Alternativen führt. Auch ist bei diesen Verfahrensanwendungen von dominanten und nicht-dominanten Alternativen die Rede, mit denen in gleicher Weise zu verfahren ist wie bei spieltheoretischen Strategien.

Ausgangssituation bei diesen Modellen der rationalen Entscheidungsfindung sind konkrete, aber auf den ersten Blick undurchsichtige Problemstellungen im Hinblick auf die zu erwartenden Vor- und Nachteile, wie z. B. die Auswahl eines neuen Arbeitsplatzes unter verschiedenen Angeboten, die im Einklang mit der individuellen Präferenzstruktur und unter Berücksichtigung zu erwartender Risiken oder Unsicherheiten optimal bzw. bestmöglich zu lösen sind. M. a. W.: Nicht die Nutzenmaximierung, die sich in Abhängigkeit von den Reaktionen einer konkurrierenden Gegenpartei einstellt, ist die „Show-Bühne“ der Erwartungsnutzentheorie, sondern es geht um die Nutzenmaximierung, die den eigenen Vorstellungen und Präferenzen bezogen auf die angebotenen Alternativen am ehesten gerecht wird und am nächsten kommt!

H. Wienkamp, *Diagnostik von Manipulationen*,
https://doi.org/10.1007/978-3-662-68601-0_8

8.1 Theoretisches Konzept und methodische Implikationen

Von folgendem Grundmodell ist bei der Erwartungsnutzentheorie auszugehen (s. z. B. Eisenführ et al., 2010, S. 20 ff.):

> „1) Handlungsalternativen: Ein Entscheidungsproblem beinhaltet stets eine Auswahl unter verschiedenen Alternativen, die sich durch unterschiedlich ausgeprägte oder überhaupt vorhandene Attribute als „Profil" auszeichnen.
> 2) Umwelteinflüsse: Umwelteinflüsse oder situative Einflüsse fließen zumindest *indirekt* in die Entscheidungsfindung ein, da der Entscheider sie nicht direkt beeinflussen kann und ihnen zwangsläufig ausgeliefert ist (hierin liegt auch, wie bereits mehrfach erwähnt, der wesentliche Unterschied zur Spieltheorie in der Person des Mitspielers und seinen oder ihren einflussnehmenden Entscheidungen). Allenfalls über Erwartungen oder Wahrscheinlichkeitsaussagen schließt er sie in seine Überlegungen ein.
> 3) Konsequenzen: Getreu dem hier propagierten Grundsatz „Man kann nicht *nicht* manipulieren!" kann niemand Entscheidungen treffen oder reagieren, ohne dass das keine Konsequenzen hätte. In Abhängigkeit von den erwogenen Entscheidungsalternativen und ihren möglichen Auswirkungen auf die Situation oder Umwelt ergeben sich jeweils bestimmte Konsequenzen, die für den Entscheider entweder von Vorteil oder von Nachteil sind.
> 4) Ziele und Präferenzen: Um überhaupt von Vor- oder Nachteilen sprechen zu können, bedarf es einer Zielbestimmung bzw. einer Präferenzstruktur, die festlegt, auf was es insbesondere bei dieser Entscheidung und ihren zu erwartenden Auswirkungen ankommt. Individuelle Ziele und Präferenzen sind somit die Basis für eine optimale Entscheidung unter mehreren Alternativen als Angebote."

Es sollte nicht unerwähnt bleiben, dass die Suche nach alternativen Möglichkeiten auch ein mühseliges Unterfangen sein kann, das zum Schluss nicht unbedingt von Erfolg gekrönt sein muss und den Betroffenen auch nicht vollkommen zufriedenstellt. Zu denken wäre z. B. nach der Suche des neuen „idealen" Stelleninhabers für einen vakanten Arbeitsplatz, wo vielleicht nach etlichen Gesprächen mit Bewerbern oder Bewerberinnen immer noch keine befriedigende Lösung gefunden wurde.

Aber ebenso können sich auch Kandidaten schwertun, wenn ihnen mehrere Stellenangebote unterbreitet werden und sie mehr die „Qual als die Wahl" haben, da sich die Stellenprofile in wichtigen Kriterien stark voneinander unterscheiden. Nicht nur kommt es auf die Höhe der Gehälter an, sondern auch die Entwicklungsmöglichkeiten oder Karriereaussichten sind ein entscheidender Faktor für die Zukunft. Viele Bewerber oder Bewerberinnen achten auf die „Work-Life-Balance" (s. Wienkamp, 2023c, S. 75 ff.), sodass die Arbeitszeitregelungen (z. B. „4-Tage-Woche") oder der Standort, wie Großstadt oder Universitätsstadt mit reichlich kulturellen Freizeitangeboten, oder auch die Art oder die Größe der Organisation als neuer Arbeitgeber zu wichtigen Entscheidungskriterien mutieren.

Bei zu viel Mühsal darf es nicht verwundern und überraschen, dass Menschen irgendwann aufgeben, ihr Problem analytisch-rational zu lösen, sondern irgendwann „aus dem Bauch heraus" entscheiden, also ihrer Intuition oder einer Inspiration folgen. Intuitive Entscheidungen müssen nicht unbedingt falsch sein und können bei noch so viel Analytik und Ratio zu guter Letzt den Ausschlag geben.

Nicht umsonst hat sich die Psychologie der intuitiven Entscheidungsbildung angenommen und hierzu im Rahmen der sogenannten „Deskriptiven oder auch Kognitiven Entscheidungstheorie" sehr wichtige Befunde beigesteuert (s. z. B. Kahneman, 2011).

Nichts mit den rationalen Entscheidungsprozeduren haben Manipulationsversuche gemeinsam, wo die Akteure vorgeben, nach rationalen oder vernünftigen Kriterien entscheiden und handeln zu wollen, aber in Wirklichkeit nur nach einem „Mäntelchen" suchen, ihre eigentlich schon feststehenden Absichten zu verbrämen oder zu verbergen. Bei solchen „Spielchen" steht das Endergebnis von vornherein fest, entsprechend den persönlichen Präferenzen oder einer politisch ausgerichteten Interessenlage, und es wird nur so getan, als ob nach objektiven Kriterien analysiert, ausgewählt und entschieden wird. Häufig ist diese Art von Entscheidungsbildungen in Gruppen mit politischen Entscheidungskalkülen zu beobachten, wo ein oder mehrere Manipulatoren im Hintergrund „die Fäden ziehen", bis das gewünschte kollektive Ergebnis „auf dem Tisch liegt". Zu denken wäre an die Auswahl über den Austragungsort internationaler Sportveranstaltungen wie die Fußballweltmeisterschaft oder die Olympischen Spiele, die hierfür als Beispiel prädestiniert sind und bei deren Entscheidungen manches Mal kriminelle Machenschaften durch Einsatz von Bestechungsgeldern unterstellt wurden bzw. generell als Manipulationsmanöver nicht auszuschließen sind.

Personalentscheidungen können in gleicher Weise über verborgene heimliche Absprachen oder Koalitionsbildungen „ausgeklüngelt" werden und zustande kommen und gehören seit Menschengedenken zum politischen Geschäft der Mächtigen und Entscheidungsträger.

8.2 Anwendungsbeispiel

Um aus diesem Entscheidungsdilemma herauszukommen und das Auswahlproblem zu lösen, haben die Autoren Eisenführ et al. (2010, S. 109 ff.) ein Szenario vorbereitet, wo sich ein „frischgebackener" Uni-Absolvent nach bestandenem Examen um eine Erstanstellung bemühte und unter mehreren Offerten wählen musste. Anhand des hier skizzierten Entscheidungsweges ließ sich die Anwendung der Erwartungsnutzentheorie in allen Verfahrensabschnitten und mit den wichtigsten Bewertungsmethoden vortrefflich demonstrieren (um dem Leser die Möglichkeit zu geben, den vorliegenden Berechnungen und Ausführungen zu folgen oder sie zu vertiefen, wurden die Alternativen mit ihren numerischen Daten der angegebenen Fundstelle nicht verändert und so übernommen). Folgende Angebote lagen in diesem Beispiel zur Auswahl vor (s. Eisenführ et al., 2010, S. 139):

„1) Einstieg in eine Unternehmensberatung mit einem Jahresgehalt von 80.000 €, ca. 60 h Arbeitszeit pro Woche und „guten" Karrierechancen;
2) Assistenten- oder Doktorandenstelle in einer Universität mit einem Gehalt von 50.000 €, bei 40 h Arbeitszeit und „ausgezeichneten" Karrierechancen;
3) zunächst als Segellehrer zu arbeiten mit einem Gehalt von 30.000 €, 20 h Arbeitszeit und „schlechten" oder keinen Karrierechancen."

Für den Hochschulabsolventen schien die Entscheidung nicht leicht zu sein, sodass er sich auf Empfehlung eines früheren Kommilitonen dazu, entschloss, die Stellenangebote mit ihrem Merkmalsprofil in eine „Wertefunktion" zu überführen, um a) die Attribute der Stellen zu gewichten (oder zu normieren) und sie b) vergleichbar zu machen, um zu einer fundierten Entscheidung zu kommen.

Getreu diesem Verfahren bildet der Entscheider ein Bewertungsintervall von *Minimum* bis *Maximum* (oder schlecht bis sehr gut). So erhält die schlechteste Merkmalsausprägung immer den Wert Null (0) und die beste immer gleich 1,0 (oder auch 100 %). Für das Gehalt ergibt sich z. B. folgendes Intervall: 80.000 € = 1,0 als Maximum; 30.000 € = 0 als Minimum. Für die dazwischenliegenden Merkmalswerte ist durch Interpolation ein Wertefaktor zu finden, wenn ein frei wählbarer Funktionsverlauf von 0 bis 1,0 unterstellt wird. Mittels der *„Methode gleicher Wertdifferenzen"* könnte die Interpolation z. B. so umgesetzt werden, dass sich folgendes Ergebnis ergibt:

> „1) (30.000 €:40.000 €) ist äquivalent wie (40.000 €: „?")
> 2) da die Differenz von 40.000 – 30.000 = 10.000 beträgt
> 3) und das Verhältnis bzw. das Ergebnis von 10.000:40.000 = 0,25 ist,
> 4) sollte der gesuchte Grenzwert (?) die gleiche Relation von 0,25 aufweisen; somit wäre bei 40.000:0,75 = 53.333 der obere Grenzwert und würde dem Median (= 0,50) dieser Wertefunktion entsprechen."

Bei den Stunden an Arbeitszeitvolumen ist die Wertestruktur vergleichsweise simpel, wenn 60 h als negativste Ausprägung den Wert Null bekommt, eine Arbeitszeit von 20 h den maximalen Wert von 1,0 und die genau in der Mitte liegende Arbeitszeit von 40 h die Woche auch in der Wertefunktion die Mitte mit 0,5 einnimmt.

Im nächsten abschließenden Schritt geht es um die Vergleichbarkeit unterschiedlicher Merkmale mit ihren Ausprägungen im Zuge eines multiplen Ansatzes. Diverse Methoden stehen hierfür zur Verfügung, wie z. B. das *„Trade-off-Verfahren"* als häufig benutzte Methode zur Bestimmung von *Äquivalenten* oder subjektiv empfundenen Indifferenzen zwischen zwei zum Vergleich angebotenen Attributen. Gefragt sind also die korrespondierenden Vergleichswerte eines Merkmals, die im Hinblick auf eine andere Kombination dieser Merkmale für den Beurteiler indifferent, also gleichwertig sind.

> „1) Wenn wir die Arbeitszeit mit dem besten Wert = 20 h für den Segellehrer und dem schlechtesten Wert von 60 h in der Unternehmensberatung versuchen, mit den Gehältern auf Gleichwertigkeit zu vergleichen, bilden wir diesen Ansatz:
>
> 20 h–60 h : „?" – 30.000 €
>
> 2) Angenommen, der Befragte würde sich nach mehreren Vergleichsrunden für 55.000 € als Äquivalent entscheiden, dann würde sich als Ansatz zur Bestimmung von Gewichten ergeben (s. Eisenführ et al., 2010, S. 141):
>
> 20 h–60 h:55.000 € – 30.000 € = 1:0,7 = 1,429
>
> (der Divisor von 0,7 entspricht dem normierten Wert in dem Verlauf einer Exponentialfunktion auf der Basis (e^{-x}) für das Gehalt von 55.000 €)"

Das o. g. Ergebnis aus dem Vergleich von Arbeitszeit einerseits und Gehalt andererseits ist der rechnerisch sich ergebende „Kehrwert" der Relation von Arbeitszeit zu Gehalt in der Größe von 55.000 € (und kann ggf. ebenso für weitere Vergleichsrechnungen genutzt werden).

Für den abschließenden Vergleich der angebotenen Stellen auf der Basis der Wertzumessungen für die ausgesuchten und relevanten Merkmalsausprägungen wurden allerdings die Entscheidungskriterien aus der Wertefunktion entnommen. Es sind für die *Beratung:* Gehalt = 1,0, Arbeitszeit = 0 und Karriereaussichten = 0,7 (als qualitative Einschätzung); für die *Universität:* Gehalt = 0,6, Arbeitszeit = 0,5 und Karriereaussichten = 1,0; und für den Job als *Segellehrer:* Gehalt = 0, Arbeitszeit = 1,0 und Karriereaussichten = 0.

Eine Aufsummierung der Gewichte aus der Wertefunktion mit anschließender Normierung auf der Basis ihrer Gesamtsumme würde zu folgendem Anteil (in %) der Gewichtsfaktoren dieser Merkmale führen, wie z. B. Gehalt: 1,0 (bei 80 T€) + 0,7 (bei 55 T€) + 0,91 (bei 70 T€) = 2,61 (das Gehalts-Äquivalent von 70 T€ ergab sich im Übrigen aus dem Vergleich Gehalt : Karriereaussichten).

Dann wäre der Einfluss des Attributes Gehalt z. B. an dem Gesamtgewicht 1:2,61 = 0,38 (oder 38 %) gemessen an „Gehalts-Äquivalenten" für alle drei Merkmale als gemeinsame Vergleichsgröße. Für die verbliebenen Merkmale Arbeitszeit und Karrierechancen ist ebenfalls nach diesem Schema der Einfluss an Gewicht (in Prozentwerten) zu ermitteln. Er liegt für die Arbeitszeit bei 0,27 (27 %) und für die Karrierechancen bei 0,35 (35 %).

Durch Multiplikation von Gewichtsanteil (z. B. 0,38) und Präferenzwert des Merkmals in der Wertefunktion ergibt sich nach Summation das Endergebnis für die Entscheidung eines Arbeitsplatzes. So würde z. B. nach diesem Verfahren das Angebot der Universität am lukrativsten sein und in der Bewertung und Auswahl obsiegen; oder in Zahlen:

> „0,38 × 0,6 (Wertpräferenz für Uni-Gehalt) + 0,27 × 0,5 (Wertpräferenz für die Arbeitszeit) + 0,35 × 1,0 (Wertpräferenz für die besten Karriereaussichten) = 0,71.
>
> Die Unternehmensberatung würde einen Gesamtnutzen von 0,63 erlangen und die Anstellung als Segellehrer von 0,27 und damit eindeutig in diesem Vergleich unterhalb des Ergebnisses der Universität liegen."

Ein ähnliches, aber umfangreicheres Beispiel ist die Fallstudie von Düsch (2001, S. 1 ff.), die sich mit der Auswahl einer Fremdsprachenausbildung entweder als späterer Übersetzer oder Dolmetscher beschäftigt und diesen Weg in einem mehrstufigen Verfahren mit vergleichsweise mehr Angeboten und einem umfangreicheren „bunteren" Merkmalsprofil illustrierte. Andere alternative Fallstudien wendeten die viel komplexeren Methoden der *multiattributiven Nutzentheorie* an, um ganz andere Entscheidungsprobleme mit unterschiedlichen, alternativen Zielsetzungen, wie z. B. die Einrichtung von mehr Ausbildungsplätzen zur eigenen Nachwuchsförderung und Bedarfsdeckung gegenüber keiner oder einer reduzierten betrieblichen Ausbildung und dafür mehr Fremdeinstellungen bereits qualifizierter Kräfte, zu bewerten und miteinander zu vergleichen (z. B. Kastner, 2001, S. 89 ff.).

8.3 Sonstige Anmerkungen

Mit der Erwartungsnutzentheorie liegt eine Theorie über das „rationale Entscheiden an sich" vor, denn es gilt entweder Erwartungswert (Alternative A) > Erwartungswert (Alternative B) für eine positive Entscheidung für A oder Erwartungswert (Alternative A) = Erwartungswert (Alternative B) bei Indifferenz oder Gleichheit der Alternativen. Mithilfe der „prozeduralen Rationalität" (Eisenführ et al., 2010, S. 5 ff.) dieses Verfahren soll eine willkürliche Entscheidung verhindert werden. Nicht-Willkür ist damit das „Markenzeichen" präskriptiver Verfahren.

In vielen Anwendungsfällen bestehen Wissens- oder Informationslücken, oder die Ereignisse sind schlicht und ergreifend Zufallsvariablen, die nicht deterministisch, sondern nur mittels Wahrscheinlichkeitserwartungen statistisch berechnet oder besser eingegrenzt werden können. Wenn mit Wahrscheinlichkeitsaussagen operiert wird, ist der anstehende Vergleich entweder zum einen eine Alternative mit einem sicheren Ergebnis, wie z. B. ein garantierter Gewinn oder Auszahlung, zum anderen eine Alternative mit einer höheren Gewinnaussicht, allerdings nicht zu 100 % garantiert, sondern nur als „Lotterie" mit einer Wahrscheinlichkeitsangabe für den potenziellen Erfolg oder Gewinn.

Mitunter sind die Vorstellungen vom Eintreten eines Ereignisses sehr vage und unpräzise, wenn z. B. von „selten", „manchmal" oder „fast immer" die Rede ist. Der Wahrscheinlichkeitsbegriff könnte damit auch unter die sogenannten „unbestimmten Rechtsbegriffe" fallen, die üblicherweise in jedem Einzelfall zu definieren und zu konkretisieren sind. Für die Nebenwirkungen von Medikamenten haben z. B. die Aufsichtsbehörden deshalb diese Adjektive mit konkreten Angaben, also mit Häufigkeitsintervallen, versehen, sodass sich jeder Laie darunter etwas vorstellen kann (s. Eisenführ et al., 2010, S. 182).

Zu den bekanntesten Kalkulationsverfahren auf der Basis von Wahrscheinlichkeiten gehört das sogenannte „Bayes-Theorem", das z. B. Eisenführ et al. (2010, S. 194 ff.) für die Anwendung eines Lügendetektor-Tests entwickelt und präsentiert haben. Aufgrund der Ausgangslage ist von folgenden Erwartungen (gekennzeichnet als Wahrscheinlichkeitsangabe mit jeweils dem Ausdruck p) auszugehen (die numerischen Angaben wurden ebenfalls übernommen):

„1) A-priori-Wahrscheinlichkeiten: p (für schuldig) = 0,7; p (für unschuldig) = 0,3

2) Die bedingten Wahrscheinlichkeiten (oder Likelihoods):

p (Test pos./Schuldig) = 0,9; p (Test pos./Unschuldig) = 0,2
p (Test neg./Schuldig) = 0,1; p (Test neg./Unschuldig) = 0,8

3) Berechnung der gemeinsamen Wahrscheinlichkeit:

p (Schuldig, und Test neg.) = p (Schuldig) × p (Test neg., aber schuldig)
p = 0,7 × 0,1 = 0,07

4) Berechnung der Wahrscheinlichkeit, dass der Test negativ ist: p (Test neg.)

= p (Schuldig) × p (Test neg./Schuldig) + p (Unschuldig) × p (Test neg./Unschuldig)
= 0,7 × 0,1 + 0,3 × 0,8 = 0,31

5) Berechnung der A-posteriori-Wahrscheinlichkeiten, einmal

a) p (Schuldig/Test neg.) => p (Schuldig/Test neg.): p (Test neg.)

p = 0,07:0,31 = 0,226

b) p (Schuldig/Test pos.) =>

p (Schuldig) × p (Schuldig/Test pos.): p (Schuldig) × p (Schuldig/Test pos.) + p (Unschuldig) × p (Test pos.)

p = 0,7 × 0,9 (0,7 × 0,9 + 0,3 × 0,2) = 0,913"

Nach dem Bayes-Ansatz liegen also zunächst die *A-priori*-Wahrscheinlichkeiten als Grundwahrscheinlichkeiten für ein bestimmtes Ereignis vor, die als Erstes in die Berechnung einfließen. Das wären in diesem Beispiel die Grundwahrscheinlichkeit für „schuldig" oder „unschuldig". Auf der Basis der gegebenen Teststatistik liegen Wahrscheinlichkeiten über die Güte des Tests vor, wie gut der Test zwischen den vorliegenden Fällen richtig (oder auch falsch) diagnostizieren kann. Ein wichtiges Testkriterium sind die „falschen Alarme" als Fehlerrate, wenn der Test ein positives Ergebnis anzeigt (z. B. schuldig), das aber nicht zutrifft (das wäre Test positiv, aber unschuldig). Im nächsten Schritt interessieren die *gemeinsamen* Wahrscheinlichkeiten aus A-priori-Wahrscheinlichkeiten und Teststatistik, die durch Multiplikation sich ergeben und dann mit der Gesamtsumme über alle Alternativen gewichtet, d. h. dividiert werden. Dieses Ergebnis wäre dann die *A-posteriori*-Wahrscheinlichkeit, die ein finales Ergebnis dieser Berechnung ist (s. hierzu auch das Schema von Eisenführ et al., 2010, S. 200).

Vielleicht noch ein Wort zu den Wahrscheinlichkeiten Apriori-Wahrscheinlichkeit und A-posteriori-Wahrscheinlichkeit. Binmore (2009, S. 127) definierte diese Wahrscheinlichkeitsgrößen wie folgt: „Your prior probabilities quantify your beliefs before something happens. Your posterior probabilities quantify after it has happened." A-priori-Wahrscheinlichkeiten können demnach sowohl objektive Wahrscheinlichkeitsberechnungen auf der Basis einer statistischen Auswertung über ein Ereignis in einer Population sein (z. B. die Häufigkeit oder Wahrscheinlichkeit von Frauen oder Männern, einer bestimmten Erkrankung anheimzufallen) als auch subjektive Wahrscheinlichkeitsschätzungen sein, die zum einen dem persönlichen Erfahrungshorizont entsprechen und zum anderen als Input-Größe in dem Bayes-Theorem Verwendung finden. Sinn und Vorteil des Bayes-Ansatzes ist, mit einer geschätzten Wahrscheinlichkeit, z. B. nach dem „Bauchgefühl", zu beginnen und sukzessive neue Informationen (als „Updating") in die Berechnung einfließen zu lassen, bis die A-priori-Wahrscheinlichkeit eine konsistente und belastbare Rechengröße auf der Basis profunder und stabiler Erfahrungen wird. Somit gewinnen auch die A-posteriori-Wahrscheinlichkeiten zunehmend an Aussagekraft und werden in ihren Voraussagen immer realistischer (vgl. Binmore, 2009, S. 126 ff.).

Eine besondere Variante zur Gewinnung von A-priori-Wahrscheinlichkeiten brachte Raiffa (1970, S. 28) ins Spiel, wenn einem Entscheider die Möglichkeit eingeräumt wird, gegen einen gewissen Betrag (z. B. eine Gebühr) die A-priori-Wahrscheinlichkeitsverteilung eines Attributes oder Kriteriums in einer definierten Populationsgruppe zu erkaufen oder einzusehen, oder ihm gestattet wird, aus der Populationsgruppe eine bestimmte Stichprobe zu ziehen und die Wahrscheinlichkeit festzustellen. Wie des Weiteren gezeigt wurde, ist die Ausgabe bei der Nutzenkalkulation natürlich als Aufwand zu berücksichtigen und von dem durchschnittlich zu erwartenden Profit abzuziehen. Unter dem Strich kann sich aber der Aufwand lohnen, da zum einen die Erwartungswerte genauer zu kalkulieren sind und zum anderen aufgrund der Kenntnis und der daraus folgenden Entscheidung eher mit einem Gewinn als mit einem Verlust zu rechnen ist.

Die Testdiagnostik mittels des Bayes-Verfahrens hat, mit Ausnahme der Berechnung von A-posteriori-Wahrscheinlichkeiten, sehr viele Gemeinsamkeiten mit der bereits vorgestellten Signal-Entdeckungs-Theorie (s. Abschn. 7.3.1). Der Bayes-Ansatz geht aber methodisch über die Untersuchungen (oder der Diagnostik) der Signal-Entdeckungs-Theorie hinaus.

Zu beachten ist allerdings, dass gerade beim Screening in der Medizin zur Früherkennung von malignen Erkrankungen, wie z. B. Tumore durch Mammografien oder sonstige Früherkennungsverfahren, es nicht nur allein auf die Teststatistik mit ihren wichtigen Parametern „Sensitivität" und „Spezifität" ankommt (s. bereits Abschn. 7.3.1), sondern auch die A-priori-Wahrscheinlichkeiten für die jeweilige Krebs- oder Tumorerkrankung bei der Planung der nächsten Untersuchungsschritte zu berücksichtigen sind, zumal die wenigsten Früherkennungsmethoden ohne Fehlerraten prüfen und diagnostizieren und absolut zuverlässig und sicher sind. Erst die geringen A-posteriori-Wahrscheinlichkeiten können ein gewisses Maß an Hoffnung und Zuversicht spenden, dass unter Umständen doch keine bösartige Erkrankung vorliegt, auch wenn sie die Patienten nicht ganz über ihren aktuellen Gesundheitszustand zu beruhigen vermögen, da ein Restrisiko verbleibt.

Nicht von ungefähr könnte der Eindruck entstehen, dass Bewertungsverfahren zur Suche und Auswahl einer „besten" Entscheidung ein diszipliniertes Vorgehen in der Methodik nahelegen. Selbstdisziplin ist weder falsch am Platze noch suboptimal, im Gegenteil, sie ist der Garant für korrekte Bewertungen und Lösungswege bei Anwendung der Erwartungsnutzentheorie. Gleichzeitig übt die Methodik oder „das System" einen unmittelbaren Zwang aus, sich an die Regeln zu halten, was eine natürliche Bereitschaft und ein gewisses Maß an Selbstsuggestion, sich dafür zu motivieren, voraussetzt.

8.4 Resümee

Bei der Vorstellung des Modells der Erwartungsnutzentheorie stellte sich sicherlich die natürliche Frage, was dieses Verfahren mit der Diagnostik von Manipulationen auf sich hat? Es ist, wie bereits erläutert, die Selbst- oder Autosuggestion, einen vorgegebenen (sinnvollen) Weg zu verfolgen und den einmal eingeschlagenen Kurs unbedingt beizubehalten.

Anders als vielleicht andere alternative Entscheidungsmodelle versucht die Erwartungsnutzentheorie, dem rationalen oder vernünftigen Denken und Handeln vollkommen, oder so gut, wie es geht, zu entsprechen. Voraussetzung hierfür ist die strikte Befolgung der „prozeduralen Rationalität" (s. o.), also das selbstdisziplinierte regelkonforme Verhalten. Alle errechneten und damit vorgeschlagenen Ergebnisse sind zutiefst „rational" und konsistent im Sinne der angewandten Methodik – und fern ab von jedem willkürlichen Einfluss.

Ob sich allerdings im grundsätzlichen strategischen Denken Risikopotenziale ergeben könnten, ist eine ganz andere Frage, die womöglich nur unter Verwendung von ganz anderen Sichtweisen und Konzepten zu beantworten ist als von den hier vorgestellten.

Das Rechnen oder vielleicht das „Jonglieren“ mit Wahrscheinlichkeitsannahmen kann „Fluch und Segen“ zugleich sein. Einmal sind Wahrscheinlichkeitsgrößen immer Ausdruck einer Unsicherheit über das Eintreffen eines Ereignisses und damit vom Zufall abhängig und geprägt, zum anderen können Wahrscheinlichkeitsaussagen auch Hoffnung spenden, wenn nach einem Screening nur ein geringes Risiko besteht (also nur eine geringe Wahrscheinlichkeit dafür spricht), z. B. an einem bösartigen Krebsleiden o. Ä. zu erkranken.

9 Erkenntnisse zur Beeinflussung von prosozialem Verhalten

Mit dem vorliegenden Arsenal an Spielen gab es einen „Werkzeugkasten“ (s. Kap. 6 und 7), der mit seinen Spielversionen eine Fülle von experimentellen Untersuchungen sowohl zu egoistisch-rationalem Denken und Handeln als auch in Ergänzung dazu zu prosozialem Verhalten anregte und ermöglichte. Selbst die Neuroökonomie (s. z. B. den Sammelband von Gilmcher et al., 2009), die sich als „Forschungsgemeinde“ mit Studien über Entscheidungsprobleme in spezifischen Situationen hauptsächlich befasste, setzte zu diesem Zweck häufig Spiele als Untersuchungsdesign ein. Zudem stellten die Forscher die neurophysiologische Resonanz in den Entscheidungsträgern über Aktivitätsmessungen in den jeweils relevanten Hirnregionen durch Kernspintomografien (engl.: functional magnetic resonance imaging bzw. fMRI) fest.

In den meisten experimentellen Untersuchungen standen sich jeweils zwei Probanden als Mitspieler gegenüber, wenn sie z. B. dem bereits vorgestellten Ultimatum-Spiel oder dem Diktator-Spiel (s. Abschn. 6.2.2.2) nachgingen. Parameter für die Aktivität im Gehirn ist bei solchen Spielen der Sauerstoffgehalt im Blut, der als „Blood Oxygen Level Dependent“ oder abgekürzt als „BOLD-Signal“ definiert und bekannt ist.

Beim Diktator-Spiel macht bekanntlich ein Spieler einen (vermeintlich) fairen Verteilungsvorschlag, auf den der andere Mitspieler keinen Einfluss hat. In den einschlägigen Experimenten bewerteten dann Beobachter als Versuchspersonen, die neurophysiologischen Messungen mit dem fMRI unterzogen wurden, den Grad der empfundenen Fairness mit entweder positiven oder negativen Reaktionen. Bei diesem Untersuchungsdesign sind die beiden Spieler lediglich „Schauspieler“ und nicht die zu untersuchenden Probanden, denn das sind die Beobachter.

Anders im Ultimatum-Spiel, wo auf den vorausgehenden Verteilungsvorschlag des einen Spielers der andere Spieler die Entscheidung für sich trifft, ob er den Vorschlag akzeptiert, weil er aus seiner oder ihrer Sicht fair ist, oder nicht. In diesem Fall muss sich der zweite Spieler als Entscheider einer Kernspintomografie

H. Wienkamp, *Diagnostik von Manipulationen*,
https://doi.org/10.1007/978-3-662-68601-0_9

unterziehen, um seine Hirnaktivität als Korrelat oder als Ergänzung zu seiner emotionalen Befindlichkeit, die durch eine anschließende Befragung festzustellen wäre, zu messen.

Prosoziales Verhalten, wie es hier verstanden wird, hängt sehr stark von den eigenen sozialen Präferenzen und dem Verstehen und dem Mitfühlen (also der entgegengebrachten Empathie) der aktuellen und persönlichen Lage der Mitmenschen ab.

9.1 Soziale Präferenzen bei der Beurteilung von Interaktionen

Bislang dominierten in den ökonomischen Modellen die aus egoistischen Beweggründen resultierenden Entscheidungen bzw. das Verhalten, was auch unter Wettbewerbsbedingungen und in Konkurrenzsituationen zu plausiblen Aussagen führte. Ein typisches Exemplar dieser Gattung ist der allseits bekannte *Homo oeconomicus*, dem zudem eine ausgesprochene Rationalität im Denken und Handeln zu unterstellen ist (s. Kap. 8). Sobald jedoch strategisches Denken und Handeln gefragt sind und notwendig erscheinen, können die Reaktionen von anderen Menschen eine große spielbestimmende Bedeutung erlangen, sodass die beteiligten Akteure ihre Strategien nach ihren „sozialen Präferenzen" ausrichten. Soziale Präferenzen sind dann die individuellen positiven oder negativen Konsequenzen des eigenen Handelns auf die davon betroffenen Mitmenschen. Sobald also ein Individuum Verantwortung für das Wohl anderer Personen übernimmt, lässt er (oder sie) sich von sozialen Präferenzen beeinflussen und leiten. Fairness und die soziale Reziprozität werden in diesem Geschehen zu den ausschlaggebenden Werten und Beurteilungskriterien für das Verhalten anderer Menschen in sozialen Kontexten. Gute Beispiele für soziale Präferenzen sind die Hilfsbereitschaft und die Spendenfreudigkeit für karitative Zwecke. Strategische Kalküle bedeuten nicht, sich den Wünschen und Befindlichkeiten anderer bedingungslos zu unterwerfen und den eigenen Vorteil, z. B. als Differenz zwischen Kosten und Ertrag (oder allgemein Nutzen), außer Acht zu lassen.

Mit den aus der Spieltheorie stammenden Untersuchungsdesigns zur Analyse von interaktivem und interdependentem Handeln, wie z. B. im Rahmen des Ultimatum- oder Diktator-Spiels, ließen sich diese sozialpsychologischen Faktoren wie Fairness, Vertrauen, Gerechtigkeitsempfinden, Altruismus und soziale Reziprozität, mit oder ohne beurteilende und ggf. zu Sanktionen aufgerufene Zuschauer, untersuchen. Beeindruckende Effekte ergaben sich z. B. bei der Überprüfung von fairem Verhalten. So z. B. trat unfaires Verhalten nicht auf, wenn ein Teil der Probanden negative Konsequenzen schon bei möglichem, eigenem unfairen Verhalten antizipierten, während ein anderer Teil erst dann zu „Fair Play" bereit war, nachdem sie für ihr unfaires Verhalten sanktioniert oder bestraft wurden. Ebenso war der Grad an Fairness im Ultimatum-Spiel unter den Spielern (oder im Beisein von Beobachtern) signifikant größer als im Diktator-Spiel, das reziproke Reaktionen wie Strafen oder Revanche nehmen per se nicht vorsieht und ausschließt. So lag die Quote an „Fairness" als Kriterium im Diktator-Spiel zwischen 10 % und 20 %, während der Anteil in der anderen Spielvariante (Ultimatum-Spiel) sich zwischen 30 % und 60 % bewegte (s. Fehr, 2009, S. 220).

Ferner hat sich in den neurophysiologischen Studien gezeigt, dass die Reaktion auf z. B. unfaire Angebote stark mit der Aktivität in bestimmten Hirnarealen korrelierte, was zudem auf eine entsprechende Emotionalisierung der Versuchspersonen hindeutete (wie z. B. Entrüstung oder Ärger). Sobald eigennützige Motive i. S. von Belohnungen („Social Rewards") bedient wurden, verlagerte sich die Aktivität im Gehirn ggf. zu anderen Hirnbereichen. Das galt im Übrigen auch, wenn aus Selbstinteresse Compliance zu den aktuellen sozialen Normen gezeigt wurde, um unangenehme Reaktionen zu vermeiden.

9.2 Mitgefühl (Empathie) mit anderen Menschen

In den sozialen Interaktionen sind nicht nur Urteile über Personen und deren Verhalten vorherrschend und Gegenstand des Interesses. Genauso interessieren auch soziale Faktoren oder Persönlichkeitseigenschaften, die das soziale Miteinander oder Handeln bzw. das soziale Klima aus dem Inneren, also aus der Persönlichkeitsstruktur und der psychischen Erlebniswelt der Beteiligten, prägen und beeinflussen.

Von großer Bedeutung ist dabei das „soziale oder emotionale Verstehen", wie ich es nennen würde, also einerseits sich darüber klar zu werden, was die andere Person gerade antreibt, motiviert oder welchen Gedanken sie über die aktuelle Situation oder über die gegenseitige Beziehung nachgeht und mit welchen Reaktionen zu rechnen ist und wie der andere sich darauf einstellen kann. Modelle der sozialen Kognitionen gehen bei diesem Geschehen von „Mind-Reading" aus oder nennen es einfach die „Theory of mind". Andererseits geht es um die emotionale Anteilnahme an dem Leben oder Schicksal eines anderen Menschen und insbesondere um dessen Gefühle, um sich ziemlich genau in seine oder ihre Lage zu versetzen und ihn (oder sie) emotional zu verstehen, was mit Empathie zu umschreiben ist.

Empathie ist neben den bereits angesprochenen sozialen Präferenzen die wesentliche Voraussetzung für Hilfen oder sonstige Unterstützungsleistungen, wie z. B. Spenden oder Wohltaten, und funktioniert nur dann, wenn die Gefühlslagen der beiden in Beziehung stehenden Personen sich stark annähern bzw. synchron verlaufen und sich überschneiden. Seelischer Schmerz, wie Kummer o. Ä., die der andere gerade verspürt und worunter er leidet, wird über das Mitgefühl als „unser Schmerz" vermittelt, den wir dann irgendwo in unserem Körper erfühlen und wahrnehmen.

Soziale Beeinflussungen finden somit sowohl auf der kognitiven Ebene über die erahnten Gedanken und Absichten als auch auf der emotionalen Schiene über das Mitgefühl statt, indem uns der andere mit seinem aktuellen Erleben regelrecht ansteckt und uns dies unwillkürlich mehr oder weniger bewusst wird. Für die Entstehung oder das Verständnis sozialer Kognitionen scheinen nach den Erkenntnissen der Neuropsychologie Spiegelneurone verantwortlich zu sein, die das Imitieren von Bewegungen und Verhalten anderer bewirken (s. Singer, 2009, S. 254 ff.). Ob über Spiegelneurone sowohl abstrakte mentale Prozesse wie Gedanken oder der

Glaube an etwas als auch Gefühle nachempfunden werden, blieb zunächst offen, was größtenteils an den unzureichenden und unspezifischen Untersuchungsbedingungen, wie Filmvorführungen, Fotos mit emotionalem Gesichtsausdruck von Personen etc., lag. Am ehesten war es noch möglich, bei appliziertem und wahrgenommenem Schmerz der Zielperson mitzuempfinden. Sowohl bei der Zielperson als auch bei den Beobachtern waren dieselben Hirnregionen aktiv. Anzumerken ist noch, dass die Empfindungen automatisch und ohne explizite Instruktion in den Experimenten bei z. B. einer Filmvorführung auftraten (s. Singer, 2009, S. 257 ff.).

Fragebogenerhebungen zeigten darüber hinaus, dass es differenzielle Unterschiede in der Empathie zwischen den Menschen gibt, die sogar mit den neurophysiologischen Messungen positiv korrelierten. Im deutschsprachigen Raum ist als „Empathie-Skala“ z. B. der Test von Leibetseder et al. (2001) bekannt.

Allgemein ist anzunehmen, dass Fairness und Empathie den größten Teil dessen besetzen, was unter prosozialem Verhalten zu verstehen ist. In den Spielen war oder ist Fairness eine Bedingung für Kooperation, wobei Nicht-Kooperation oder Unfairness „mit Lust“ gerne bestraft wird und als Genuss oder Belohnung neuropsychologisch in den gemachten Bildaufnahmen angezeigt wird. Natürlich begünstigt Empathie ebenso kooperatives Verhalten, denn Empathie schützt davor, anderen zu schaden, und entspricht dem, was die Religion in etwa unter „Nächstenliebe“ versteht.

Mitunter kann es vorkommen, dass empathische Reaktionen ersetzt oder überlagert werden von Rachegelüsten oder Schadenfreude, wenn zur eigenen Genugtuung andere Schlechtes erfahren oder schlechte Erfahrungen gemacht haben.

9.3 Resümee

Nicht nur das Selbstinteresse ist zugleich Antreiber und „Transmissionsriemen“ für soziale Beeinflussungen, sondern ebenso gut gehen von sozialen Präferenzen und dem empfundenen Mitgefühl Impulse für prosoziales Verhalten aus. Prosoziales Handeln unterliegt ähnlich dem rationalen Verhalten wichtigen persönlichen Zielen oder Anliegen und nimmt notwendigerweise deshalb strategische Züge oder Formen an.

Schnell kann es zu Störungen in den Interaktionen kommen, wie die Befunde aus den zu ihrer Untersuchung eingesetzten Spielen zeigten, wenn die geltenden sozialen Normen von Fairness und sozialer Reziprozität verletzt werden. Nicht nur ggf. verbal, sondern auch durch spezifische Erregungs- oder Aktivitätsmuster im Gehirn zeigen sich die emotionalen Reaktionen.

10 Implikationen und Konsequenzen für die Praxis

Rückblickend wäre einzuräumen und festzuhalten, dass die Psychodiagnostik sich zwei unterschiedlichen Anwendungsfeldern oder Untersuchungsbereichen zuwendet und in ihnen aktiv ist. Einmal in klassischer Manier der Persönlichkeitsdiagnostik einzelner Personen, zum anderen den situativen und interpersonalen oder kollektiven Ereignissen und Prozessen, die jeweils ihre eigenen „Spielregeln" besitzen und das Spielgeschehen beeinflussen. Gemeinsam wären allen diesen zu beobachtenden Geschehnissen die sozialen Interaktionen, die sich, wenn man so will, auf „offener Bühne" abspielen und jeweils in ihrer spezifischen Nische zu suchen und zu analysieren sind.

10.1 Überblick zur Struktur sozialer Interaktionen

Beiliegende Abb. 10.1 soll über die Gesamtsituation relevanter sozialer Interaktionen einen ersten Überblick geben und im weiteren Verlauf die wichtigsten Anwendungen in der Praxis hervorheben.

Als Grundstruktur fungieren zunächst einmal die Beziehungsebene und die Kommunikationsebene, die dann durch weitere Funktionalitäten, wie Beratungen, Verhandlungen und Vernehmungen, aufgefächert werden und sich bis auf die operative und inhaltliche Ebene (oder Sachebene) fortsetzen.

Mal abgesehen von Gesprächen zur allgemeinen Unterhaltung (also Plaudereien) oder zum Zwecke des normalen Nachrichten- oder Informationsaustausches (z. B. „Wie ist das Wetter heute?" oder „Hat der Zug heute Verspätung?"), finden soziale Interaktionen unter Menschen in irgendeiner Art und Weise kommunikativ, d. h. gewöhnlich verbal (aber auch nonverbal) statt, um bestimmte Handlungsziele zu erreichen. Da es unmöglich ist, „nicht *nicht* zu kommunizieren" (gemäß Watzlawick et al., 1982), ist es auch ebenso unmöglich, auch „nicht *nicht* zu manipulieren" (s. bereits Abschn. 1.2)! Sowohl in aller Vielfalt auf der Kommunikationsebene als auch auf der Beziehungsebene sind die sozialen Interaktionen bzw. interpersonalen

H. Wienkamp, *Diagnostik von Manipulationen*,
https://doi.org/10.1007/978-3-662-68601-0_10

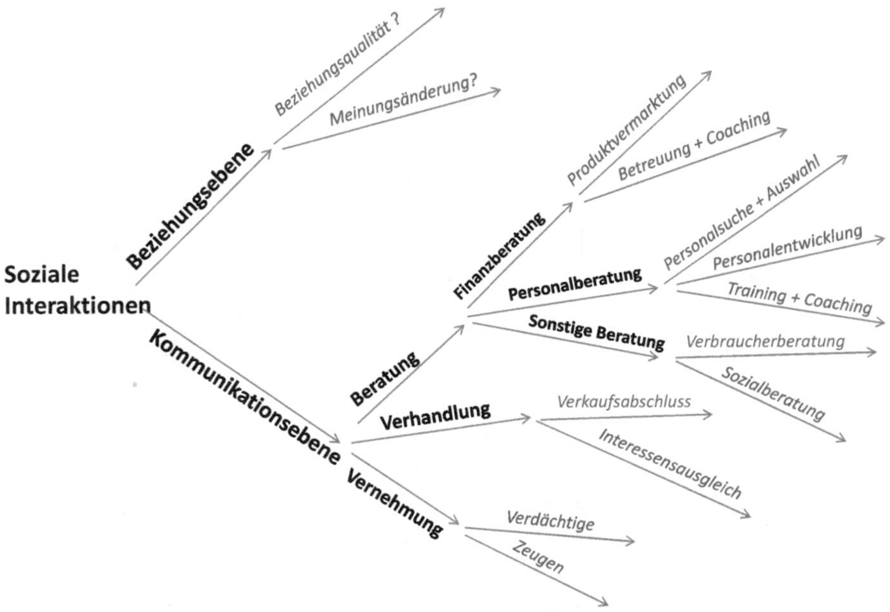

Abb. 10.1 Überblick über die Struktur und den Verlauf sozialer Interaktionen

Prozesse spürbar und beobachtbar. In Abhängigkeit vom Anwendungsbereich, wie z. B. der Finanzberatung, lassen sich dann die Aufgaben oder Verhaltensintentionen als „Geschäftszwecke" spezifizieren (in der Abb. 10.1 in roter Schrift markiert).

Wie bereits in vielen Kommunikationsmodellen erwähnt und hervorgehoben, gehören zur Kommunikation sowohl die zwischenmenschliche Beziehung mit allen psychologischen Einflüssen oder Imponderabilien als auch die inhaltliche oder sach- oder objektbezogene Kommunikation, die für die Transformation der Informationen sich verantwortlich zeichnet.

10.2 Beziehungsebene

Mit dem Einfluss auf Beziehungen infolge sozialer Interaktionen (oder der Kommunikation) hat sich in der Vergangenheit bereits Fritz Heider (1958) erstmals und ausgiebig beschäftigt. Seine, aus seinen Forschungsaktivitäten hervorgegangene „Balancetheorie" ist auch nach Meinung heutiger Sozialpsychologen sowohl noch „up to date" als auch einfach und überzeugend (s. z. B. Crandell et al., 2007). Nach Aussage dieses auf einem allgemeinen „Common Sense" beruhenden Modells streben sämtliche soziale oder zwischenmenschliche Kommunikationsprozesse nach einem Balance- oder Gleichgewichtszustand. Wird dieses Gleichgewicht durch z. B. Meinungsverschiedenheiten oder voneinander abweichende Situationseinschätzungen gestört und in „Schieflage" gebracht, kommt es zu manipulativen Aktionen, um die Balance wiederherzustellen. Bei diesen sozialen oder kommunikativen

Prozessen sind sowohl die individuelle Meinungsbildung zu einem spezifischen Thema oder Objekt (das kann auch eine Zielperson sein) als auch die Beziehung zwischen den beiden Gesprächspartnern relevant und tangiert (wie in Abb. 10.1 durch die beiden Zweige „Beziehungsqualität?“ und „Meinungsänderung?“ dargestellt).

In Abgrenzung zu allgemeinen Kommunikationsmodellen, die auch von einer Beziehungsebene und einer inhaltlichen oder Sachebene ausgehen, stellte Heider die kommunikativen Prozesse zwischen zwei Personen (wie hier Peter und Paul genannt) und einem Objekt als „Dreiecksbeziehung“ (Wienkamp, 2022b, S. 94) dar, wie es Abb. 10.2 zum Ausdruck bringt.

Je nach Ausgangssituation hat jede Form von sozialer Interaktion oder Kommunikation, sei es als Diskussion, Meinungsverschiedenheit etc., immer Auswirkungen auf die Beziehungsqualität mit der Konsequenz, dass die Akteure alles versuchen, ein Gleichgewicht zwischen der Personenbeurteilung des Gesprächspartners und den Meinungsinhalten wiederherzustellen, um dadurch die eigenen inhärenten Prozesse bestmöglich zu beeinflussen. Ein Gleichgewicht ist gleichbedeutend mit Harmonie und Ausgeglichenheit und stabilisiert oder verstärkt das eigene Selbstverständnis. Allgemein gesprochen heißt das, „der Mensch ist mit sich im Reinen“, wenn dieser Zustand erreicht ist. Von den in Abb. 10.3 dargestellten situativen Konstellationen ist im Rahmen der Balancetheorie auszugehen.

Wie aus diesen fünf Illustrationen hervorgeht, befinden sich die ersten (oberen) drei Beziehungs- und Meinungsmuster im Gleichgewicht (s. Abb. 10.3), die beiden letzteren (unteren) dagegen nicht, sondern sie befinden sich im Ungleichgewicht. Eine Balance ist erreicht, wenn alle (drei) Beziehungen positiv (+) sind oder wenn eine Beziehungsseite oder Verbindung positiv (+) ist und zwei negativ (−) sind. Das heißt nichts anderes, als dass zum einen sowohl die Beziehungsqualität zwischen den beiden Gesprächsteilnehmern als auch ihre Meinung zu einem gegebenen Thema übereinstimmen und positiv zu werten sind. Zum anderen mögen sich ent-

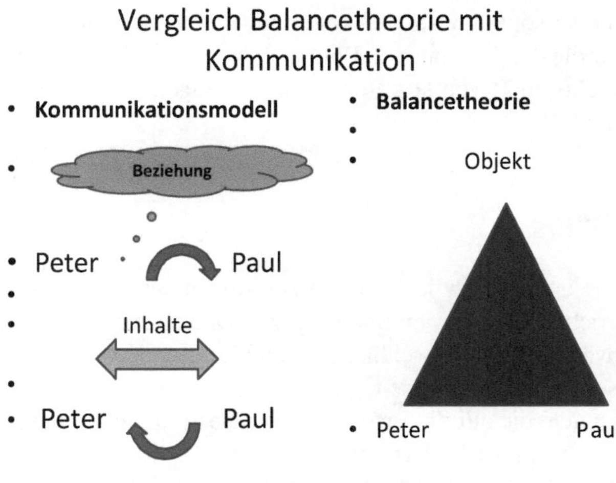

Abb. 10.2 Vergleich Balancetheorie mit Kommunikation. (Aus Wienkamp, 2022b, S. 95)

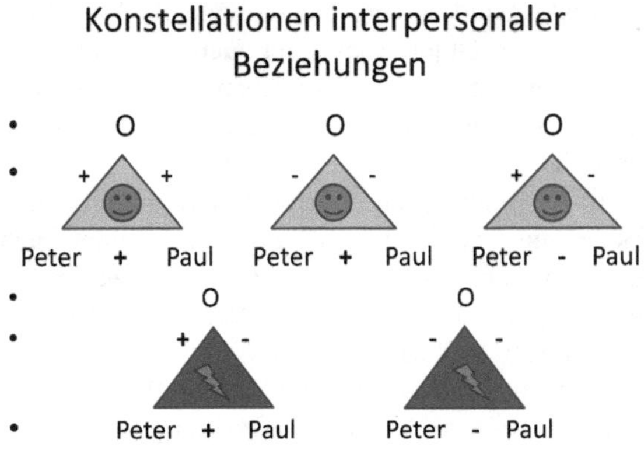

Abb. 10.3 Konstellationen interpersonaler Beziehungen. (Aus Wienkamp, 2022b, S. 96)

weder die beiden Personen nicht und stellen fest, dass sie unterschiedlicher Meinung sind, was ihrem „Weltbild" entspricht, oder ihre Beziehung zueinander ist positiv oder gut und sie stellen fest, dass sie beide zu einem Thema oder Objekt eine negative Einstellung oder Meinung haben, was auch Harmonie bedeutet.

Eine Störung der Balance oder dieses „Harmonie-Dreiecks", wie es auch zu bezeichnen wäre, führt umgehend zu manipulativen Reaktionen entweder in Richtung Gesprächspartner als Überredungs- oder Überzeugungsversuche oder zur Selbstmanipulation, was entweder die eigene Meinung oder die vorhandenen „kognitiven (Bewertungs-)Schemata" oder das eigene Selbstbild betrifft, um eine Veränderung herbeizuführen. Es kann sich aber auch die Einstellung zu der anderen Person ändern, vom z. B. ursprünglich sympathischen zum jetzt eher unsympathischen Eindruck o. Ä., womit sich die Qualität der interpersonalen Beziehung ebenso verändert.

10.3 Kommunikationsebene

Von den vielen oder sogar unzähligen kommunikativen Begegnungen sollen in diesem Kontext nur die drei Varianten a) Beratung, b) Verhandlung und c) Vernehmung unter dem Gesichtspunkt von sozialen Beeinflussungen besonders gewürdigt und diskutiert werden.

10.3.1 Beratung

Mit der Beratung ist zugleich der komplexeste Anwendungsbereich der Kommunikation angesprochen. Neben der Beratung zur Unterstützung anderer Menschen durch z. B. unverbindliche Ratschläge, Empfehlungen oder Vorschläge, die ohne eigene Interessen angeboten werden, gibt es noch eigennützige Interventionen oder Beratungsleistungen, die auf die Erfüllung eines bestimmten Zweckes ausgerichtet sind. Das sind z. B. sämtliche Beratungsaktivitäten im Rahmen eines Betreuungsverhältnisses, sei es z. B. im Sport durch einen Trainer, der ebenso aus egoistischen

Motiven daran interessiert ist, dass sein oder ihr „Zögling“ die gewünschten und erwarteten Leistungen in den Wettkämpfen erbringt und z. B. mit einer Medaille nach Hause kommt. Gleiches gilt für alle Arten von erzieherischen Aufgaben, ob nun in der Familie, in der Schule oder in der betrieblichen Ausbildung, wo mehr oder weniger deutlich mit Anweisungen oder abgeschwächt mit Empfehlungen operiert, und wenn man so will manipuliert wird.

Besonders sensibel für soziale Beeinflussungsversuche ist zum einen die Finanzberatung, wo es letztendlich um das „eigene Geld“ geht, zum Zweiten die Personalberatung im weitesten Sinne, nämlich von der Personalsuche und Auswahl bis zum Coaching, was sowohl die Persönlichkeitsentwicklung als auch das Einüben oder das Trainieren bestimmter Skills oder Techniken beinhaltet. Schließlich seien noch stellvertretend für sonstige Beratungsaktivitäten die öffentlichen Einrichtungen als Verbraucherberatung und Sozialberatung (z. B. als Schuldnerberatungsstelle) erwähnt, die durch ihre Beratungs- und Betreuungsleistungen eine besondere Fürsorge gegenüber normalen Verbrauchern oder auch in Notlagen befindliche Personen erbringen.

10.3.1.1 Finanzberatung

Finanzberatung ist eigentliche eine Beratungsform, bei der es, wie die Juristen es formulieren, um „Treu und Glauben“ geht. Vertrauen in die Vorschläge, Empfehlungen oder Finanzangebote ist zwar einerseits gefordert und unvermeidlich, andererseits aber für den Finanzverbraucher mit möglichen oder sogar erheblichen Risiken belastet, wenn der Finanzberater mehr auf die Vermarktung seiner Finanzprodukte als auf den realen Bedarf seines Klienten setzt.

Neben der reinen Produktvermittlung (oder besser Verkauf) auf Provisionsbasis, wie das Finanzierungs- und Anlagegeschäft von den Finanzberatern oder Kundenbetreuern bei Banken und Sparkassen oder vom Außendienst der Versicherungen oder Bausparkassen betrieben wird (von „Strukturvertrieben“ einmal ganz abgesehen und ganz zu schweigen), bieten auch unabhängige Honorarberater gegen eine feste Gebühr ihre Dienste an. Sie nehmen per se keine Provisionen von Produktanbietern, und die Finanzangebote und deren Produzenten werden nach eigenem Gutdünken, d. h. nach eigenen Qualitätskriterien für die jeweils passende Verbrauchergruppe, ausgewählt. Sollten bei Geschäftsvermittlungen Provisionen der Anbieter einmal fließen, würden sie diese an ihren Klienten weitergeben als Zeichen ihrer Unabhängigkeit und Glaubwürdigkeit.

Im Fokus von Finanzberatern sollte primär die Bedarfsermittlung des Finanzkunden stehen, die sich a) nach seinen Vermögens- und Einkommensverhältnissen, b) nach seinen Finanzzielen oder Plänen und c) nach seiner finanziellen Belastbarkeit („Risikotragfähigkeit“) richtet, die je nach Verbraucher- oder Finanztyp von Person zu Person erheblich schwanken kann. Die finanzielle Belastbarkeit hängt nicht nur von den Finanzzielen oder den Kundenwünschen, wie z. B. die Finanzierung einer Immobilie oder den Aufbau einer privaten Altersversorgung, ab, sondern ebenso die Konsumgewohnheiten sowie die Sparneigung sind als wesentliche Beeinflussungsfaktoren mit im Spiel und unbedingt zu beachten.

Speziell ausgebildete „Psychospezialisten“ sind gefordert, von der „Finanzpersönlichkeit“ (s. Wienkamp, 2019, S. 105 ff.) des Klienten mit allen ihren individuellen Präferenzen, Vorlieben und Fantasien sowie den vorherrschenden Einstellungen und Persönlichkeitseigenschaften in Bezug auf Geldangelegenheiten (wie Risikoneigungen) ein Bild vermittelt zu bekommen. Das wäre dann das „Nonplusultra“ an Erkenntnissen! So gesehen setzen sich „Finanzcoachs“ vor allem mit der Persönlichkeit des Klienten auseinander und versuchen, ihn (oder sie) gerade bei den Finanzdispositionen genauer kennenzulernen und bei seinen (oder ihren) Entscheidungen zu helfen und zu unterstützen. Zuweilen kann es vorkommen, dass diese Experten auf ungeahnte, verborgene Persönlichkeitsprobleme im Umgang mit Geldangelegenheiten stoßen („Money Disorders“; s. z. B. Canale et al., 2015, S. 35 ff.), die eine tiefenpsychologische Therapie durch einen mit dieser Problematik vertrauten Psychotherapeuten erfordern (s. hierzu auch Kap. 11).

Bei der Finanzberatung, und insbesondere bei der Produktvermarktung, ist einerseits von unterschiedlich großen Wissensanteilen auszugehen (das ist die asymmetrische Informationsausstattung oder Versorgung, wie sie in Fachkreisen genannt und problematisiert wird), die unvermeidlich als Nährboden für Manipulationsversuche zum Vorteil des Kundenberaters dienen. Später können diese unvorteilhaften Vertragsabschlüsse für erheblichen Konfliktstoff sorgen, wenn z. B. der Kunde aus diesen „Knebelverträgen“ nicht herauskommt oder nur bei Inkaufnahme erheblicher finanzieller Verluste, wie z. B. bei Erhebung hoher Stornogebühren.

Andererseits handelt es sich um die Investition von Vertrauen in die Beratungskompetenz und Seriosität des Finanzberaters, was für den Finanzverbraucher in letzter Konsequenz nicht ohne Weiteres zu durchschauen ist. So sollte und muss der Kunde vor diesem Beratungstermin eine sorgfältige Vorbereitung mit der Analyse aller erdenklichen Risiken im eigenen Interesse durchführen. Vor allem gehört dazu die Courage im späteren Beratungsgespräch, bei unbekannten Fachwörtern oder nicht verständlichen Abläufen oder Resultaten immer wieder im Gespräch mit dem Finanzberater nachzufragen!

Um hierzu gut präpariert zu sein, sollte sich der Finanzkunde auf einige mögliche Manipulationsmanöver oder Gesprächstechniken des Beraters einstellen und seine Reaktionen sorgfältig planen. Zudem sollte sich die Person bei der Vorbereitung auch fragen, was für eine „Finanzpersönlichkeit“ bin ich, z. B. ein risikoaffiner oder ein risikoscheuer Typ, und wo könnten meine „Blinden Flecken“ oder sonstigen „Handicaps“ (oder im Extremen die „Money Disorders“) in Finanzfragen liegen, die ggf. der Berater während des Beratungsgespräches aufspüren, erkennen und sich zunutze machen könnte? Eine relativ methodisch abgesicherte Selbstanalyse auf der Basis eines kurzen Tests mit den Merkmalen *Anreizmotivation* für Belohnungssensibilität (oder hier das Streben nach Gewinn und Rendite) und *Risikotoleranz* bei riskanten Entscheidungen (s. z. B. Wienkamp, 2019, S. 268 ff.) kann dabei sehr hilfreich sein und erste Anhaltspunkte und Erkenntnisse über den sogenannten „Finanzentscheider“ liefern.

Unabhängig von der eigenen Vorbereitung auf Finanzberatungsgespräche ist nicht zu vergessen, dass auch der Gesetzgeber, hier die Europäische Kommission und die von ihr beauftragten Aufsichtsbehörden, verbindliche Vorschriften oder

Richtlinien zu Anlage- und Finanzgeschäften erlassen haben. So ist im Prinzip jeder Finanzberater verpflichtet, im Rahmen der Bedarfsermittlung (s. o.) die *„Geeignetheit“* (englisch: „Suitability“) der zur Verfügung stehenden Finanzprodukte für den potenziellen Interessenten durch gezielte Nachfrage nach den Finanzvorhaben (Bedürfnissen), den finanziellen Verhältnissen und der Feststellung der individuellen *Risikobereitschaft* als subjektive Einstellung oder Persönlichkeitsmerkmal zu ermitteln, bevor an konkrete Produktangebote und deren Verkauf oder Vermittlung zu denken wäre. Falls der Finanzverbraucher hierzu keine oder nur vage Informationen preisgibt, darf kein Verkauf von Finanz- oder Anlageprodukten betrieben werden und die Beratung wäre (eigentlich) zu Ende.

Was unter Risikobereitschaft konkret zu verstehen und wie dieses Merkmal zu operationalisieren oder zu diagnostizieren ist, darüber hat sich der Gesetzgeber nicht geäußert und den Banken und Finanzberatern hier eine „Gestaltungslücke“ hinterlassen. Neben einigen von Finanzberatern im englischsprachigen Raum „handgestrickten“ Tests zur Risikoneigung und zum „Money Management“ (s. Wienkamp, 2019, S. 266 f.) liegen als standardisierte Instrumente nur der *„FinaMetrica*-Risikobereitschaftstest“ (s. z. B. den Beitrag von Davey & Resnik, 2009, S. 94 ff. oder im Internet unter: www.riskprofiling.com) und der *„Six & Six – Persönlichkeitstest über Ihr Business- und Finanzprofil“* (Wienkamp, 2023c) vor.

Zusätzlich sollte dem Finanzverbraucher unbedingt klar sein, dass es sich bei den Finanzangeboten mit Ausnahme von Krediten oder Darlehen mit einer festen Laufzeit und Zinsbindung oder Kapitallebensversicherungen mit garantierter Verzinsung um Versprechen, oder besser, um „ungedeckte Schecks“ auf die Zukunft handelt, da kein Mensch auf dieser Welt die zukünftige Entwicklung auf den Finanzmärkten exakt voraussehen kann. Sämtliche Parameter wie durchschnittliche *Rendite* oder die *Volatilität* als Schwankungsbreite für das mögliche Risiko beruhen auf Vergangenheitsdaten und Entwicklungen. Bei allen Anlagegeschäften, ob nun Aktien, Anleihen oder Fonds, hängen die Renditeerwartungen mitunter vom „Kollegen Zufall“ ab (also von den Marktschwankungen), was immer ein Risiko ist und der etwaige Nutzen sich immer erst später offenbart – wenn überhaupt!

Aus der einschlägigen Fachpresse ist bekannt, dass viele Kundenberater mögliche Anlagerisiken ihren Klienten gerne verschweigen, davon ablenken („defokussieren“) oder „entdramatisieren“. Ferner ist ihre Gesprächsstrategie darauf angelegt, ihren Gesprächspartnern nach Möglichkeit immer „zwei Schritte voraus zu sein“, um sie zu lenken oder das Gespräch in eine bestimmte Richtung zu steuern, was nichts anderes ist als Manipulation. Angefangen mit der Eröffnungsfrage (die häufig eingebettet ist in ein vermeintliches Ersuchen, also um die Erlaubnis, überhaupt der Person betreffende Fragen zu stellen) beginnt bereits die „Show“ als Auftakt einer bewussten und beabsichtigten Beeinflussung mit: „Darf ich Ihnen ein paar persönliche Fragen stellen?“, worauf der Klient unbekümmert und selbstverständlich „Ja“ sagt. Dahinter verbirgt sich die verschwiegene Absicht, so viel Zustimmung wie möglich durch Ja-Antworten des Finanzkunden zu erhalten und zu sammeln. Manipulation findet mit diesen Fragen um Zustimmung insoweit statt, da der Versuch unternommen wird, den Gesprächspartner „einzulullen“, ihn auf die eigene Seite zu ziehen und ihm (oder ihr) ein vermeintliches oder falsches Gefühl der Sicherheit zu geben.

Ein anderer rhetorischer Trick ist der Einsatz des sprachlichen Konjunktivs, wie z. B. „Stellen Sie sich vor, sie *könnten* …€ anlegen, was würde Ihnen dabei als Erstes einfallen?" oder „Wenn Sie im Ruhestand *wären*, wie hoch sollten Ihre Einkünfte dann sein, um Ihren wohlverdienten Lebensabend zu finanzieren?". Es mag den Anschein erwecken, als wenn die Finanzberater z. B. den Autoverkäufern „über die Schulter geschaut hätten" und einige Verkaufstricks kopierten! Wenn Autoverkäufer ein Gespräch mit dem Konjunktiv einleiten mit den Worten *„Wenn Sie sich ein neues Auto kaufen würden ….*", setzen sie automatisch zum einen auf die bildliche Vorstellung und Realisierung von Chancen oder Möglichkeiten sowie des Weiteren auf die ausgelösten angenehmen Empfindungen, die Wünsche und Begehrlichkeiten auslösen verbunden mit einer Steigerung der emotionalen Erregung bei ihren Kunden. Dass damit das „Vernunftsdenken" auf der Strecke bleibt, ist wohl naheliegend und sicherlich beabsichtigt!

Berater oder Verkäufer, die sich des Konjunktivs bedienen, wenden – umgangssprachlich ausgedrückt – die Methode an „Mit Speck fängt man Mäuse". Das ist nichts anderes, als mit imaginativen gedanklichen Vorstellungen den Kunden „den Mund wässrig zu machen" und bei ihnen noch schlummernde Bedürfnisse zu wecken, die auf Erfüllung und Befriedigung drängen. Verkaufsstrategisch erfüllt diese Methode den Zweck, *„implizite (Bedürfnisse) zu einem expliziten Bedarf zu machen"* (s. Wienkamp, 2021a, S. 14).

10.3.1.2 Personalberatung

Wofür brauchen Personalverantwortliche eine Personalberatung? Nicht, weil die betroffenen Führungskräfte in der Linie oder im Personalwesen inkompetent sind oder nicht weiterwissen, sondern weil sie sich spezielles Know-how der Beraterbranche zunutze machen wollen, um noch ein optimaleres Personalmanagement betreiben zu können oder um wichtige personalstrategische Entscheidungen besser abzusichern. Zu denken wäre z. B. an die Personalsuche und Akquisition von höheren Führungskräften in und für „Schlüsselstellungen" oder hochkarätigen Spezialisten, an die z. T. nur über Headhunter heranzukommen ist.

Headhunter ziehen alle Register der sozialen Beeinflussung, um einerseits mit den „Zielpersonen" überhaupt in Kontakt zu kommen, andererseits ihnen im Laufe des Gespräches einen möglichen Stellen- und auch häufig Perspektivenwechsel „schmackhaft" zu machen. Ihr „Wissenskapital" sind Insiderinformationen über diese „Wechselkandidaten", wie z. B. eine gewisse Unzufriedenheit mit dem heutigen „Job", vielleicht weil die aktuelle Karriereentwicklung nicht nach Wunsch verlaufen ist, der „Drang nach neuen Ufern", um sich vielleicht noch einmal „neu zu erfinden", und evtl. atmosphärische Störungen in der jetzigen Firma. Solche Informationen sind nur über vertrauliche Gespräche mit Informanten in einem „sozialen Netzwerk" wie z. B. von ehemaligen Klienten oder Auftraggebern zu erhalten.

Headhunting ist sicherlich die exklusivste Form der Personalauswahl. Aber auch schon bei Vakanzen für „normale" Bewerber oder Bewerberinnen, die früher über Stellenanzeigen akquiriert und per Eignungsdiagnostik ausgewählt und vorgeschlagen wurden, setzen Personalberater zunehmend auf die sozialen Medien der beruflichen Netzwerke oder bedienen sich ihrer vielfältigen Kontakte, um fündig zu werden.

Ihren besonderen Einfluss können Berater bei der Bestimmung und Präzisierung der Anforderungsprofile geltend machen. Meistens sind Anforderungsprofile nach Durchführung einer „Psychologischen Anforderungsanalyse“ (s. Wienkamp, 2020c, 2021a, 2021b, 2022c) bereits fixiert und liegen als Orientierungs- und Entscheidungsbasis mit ihren konkreten Ausprägungen vor. Es kann aber auch sein, dass Personalberater aufgrund z. B. aktueller Erfahrungen aus ihren früheren Mandaten neue Impulse setzen wollen, nicht zuletzt deshalb, um ihre neuen Kunden zu beeindrucken und ihr eigenes Ego „zu streicheln“. So soll vor allem ihr „Impression Management“ dem Auftraggeber vermitteln, wie wichtig sie doch für ihn bei der Personalsuche sind.

Leider ist es aber auch so, dass gerade Berater aus Konkurrenzdenken nicht davor gefeit sind, Modewellen im Personalmanagement regelrecht hinterherzulaufen und sich im Lichte „schillernder“, häufig englischsprachiger Fachbegriffe zu sonnen, die besonders schön klingen und die besondere Personal- oder Managementqualitäten hervorheben und suggerieren. Früher war sicherlich das Wort „Teamfähigkeit“ in aller Munde und auf jeder Stellenanzeige oder Ausschreibung zu finden, heute, oder vor Kurzem, ist oder war es aller Wahrscheinlichkeit nach die „Emotionale Intelligenz“!

Nicht wegzudenken bei der Formulierung von Anforderungsprofilen sind auf jeden Fall die sogenannten „Business-Anforderungen“ (s. Wienkamp, 2021a, S. 40, 2022b, 2022c), wie „Sinn für das Geschäft“, Innovationsvermögen usw. Business-Anforderungen als reine „Worthülsen“ in die Debatte um personelle Herausforderungen und Kompetenzen einzuführen greift allerdings zu kurz und verbietet sich von selbst, denn sie sind, wie die „klassischen“ Persönlichkeits- oder Arbeitsanforderungen in der Vergangenheit, nur durch eine ausgewählte Methodik aufzuspüren und zu fixieren, damit sie einem notwendigen Standard und Qualitätslevel an Eindeutigkeit und Präzision entsprechen.

Solch ein Schritt in eine sorgfältige Untersuchung verhindert das Einflüstern von schillernden Modewörtern als Anforderungskriterien, die häufig und leider noch nicht einmal annährend definiert sind und da viele darunter Verschiedenes verstehen. Schlimmstenfalls gewinnen solche „Wortklaubereien“ an Einfluss auf die Auftraggeber und Personalverantwortlichen, wenn nicht dagegengehalten wird und sie durch ein objektives und jederzeit überprüfbares Untersuchungsverfahren infrage und zur Diskussion gestellt und dann substituiert werden. Unlautere Manipulationsabsichten seitens der Personalberater, falls die Versuchung bestand und es sie im Ansatz ggf. gab, werden durch methodische Standards und Gütekriterien gebremst, verhindert und obsolet oder überflüssig gemacht!

Manchmal suchen Organisationen allerdings auch einen bestimmten Menschentyp als „idealen Mitarbeiter (oder Mitarbeiterin)“, der alles weiß, der alles kann und immer Erfolg hat; der „universell talentierte Mitarbeiter“ (Wienkamp, 2021a), oder wie Malik (1998) es nannte: das „Universalgenie“, ist dann gefragt! Allerdings gibt es diesen Prototyp in unserer Arbeitswelt nicht und aufgrund der heutigen arbeitsteiligen Arbeitsorganisation muss es ihn auch gar nicht geben. Sollte ein Personalberater dem Unternehmen nahelegen, nach solchen „Paradiesvögeln“ oder „Supermännern“ zu suchen, wäre das pure „Augenwischerei“, vermischt mit unseligen

Manipulationsversuchen, die auf nichts anderes als auf Selbstmarketing oder sogar Realitätsblindheit hindeuten.

Personalberater könnten bei Bildungs- und Schulungsmaßnahmen in ähnlicher Weise wie bei den Anforderungsmerkmalen mit ihren Kunden verfahren und es ebenso gut mit ihnen meinen, wenn sie ihre neuesten Programme anpreisen, die, vergleichbar mit außergewöhnlichen Management- und Arbeitsanforderungen, auch mit wohlklingenden Etiketten geschmückt sind und so etwas „wie den letzten Schrei" auf dem Bildungsmarkt repräsentieren. Besonders die Motivationsprogramme zur vermeintlichen Steigerung des Leistungsvermögens und des Leistungswillens sind hierfür ein vermeintlich „gutes" (also eher ein schlechtes) Beispiel. Unreflektierte Teambildungsmaßnahmen sowie exotische Kreativitätstechniken gehören gleichfalls zu diesem Genre. Von den esoterischen Selbsterfahrungskursen, die zuweilen als besondere Bildungsangebote zur Persönlichkeitsentfaltung angepriesen werden, einmal ganz abgesehen.

In der Personalentwicklung sind Personalberater häufig bei der Durchführung von Coaching-Maßnahmen anzutreffen, zum einen wegen ihres psychologischen Know-hows, ihrer professionellen Erfahrung sowie ihrer Unabhängigkeit in ihrer Arbeit, zum anderen aus Vertraulichkeitsgründen, da sie bei allen vom Klienten erfahrenen persönlichen Informationen selbstverständlich aus berufsethischen Gründen zur Verschwiegenheit und Vertraulichkeit verpflichtet sind. Ähnlich wie bei einem Betreuer oder Trainer im Sport arbeiten sie mit Empfehlungen, die der Klient für sich prüft, ggf. ausprobiert und dann in einer ihm oder ihr gemäßen Form in der Praxis umsetzt, um seinen geplanten persönlichen Entwicklungszielen näherzukommen.

Beeinflussungsversuche werden von einem Berater geradezu bei Outplacement-Maßnahmen erwartet, wenn es darum geht, die betroffenen Mitarbeiter und Mitarbeiterinnen entweder für eine Umschulung zu motivieren und sie bei ihrem Einstieg zu unterstützen und emotional zu begleiten oder sie durch entsprechende Verhaltenstrainings für ein Bewerbungsverfahren am Arbeitsmarkt, und damit für eine neue berufliche Zukunft, fit zu machen.

Mitunter kann es hilfreich und nützlich sein, sozusagen „sich selbst auf die Bühne zu stellen" einschließlich des eigenen Tuns oder Verhaltens und der bisher eingesetzten Methodik und Arbeitsorganisation. So geschehen, hat z. B. Eisenführ (2001, S. 151 f.) das Berufungsverfahren für eine Professur in Form eines Epilogs reflektiert und nach dem Standard der „rationalen Entscheidungsfindung" (s. Kap. 8) „nach getaner Tat" analysiert mit dem Ziel, ggf. aus Fehlern oder Unzulänglichkeiten zu lernen und die notwendigen Konsequenzen für weitere Berufungsverfahren zu ziehen.

Bei der Auswahl von Lehrstuhlinhabern ist es geboten und vorgeschrieben, eine Berufungsliste mit drei nach Rängen platzierten Kandidaten von den Teilnehmern der Berufungskommission einer Hochschule zu erstellen und diese Liste dann als Besetzungsvorschlag dem Wissenschaftsministerium vorzulegen. Naturgemäß hat der erstplatzierte Kandidat das „Vortrittsrecht" und würde von der Hochschule bzw. dem Ministerium zu Vertragsverhandlungen über das Gehalt, Mittelausstattungen und sonstige Konditionen eingeladen.

Meistens wissen die nächstplatzierten Bewerber über das Ergebnis der Personalauswahl Bescheid und stehen nur noch bedingt als Ersatzkandidaten zur Verfügung, da sie sich i. d. R. bereits anders orientiert haben oder orientieren werden. Sollten die Verhandlungen mit dem ausgewählten Kandidaten scheitern und keiner der Ersatzkandidaten steht mehr zur Verfügung, muss das Verfahren wiederholt und neu aufgesetzt werden mit der Folge, dass ein oder sogar zwei Semester der Lehrstuhl verwaist bleibt. In der Fachwelt wird dieses Ergebnis eines „frei bleibenden Lehrstuhls" und personeller Engpass als „GAU", also als „größter anzunehmender Unfall", gewertet. Um diese bestehende Unsicherheit in irgendeiner Art und Weise methodisch in den Griff zu bekommen, ist sie durch Annahmen subjektiver Wahrscheinlichkeitserwartungen, die sich nach den persönlichen Verhältnissen der Bewerber und der daraus abzuleitenden Bewerbermotivation richten, zu operationalisieren und in das Berechnungsmodell zu integrieren.

Da eine Universität bei der Berufung von Professoren im Prozedere recht frei ist, wie sie das Auswahlverfahren gestaltet und nach welchen Maßstäben und Entscheidungskriterien sie gedenkt vorzugehen, lag in dem abgelaufenen Verfahren der Professorensuche und Auswahl selbst der Ansatz zur Manöverkritik bzw. zur Analyse und Reflexion. So kommt es verständlicherweise einer Hochschule vor allem auf die Qualität der Forschung an, die durch die Anzahl der Veröffentlichungen in renommierten Publikationen nachzuweisen ist. Als Nächstes sollte der Bewerber gute, oder zumindest zufriedenstellende, didaktische Fähigkeiten zur Durchführung von Lehrveranstaltungen aufweisen, die durch Referenzen und eine Lehrprobe zu belegen sind. Schließlich können noch Managementerfahrungen und Kooperationsbereitschaft in der „Forschungs-Community" noch wünschenswerte Kriterien bei der Auswahl sein.

Bei der nachträglichen Überprüfung des Auswahlverfahrens hatte sich nun gezeigt, dass die absolute Zahl der Forschungspublikationen noch wenig aussagefähig ist, wenn nicht die Berufszeit und die vergangene Zeit seit der letzten Veröffentlichung berücksichtigt und gewichtet werden. Daneben war die Gewichtung der anderen Auswahlkriterien wie Didaktik, Managementerfahrung und Kooperationsbereitschaft neu zu überprüfen und zur Diskussion zu stellen. Ferner stellte sich heraus, dass bisher strategische Ambitionen oder Ziele der Hochschule noch gar nicht im Fokus standen, also die Frage, was strebt die Hochschule mit ihren Fakultäten zukünftig als Leistungsprofil an und was wollen sie dafür ihren Lehrstuhlinhabern anbieten, damit sie zum einen mitziehen, zum anderen über das gewünschte Potenzial als Wissenschaftler verfügen? Anders gewendet geht es aus Sicht der Hochschule um die Frage: „Wen suchen wir eigentlich?"

Ohne die Methodik nach der „Rationalen Entscheidungstheorie" aufgeben zu wollen, scheint es aufgrund der gemachten Erfahrungen sinnvoll zu sein, die relevanten Auswahlkriterien zu überprüfen und ggf. neu zu gewichten und sie in das „additive Wertmodell" (s. Abschn. 8.2) in neuer modifizierter Form zu übernehmen und zu verwenden.

10.3.1.3 Sonstige Beratungen

Aus dem Spektrum der weiteren oder sonstigen Beratungen sollen an dieser Stelle die Verbraucherberatungen sowie die Sozialberatungen als öffentlich-rechtliche Einrichtungen Erwähnung finden und vor dem Hintergrund allgemeiner oder kommerzieller Hilfeersuchen besonders gewürdigt werden. Sozialberatungen können auch der Auftakt für eine sich daran anschließende Therapie (wie z. B. eine neuerdings angebotene Finanztherapie; s. Abschn. 11.1) sein, wenn die Problematik dies erfordert.

Sollte jemand gefragt werden zur Verbraucherberatung, so dürfte dem Befragten wahrscheinlich nichts Spektakuläres oder Überraschendes einfallen und in den Sinn kommen. Verbraucherberatungen haben einen öffentlichen Beratungsauftrag, oder ein Mandat, und sollen die Verbraucher vor unrechtmäßigen Geschäften schützen bzw. deren negativen Folgen sozialverträglich und im Interesse des Verbrauchers begegnen und, wenn es geht, den Beratungsauftrag zu einem erträglichen und fairen Abschluss bringen.

Verbraucherfragen oder Probleme gibt es zuhauf und kommen in allen Sparten unserer heutigen Konsumwelt vor. Ob nun z. B. überzogene Strom- oder Kommunikationstarife oder sonstige angreifbare Geschäftspraktiken der Stein des Anstoßes sind, ist die eine Sache. Die Reaktion darauf ist dann die aktive Unterstützung durch die Beratungsstellen für oder im Sinne der Betroffenen bei der Lösung ihrer manchmal nicht einfachen Vertragsprobleme.

Bei Bedarf übernehmen die Verbraucherberater ein Betreuungsmandat (gegen eine überschaubare Gebühr), um die Rechte ihrer Interessenten oder Klienten zu schützen oder durchzusetzen, indem sie z. B. ihre Anliegen vor Schiedskommissionen zur Sprache bringen und vertreten, wenn der Anbieter oder Gläubiger sich nicht bewegt und keinerlei Entgegenkommen zeigt. Spätestens dann, wie auch in anderen Beratungsfällen, stellen sich die Berater ihrer Verantwortung und dem „öffentlichen Interesse" mit den daraus abzuleitenden Aufgaben, sodass die Verbraucher gerne ein Stück weit ihre Mündigkeit und Selbstverantwortung aufgeben. M. a. W.: Sie begeben sich freiwillig in die Hand des Beraters und lassen sich von ihm (oder von ihr) beeinflussen – i. d. R. im eigenen Interesse und zum eigenen Vorteil manipulieren!

Im Unterschied zu Rechtsanwälten oder anderen Beratern verfolgen die Berater in der Verbraucherberatung keinerlei Eigeninteressen, die, wenn man so will, das „eigene Portemonnaie" betreffen. Insoweit haben sie eine öffentliche Funktion und sind karitativ tätig.

Sozialberatungen betreffen meistens immer Fragen oder Angelegenheiten bei der Gestaltung des eigenen Lebens in den Facetten, die bei der Bewältigung typischer Alltagssituationen zu Problemen geführt haben. Menschen mit diesen Schwierigkeiten kommen mit den Herausforderungen bestimmter Probleme oder Konflikte nicht mehr klar und wenden sich dann in ihrer Hilflosigkeit an die Sozialberatung, wie z. B. an Familien- oder Erziehungsberatungsstellen, oder bei kommerziellen Angelegenheiten oder Problemen z. B. an die Schuldnerberatung.

Nach einem ersten Kennenlernen- oder Kontaktgespräch „kommt es zum Schwur", denn das bisher unverbindliche Gespräch geht, sofern der Klient das will, in ein regelrechtes und offizielles Betreuungsmandat über. Schuldnerberater schließen dann z. B. mit dem Schuldner einen Betreuungsvertrag ab, der den Schuldner verpflichtet, sich den Direktiven des Beraters in ihrem eigenen Interesse bis zum Ende des Mandats (das ist dann meistens auch das Ende der Privatinsolvenz) zu unterwerfen. Andernfalls würde sonst die Fürsorgebetreuung durch die Schuldnerberatung ein Ende finden. Erst ab einer erfolgreich durch den Schuldnerberater erstrittenen oder vereinbarten Regelung mit den Gläubigern, ggf. auch durch eine formale Privatinsolvenz, wäre dann der Schuldner wieder autonom in seinen Entscheidungen und aus der Mandantschaft entlassen.

Vergleichbar mit einem Sporttrainer entwickelt sich aus dem Mandat einer Sozialberatung ein Betreuungsverhältnis, das pädagogische bzw. erzieherische Aufgaben, wie z. B. eine längerfristige Schuldnerberatung/-betreuung, erfolgreich zu meistern hat. Ob nun direkte Anweisungen oder eher eine subtile Verhaltensbeeinflussung bereits das ist, was allgemein unter Manipulation verstanden wird, sei dahingestellt. Wie dem auch sei, Manipulationen oder „Verhaltenssteuerungen zum eigenen Vorteil" bei Sozialberatungen mit einem offiziellen Mandat sind absolut notwendig und normal.

10.3.2 Verhandlungen

Verhandlungen dienen entweder dem Vertrieb oder Verkauf von Produkten und Dienstleistungen oder sie sind Gegenstand von Streitgesprächen zur Beilegung von Konflikten, die auf eine gütliche Einigung oder auf einen Interessenausgleich abzielen. Autoren aus der Konfliktforschung sprechen dann von einer „Win-Win-Situation" als Idealzustand.

Verhandlungen sind alles andere als berechenbar und langweilig, sondern sie kennzeichnen Situationen voller Anspannung, mit unvorhergesehenen Entwicklungen oder Überraschungen und einer jeweils eigenen Dynamik – ein Zustand, der nicht allen Menschen behagt und den nicht alle mögen. Ungeachtet der nicht zu leugnenden Überraschungsmomente sind Verhandlungen gerade kein Kampf zur rigorosen Durchsetzung eigener Interessen, sondern die Verhandlungspartner versuchen, jeweils einen Kompromiss zu finden oder zu schmieden, was einen informativen Dialog voraussetzt.

Ohne einen erreichten Interessenausgleich wäre von einem Diktat auszugehen (wie ein „Diktatfrieden" als Unterwerfung des schwächeren Gegners nach einer kriegerischen Auseinandersetzung in der Politik genannt wird), wo die stärkere Partei der schwächeren Seite die Bedingungen quasi diktiert und allenfalls zu kleinen oder kosmetischen Zugeständnissen bereit ist. Eine andere Variante wäre das Ultimatum, wo dem schwächeren Gegner ein Verhandlungspaket als „Kompromisslösung" angeboten wird, dass er (oder sie) nur annehmen oder ablehnen kann (also „take it or leave it"). Anders als beim Ultimatum-Spiel geht dem stärkeren Part bei Ablehnung der Verhandlungslösung nichts verloren und er erleidet keinerlei Nachteile (s. Abschn. 6.2.2.2).

Sowohl für Verkaufsverhandlungen als auch für Verhandlungen aus anderen Gründen gelten einige Spiel- oder Verhaltensregeln, die unbedingt einzuhalten und zu beherzigen sind, wenn Verhandlungen erfolgreich enden sollen. In der Regel folgen Verhandlungen einem „7-stufigen Kommunikationsmodell" (vgl. z. B. Kunkel et al., 2006) von der Vorbereitung bis zum unvermeidlichen Abschlussritual oder evtl. der Nachbereitung.

Eine wichtige Regel ist, „nicht mit der Tür ins Haus zu fallen", also eine Strategie des „Abtastens", wie ich es nennen würde, zu fahren und zu verfolgen. Selbst bei noch so intensiver Vorbereitung ist nämlich nicht auszuschließen, dass nicht alle relevanten und wichtigen Informationen „auf dem Tisch liegen" und bekannt sind. Somit können „hypothetische Fragen" vom Schlage: „Was wäre, wenn …." die Fantasie anregen und neue Einblicke in die Ausgangssituation des Verhandlungsgegners gestatten und zu neuen Erkenntnissen führen, die die weiteren Verhandlungsphasen positiv beeinflussen und die Lösung ein Stück näher bringen. Hilfreich und taktisch geschickt wäre auch in diesem Zusammenhang, wie beim Billard-Spiel „Bande zu spielen", z. B. mit der Äußerung „Was könnte denn ein fairer Kompromiss oder Preis sein?".

Da i. d. R. alle Verhandlungen eine bestimmte Abfolge oder Kette von Verhandlungsphasen durchlaufen, kommt es somit zu Beginn auf einen ausgiebigen Informationsaustausch an, um a) sich kennenzulernen, b) Denkprozesse oder das „Nachdenken" anzuregen und c) einen Verhandlungsrahmen abzustecken (also „Worüber reden wir eigentlich?"). Bei mehreren Verhandlungspunkten, wie z. B. Schadensausgleich, Schmerzensgeld etc., ist unbedingt eine Fokussierung oder Verengung auf einen Aspekt oder Verhandlungspunkt zu vermeiden, weil das nur in eine Sackgasse mündet. Dem Drang der Psyche nach Vereinfachung, oder, um sich „Luft zu verschaffen", über den Umweg von Selbstoffenbarungen (wie z. B. Unmutsäußerungen o. Ä.) zur aktuellen kritischen Phase, die gerade einen enormen Druck oder Stress auslöst, sollte keineswegs nachgegeben werden. Emotionen zum falschen Zeitpunkt erzeugen Hinweise auf fehlende emotionale Distanz und bieten bei einer wackligen oder schwachen Verhandlungsposition zusätzliche Angriffsflächen. Leider ist es nach den geltenden Erfahrungen so, dass derjenige, der sich in seinen Grundfesten bedroht fühlt, zu Überreaktionen neigt und den Kontakt zur Realität zu verlieren droht, denn die Psyche schaltet jetzt automatisch auf „Autopilot" (als fixiertes Verhaltensprogramm) um. Tunlichst zu vermeiden sind daher Unterstellungen, Falschbehauptungen oder sogar Lügen, die als „Übersprunghandlungen" unter psychischem Druck unwillkürlich auftreten können, aber zu nichts führen. Im Gegenteil, sie werden später bereut, weil sie den Verhandlungsprozess massiv geschädigt oder zum Abbruch geführt haben.

Sollte im Eifer des Gefechtes eine Verhandlung sich festfahren und in einer Sackgasse landen, ist es neben einer Unterbrechung oder Verhandlungspause besser, „einen Gang zurückzuschalten" und noch einmal bei einer früheren Verhandlungsphase wie z. B. Informationsphase neu einzusteigen. Anscheinend hatte es Missverständnisse oder Informationslücken gegeben, die einer nachträglichen Aufklärung bedurften.

Erfolgreiche Verhandlungen, wie sie nachfolgend als Verkaufsverhandlungen und als sonstige Verhandlungen mit dem Ziel eines Interessenausgleichs oder Kompromisses näher erläutert werden, enden, wie bereits seit „grauer Vorzeit", immer mit einem Ritual. Das kann ein zustimmendes Nicken, ein Handschlag oder die Unterschrift unter einem Vertrag sein.

10.3.2.1 Verkaufsabschluss

Verkaufsverhandlungen sind ein Spezialfall von Verhandlungen an sich, aber sicherlich die am meisten verbreitete und populärste Vorstellung oder Variante davon!

Nach dem allgemeinen Verständnis über die Funktionsweise des Marketings kommt es aber auf Verhandlungen beim Verkauf idealerweise gar nicht an, da es das Ziel ist, dass durch die eingesetzten Marketing- und Verkaufsförderungsmaßnahmen der Verkaufsabschluss ohne Verhandlungen sich ergibt und von selbst zustande kommt. M. a. W.: Der Konsument ist bereits durch die Werbung oder durch die Produktpräsentation (z. B. durch eine ansprechende Schaufenstergestaltung) so weit inspiriert oder emotional angeregt, dass er (oder sie) unbedingt seinen Bedarf durch den Erwerb der begehrten Ware stillen will. Bedürfniserweckung und Bedürfniserfüllung sind damit die „Schlüsselbegriffe" oder Prinzipien der Konsumentenpsychologie und des Marketing-Mix. Ein Schelm, der Böses dabei denkt, dass es sich hier nicht um eine versteckte und subtile Manipulation handelt!

Verkaufsgespräche finden losgelöst von speziellen Marketingaktivitäten noch in anderer Form statt, z. B. als „Tür-zu-Tür-Geschäfte" oder „Haustürgeschäfte". Bei dieser Art von Vertriebstätigkeiten, die z. B. von Strukturvertrieben zur Gewinnung von Zeitschriftenabonnements oder sonstigen Produktverkäufen wie z. B. Versicherungen, Lexika usw. bevorzugt angegangen werden, geht es zunächst einmal darum, Einlass in die Wohnung zu erhalten, um dann im Rahmen einer „unverbindlichen" Produktpräsentation ein Kaufinteresse zu wecken. In der Fachsprache heißt das z. B., „impliziten zu expliziten Bedarf (oder Nutzen) zu machen" (Wienkamp, 2021a, S. 14) oder zu entwickeln, worauf schon in einem anderen Zusammenhang hingewiesen wurde. Geschickte Verkäufer bedienen sich hierbei schon gemeiner heimlicher Verkaufstricks, indem sie sich einmal mit der Situation des Kunden solidarisieren und versuchen, ihm irgendwelche Ängste, z. B. „übers Ohr gehauen zu werden", zu nehmen. Zum anderen ihn (oder sie) in seiner Stellung als z. B. Eltern, kritischer Verbraucher oder schlichtweg als „wichtige Person" auf ein „imaginäres Podest" zu heben, damit er (oder sie) sich auch als wichtig in dem Moment erlebt (z. B. durch die Formulierung: *„Sie in dieser Position oder in Ihrer Rolle z. B. als Eltern …."*).

Schmeicheleien sind die besondere „Waffe" der „Haustür-Verkäufer", auf die sie setzen und die anscheinend sehr wirksam sind. Das ist nichts anderes als soziale Beeinflussung oder Manipulation pur!

Kommt es hingegen zu förmlichen Verkaufsverhandlungen, sind sie zunächst einmal zu planen bzw. zu terminieren. Einkäufer (oder Konsumenten) und Verkäufer kommen dann zu einem vereinbarten Zeitpunkt an einem bestimmten Ort zusammen. Von beiden Seiten kann hierfür die Initiative ausgehen. Geht die Initiative vom Verkäufer aus, hat er verständlicherweise konkrete Verkaufsabsichten im Sinn. Ergreift der Kunde die Initiative, sucht er entweder nach einem speziellen Produkt und betreibt seine individuelle „Marktforschung", indem er sich umfänglich bei verschiedenen Anbietern oder Geschäften informiert, bevor er (oder sie) eine Entscheidung trifft, oder der Kaufinteressent ist in dem Prozess noch nicht so weit und möchte sich nur zunächst einmal informieren und sich etwas aus der Nähe ansehen. Zum Beispiel bei der Suche nach einem neuen Auto oder einer Immobilie steht der Informationsbedarf über alle Produkteigenschaften und herrschenden Konditionen (inkl. Preis) an vorderster Stelle. Erst bei einem ausreichenden Marktüberblick sieht sich der Kaufinteressent in der Lage, eine Grundsatzentscheidung über den Kauf oder Erwerb auf der Basis der vorliegenden Angebote überhaupt zu treffen.

Kommt es dann „zum Schwur", also zur konkreten Kaufabsicht, steigt der Kunde in Verkaufsverhandlungen ein, um das für ihn „beste" Verhandlungsergebnis zu realisieren. Für den oder die Verkäufer eröffnet sich damit ein weites Spielfeld als „soziale Arena", um ihr Verkaufsrepertoire an „stichhaltigen" Argumenten (oder die sogenannten USPs – Unique Selling Propositions) oder „schmutzigen Tricks", die nichts anderes sind als Manipulationsmanöver, abzuspielen.

Verkaufsverhandlungen, die regulär ablaufen, sind letztlich auch nichts anderes, als einen Interessenausgleich für beide Parteien zu erzielen, wie es auch in anderen Situationen ohne Verkaufsabschluss vorkommt, z. B. bei einem außergerichtlichen oder gerichtlichen Vergleich.

10.3.2.2 Interessenausgleich

Verhandlungen, die keine reinen Verkaufsgespräche sind, bemühen sich um einen Interessenausgleich oder um eine Kompromisslösung. Schönste Beispiele aus der Arbeitswelt sind Kündigungsschutzprozesse, die meistens entweder durch einen außergerichtlichen oder einen gerichtlichen Vergleich mit der Zahlung einer vereinbarten Abfindungsleistung o. Ä. enden. Tarifverhandlungen zwischen den Gewerkschaften und den Arbeitgeberverbänden sind vor, während oder nach einem Streik ein weiteres allgemein bekanntes Beispiel für einen Interessenausgleich, der in einem Tarifabschluss endet.

Verhandlungslösungen als Interessenausgleich sind im Grundsatz immer der Kern zivilrechtlicher gerichtlicher Auseinandersetzungen oder Klageverfahren. Wie bereits bei dem Fall der „Schadensregulierung" (s. Abschn. 7.2.1) liegen zu Anfang i. d. R. die Positionen oder Ansprüche weit auseinander, sodass nur Schritt für Schritt und durch einen mühsamen Prozess eine gütliche Einigung als denkbarer Kompromiss winkt und schließlich zustande kommt. Ein weiteres anschauliches Beispiel ist ein Scheidungsverfahren mit einem manchmal schwer zu erreichenden Interessenausgleich vor dem Familiengericht.

Beide Verhandlungspartner sind gut beraten, sich bei der Vorbereitung nicht zu Selbstüberschätzungen („Overconfident") über die eigene Verhandlungsposition oder durch zu rege Fantasien oder Wunschdenken verleiten zu lassen, denn „es kommt meistens anders, als man denkt!". Geschickter ist es (und kann auch als ein Zeichen der Höflichkeit gewertet werden), die andere Seite zu bitten oder zu ermuntern, zur Eröffnung der Verhandlung ihre Sicht der Dinge zuerst vorzutragen und sie ohne Unterbrechung ausreden zu lassen. Idealerweise nennt die andere Seite gleich zu Anfang ihre Forderungen als Preisvorstellung oder Verfahrensvorschlag. Sollte dieser Spielzug nicht funktionieren, da die gegnerische Partei sich irritiert gibt oder überrumpelt fühlt und dieses Ansinnen ablehnt, sollte bei der Darstellung der eigenen Ansprüche das „oberste Limit" vorgetragen und regelrecht als Pflock genutzt werden. In der Psychologie ist von einem Referenzpunkt oder Ankereffekt die Rede, der dem eigenen Vorteil dient und an den sich beide Seiten orientieren können.

Zusammen mit dem „besten" Argument, das idealerweise als Begründung vor der Nennung oder Verlautbarung irgendwelcher Forderungen oder Ansprüche vorzutragen ist, schafft sich die Verhandlungspartei eine sehr gute Ausgangsposition, wenn sie sich nicht von (schwächeren) Gegenargumenten irritieren und ablenken lässt und beim „stärksten" Argument bleibt und es immer wiederholt – soll sich daran doch die andere Seite „die Zähne ausbeißen"!

Manipulatoren stehen dann vor der unseligen und schwierigen Aufgabe, zwei Schritte auf einmal machen zu müssen: a) Sie müssen die andere Partei dazu bringen, ihre Ansicht oder Verhandlungsposition infrage zu stellen oder aufzugeben und b) sich der Meinung oder Argumentation ihres Gegners anzuschließen und sie zu teilen.

Schließlich dürfte nach einem regen Austausch der Argumente und Gegenargumente ein Einigungsprozess als Kompromiss oder Verhandlungslösung sich anbahnen, der von beiden Seiten eine gewisse Flexibilität und „kommunikative Geschmeidigkeit" (Wienkamp, 2021a, S. 15) voraussetzt und aus psychologischer Sicht auch allmählich herbeigesehnt und gewünscht wird.

Einen psychologischen Vorteil gewinnt diejenige Verhandlungspartei, die der anderen Seite das „letzte" Zugeständnis macht, denn es erzeugt den (vermeintlichen) Eindruck beim Gegner, „gut verhandelt zu haben", auch wenn das objektiv nicht zutrifft und eigentlich ein Beeinflussungsmanöver ist, um eine „Scheinwirklichkeit" vorzutäuschen. Unbedingt zu vermeiden ist ein „Draufsatteln" oder „Nachkarren", also ein letztes Zugeständnis selbst zu verlangen, denn das erzeugt nur Wut und Ärger und einen „schlechten Nachgeschmack". – Bei solch einem Verhandlungsausgang ist die Revanche oder Rache des Kontrahenten bereits mit an grenzender Wahrscheinlichkeit vorprogrammiert und einzuplanen. Solche Verhandlungen enden nämlich i. d. R. alles andere als harmonisch und im guten Einvernehmen!

10.3.3 Vernehmungen

Kriminalbeamte interessieren sich bei ihren Ermittlungen hauptsächlich für Tatverdächtige und für Belastungszeugen im Rahmen der Beweissicherung. Ihr Hauptaugenmerk ist logischerweise die Suche nach dem Hauptverdächtigen, um ihn oder sie als Täter zu überführen.

Verhöre von Verdächtigen und die Befragung von unverdächtigen Zeugen sind in der Planung und Gestaltung der Gesprächsführung oder Verhörmethode in ihrer Intensität und Dramaturgie nicht vergleichbar.

10.3.3.1 Verdächtige

Bei der Vernehmung von Verdächtigen oder Angeklagten liegen entweder bereits handfeste Beweise (z. B. Fingerabdrücke oder DNA-Spuren) oder zumindest schwer belastbare Indizien wie z. B. Videoaufnahmen, Personenbeschreibungen von Zeugen o. Ä. vor. Im Verhör kann der Angeklagte diese Indizien nur entkräften, wenn es ihm gelingt, ein „wasserdichtes" Alibi zu präsentieren. Fehlt ihm ein entlastendes Alibi, weil der Verdächtige zur Tatzeit z. B. angeblich allein zu Hause war und entweder Fernsehen gesehen oder geschlafen hat, geht der Prozess der Beweislast in die nächste Runde, wenn der Verdächtige sich weigert, ein Geständnis abzulegen.

Spätestens ab diesem Zeitpunkt müssen die Ermittler oder Verhörspezialisten auf soziale Beeinflussungstechniken zurückgreifen, die auch ambivalente unterschwellige Andeutungen oder Behauptungen als Mittel der Verunsicherung beinhalten und einschließen.

Zunächst einmal müssen sie einige Vorarbeiten leisten, mit denen sie den möglichen Täter konfrontieren können. Dazu zählen:

> „a) evtl. Vorstrafen entweder in gleicher Angelegenheit wie z. B. Raub oder Diebstahl oder überhaupt (z. B. Tierquälerei in der Jugendzeit geht häufig den Gewaltdelikten von Serientätern voraus),
> b) die Suche nach einem Tatmotiv, was bei Straftaten mit körperlicher Gewalt wegen z. B. eines Beziehungskonfliktes wesentlich und manchmal entscheidend ist,
> c) von einem Profiler erstelltes Täterprofil oder Psychogramm, was mit dem Persönlichkeitsprofil des Angeklagten auf Ähnlichkeit und Übereinstimmung zu vergleichen ist, und
> d) die Sichtung und Systematisierung der Tatortspuren und Zeugenaussagen auf Relevanz für diese verdächtige Person."

Mithilfe dieser Informationen und Befunde planen und gestalten die Kriminalisten das Verhör, wobei sie gezielt und wechselhaft den Verdächtigen mit ihrem Beweismaterial konfrontieren und auf Widersprüche in seinen Aussagen achten, da sie auf Lügen und Unwahrheiten hindeuten könnten. Beeinflussungstechniken, wie hypothetische Fragen, Suggestivfragen und das hartnäckige Nachfragen nach Einzelheiten und Details, wie z. B. genaue Uhrzeiten, Nutzung möglicher Wege oder Stationen in der Nähe des Tatortes, die der fragliche Täter aufgesucht hat, und ihre chronologische Reihenfolge etc., sind ihr Handwerkszeug.

Für die Verhörspezialisten gilt es nach Meinung der Fachleute (z. B. Schauer, 2022, S. 209), ferner zu berücksichtigen, dass Vorstrafen o. Ä. die Objektivität in der Urteilsbildung nicht beeinträchtigen dürfen, was allerdings passieren kann, wenn der „Prolongationseffekt", wie ich es nennen würde, als ausgesprochenes Vorurteil sich einschleicht nach dem Motto „Einmal Dieb, immer Dieb" oder „Einmal Lügner, immer Lügner"! Ob auch der Tatbestand der „selbsterfüllenden Prophezeiung" bei Vernehmungen eintritt, kann nicht so ohne Weiteres beantwortet werden, obwohl auch dieses eigentümliche oder irrationale Verhalten nicht anderes als ein Vorurteil wäre und sich als grober Irrtum oder Fehleinschätzung erweisen könnte!

Auch nach mehreren Vernehmungsrunden kann sich der Angeklagte immer noch weigern zu gestehen, sodass die vorliegenden Indizien einer kritischen Würdigung zu unterziehen sind, ob eine Anklage möglich und U-Haft vom Strafrichter anzuordnen ist (bei stichhaltigen und eindeutigen Beweisen würde es i. d. R. für eine Anklage reichen) oder ob der Verdächtige (vorerst) freikommt.

Handelt es sich bei dem Verdächtigen wirklich um einen Kriminellen, womöglich mit mehreren einschlägigen Vorstrafen, sodass der Verdacht gar nicht so abwegig ist, muss im Zuge der Verhöre mit zunehmenden Irritationen gerechnet werden, da solche Charaktere keine Skrupel haben, „Irrlichter" zu senden, um Verwirrung auf der Ermittlerseite zu stiften. Solch ein Verhalten würde ihrem abnormen Charakter als Psychopathen und Kriminellen entsprechen.

So stammte von Eysenck (z. B. 1977) bekanntlich das Konstrukt Psychotizismus (s. auch Abschn. 4.1.2.1), das er für die Charakterisierung abnormen Verhaltens verwendete. Die Nähe oder die Ähnlichkeit zum Charaktertypus eines Psychopathen, und damit auch häufig Kriminellen, dürfte nicht zu übersehen und auffällig anhand der vorliegenden Verhaltensbeschreibungen sein. Aus früheren Veröffentlichungen zitierte Eysenck einige Verhaltensmuster oder Charakterbilder, wie z. B. a) eine Überbewertung des Gegenwärtigen (also des „Hier und Jetzt"), um eine schnelle Bedürfnisbefriedigung zu erlangen, b) Gefühlsarmut (also das Fehlen jeglicher Empathie), c) fehlende Schuldgefühle (also das, was der Volksmund als „das Gewissen" bezeichnet) und d) Respektlosigkeit gegenüber anderen Menschen und Institutionen (wie z. B. Lehrer oder Erzieher).

Auf der Psychotizismus-Skala des „E – N – P" oder des „EPQ"-Tests zeichnet sich Psychotizismus noch durch folgende Beschreibungen aus: a) Einzelgängertum, also die Person kennt nur sich und ihre Interessen, b) unangepasstes Sozialverhalten, c) unmenschlich und grausam, d) unsensibel, e) Sensationssuche, f) aggressiv und feindselig, g) tollkühn und h) hält andere gerne zum Narren (s. Eysenck, 1977, S. 69). Eine andere Typisierung geht zum einen von einem Sub-Typ: aggressiv-fordernd, zum anderen von einem Sub-Typ: passiv-parasitär bei Psychopathen aus, worauf schon an früherer Stelle hingewiesen wurde. Im Gegensatz zu normalen Individuen sind insbesondere Psychopathen unberechenbar und nicht kalkulierbar, was auch den Hang zu Lügen ohne jegliche Schuldgefühle erklärt.

Somit erklärt sich auch, dass bei Psychopathen oder verdächtigen Kriminellen ein Lügendetektor-Test nicht unbedingt anschlägt, da sie, anders als Normale, keine neurophysiologischen Reaktionen zeigen, wenn sie die Unwahrheit sagen, und dann mit einem negativen Ergebnis, also ohne auffälligen Befund, der auf ein Tatverhalten, oder die vermeintliche Leugnung dessen, hindeutet, den Test bestehen (s. Eysenck, 1977, S. 147). Psychopathen lassen sich, wie bereits erwähnt (s. Abschn. 4.1.2.1), genauso wie Extravertierte nur schwer oder schlecht konditionieren, was eine Erklärung für ihr gefühlsarmes Verhalten sein könnte, das weitgehend ohne Furcht und Schuldgefühle auskommt. Zudem scheinen sie einen geringeren kortikalen Erregungspegel zu haben, der ihre ständige Sensationsgier und ihr Stimulationsbedürfnis anzeigt und erklärt (s. Eysenck, 1977, S. 162 f.).

Aus der forensischen Psychiatrie sind noch als Belastungshinweise interessant und ggf. erklärend, zum einen die Beobachtung, wer mit seinen eigenen psychischen Leiden oder Problemen nicht umgehen kann und sie bei der Vernehmung verdrängt oder abzuwürgen versucht, hat aller Wahrscheinlichkeit nach das Bedürfnis, die selbst erfahrenen Leiden an andere Menschen weiterzugeben und sich dafür zu rächen. Gleiches Motiv dürfte zum anderen vorliegen, wenn der Vernommene den Eindruck hinterlässt, dass er von einer „schönen heilen Welt" ausgeschlossen wurde und immer zu kurz kam in seinem Leben, was den malignen Antrieb für Boshaftes nur steigerte (vgl. Adshead & Horne, 2022, S. 76 u. 203).

Auf die Verantwortlichen für Verhöre und Befragungen kommt somit eine besondere Verantwortung und Aufgabe zu, gerade auf die subtilen Töne und Andeutungen in den Aussagen zu achten und vielfach „zwischen den Zeilen zu lesen", was womöglich das verdeckte Motiv oder der Minderwertigkeitskomplex bei dem Befragten in seinen Antworten oder Reaktionen sein könnte, was auch das abwehrende oder manipulative Verhalten erklären könnte.

10.3.3.2 Zeugen

Anders als Verdächtige stehen Zeugen nicht unter einem Tatverdacht. Zeugen sollen das, was sie gesehen oder gehört haben, als ihre Beobachtungen schlicht und ergreifend bezeugen, egal, ob sie Personenbeschreibungen oder sonstige situative Beobachtungen gemacht haben (z. B. ein bestimmter Autotyp, vielleicht sogar mit Angabe des Kfz-Kennzeichens). Selten kommt es vor, dass ein eigentlich unverdächtiger Tatzeuge sich so in Widersprüche verwickelt, dass er (oder sie) zu einem Tatverdächtigen sich entwickelt und es auch wird.

Was Zeugen erlebten oder sahen, hat „emotionale Relevanz" (s. Arntzen, 2011, S. 9). Die Zeugenvernehmung, oder auch eine danach angeordnete Glaubwürdigkeitsprüfung der Zeugenaussage durch einen neutralen Sachverständigen, ist daher nichts anderes als eine Rekonstruktion von Ereignissen oder Geschehnissen, die in der Vergangenheit stattgefunden haben und an die sich der Zeuge so gut wie es eben geht erinnern soll.

Gutachter oder Sachverständige bedienen sich zur Überprüfung der Glaubwürdigkeit von Zeugenaussagen „intraindividueller Vergleiche", indem sie Aussagen zum Tathergang mit bewusst herbeigeführten Fantasieproduktionen sowohl quantitativ als auch qualitativ miteinander vergleichen, oder, wie Arntzen (2011, S. 11 f.) es beschrieb: „Aufschlussreich ... ist das Verhältnis von Erlebnisleistung und Phantasieleistung des betreffenden Zeugen zueinander und der Vergleich dieser beiden (kognitiven) Leistungen mit der vorliegenden Aussage." Schwierig ist für jeden Probanden, sich in der Fantasie die passenden Details auszudenken, die auch zueinanderpassen und so etwas wie eine „Story" oder Episode ergeben, als wenn ein Vorgang selbst erlebt wurde. Kaum ein Mensch besitzt so viel „künstliche Empathie", sich in imaginative und fiktive Situationen so tief hineinzudenken oder hineinzubegeben wie epistemische, also selbst erlebte Wahrnehmungen oder erfahrungsbedingtes Wissen.

Wenn die (vermuteten) Erlebnisse schnell, also mit angemessener Geschwindigkeit, vorgetragen werden, ist davon auszugehen, dass sie valide, also glaubwürdig sind und ohne zusätzliche Überlegungen oder Fantasieleistungen erinnert und repliziert wurden. Formvollendet ist eine Zeugenaussage, die eine regelrechte Erlebnisgeschichte („Story") mit allen notwendigen und vorhandenen Details wiedergibt.

Die Wiederholungsrate von *nicht erlebten* Geschehnissen liegt nach einigen Wochen bei rd. 10 % (s. Arntzen, 2011, S. 51) und liefert einen eindrucksvollen Hinweis, dass wahrheitsgemäße Aussagen Bestand haben und sich gut im Gedächtnis einprägen und einrichten.

Ergänzend zu den bereits vorgetragenen Kommentierungen zu Lügen oder Falschaussagen (s. Abschn. 2.4, 3.5 und 4.1.2.5) sei noch auf die Merkmale bei einer Glaubwürdigkeitsprüfung zur Erkennung von Falschaussagen hingewiesen:

> „1) ein diszipliniertes Bemühen, bei der Befragung andere zu überzeugen (oder zu beeinflussen);
> 2) keine ungeordnete oder konfuse Darstellung des Geschilderten; eher ist das Gegenteil der Fall, indem sich der Befragte oder Zeuge um Kohärenz bemüht;
> 3) die Gedanken sind in den Aussagen geordnet, z. B. durch Nennung von Ursache und Wirkung o. Ä.“

Unglaubhaften Aussagen fehlt lt. Arntzen (2011, S. 107) das „Gefüge von Glaubhaftigkeitsmerkmalen“, die der Aussage das Gepräge geben, wie z. B. der Detaillierungsgrad, die Präzision, die Homogenität einzelner Teile oder Wahrnehmungen, ihre Objektivität und Konsistenz bzw. Stabilität. Zusätzlich kommt es, wie bereits erwähnt, auf den intraindividuellen Vergleich zwischen der Ausführlichkeit von erlebten und erinnerten Beobachtungen und den gedanklichen Vorstellungen in der eigenen Fantasiewelt an (s. Arntzen, 1978, S. 73). Nur bei einer geringfügigen Häufigkeit von Widersprüchlichkeiten in den zu prüfenden Kriterien kann oder darf von einer Glaubwürdigkeit der Aussagen ausgegangen werden.

Unglaubhafte Aussagen müssen nicht unbedingt Lügen oder bewusste Falschaussagen sein, ihr geringer Aussagewert liegt meistens an den pauschalen, vagen oder verschwommenen Inhalten, die dann häufig auch nicht gut zueinanderpassen. Zeigt der Zeuge klassische somatische Anzeichen von Nervosität oder Stress, kann das ein Zeichen allgemeiner Anspannung oder auch Angst vor der Befragung sein. Solche Anzeichen wie z. B. Erröten, Schweißausbruch etc. sind nicht spezifisch für Lügen oder Unwahrheiten. Ein erhöhtes Aktivierungsniveau infolge von Stress und Anspannung zeigen i. d. R. alle Probanden beim Lügendetektor-Test.

Zeugen können sich aber auch anderweitig verdächtig machen, wenn sie aus herbeigezogenen, irgendwelchen persönlichen Motiven andere Personen als Tatverdächtige beschuldigen oder belasten oder in umgekehrter Weise mögliche Verdächtige durch Falschaussagen in Schutz nehmen (z. B. wenn sie ihnen ein falsches Alibi geben).

Für die Ermittler stellen sich dann besondere Anforderungen an die Glaubwürdigkeit der Zeugenaussage, wenn dieser Zeuge zugleich auch das Tatopfer oder der Geschädigte oder ein sonstiger Geschädigter ist (z. B. ein Familienmitglied). Verständlicherweise geht es dem Opfer auch darum, nicht nur *den* Täter, sondern überhaupt *einen* Täter zu finden und ggf. sich durch Anschuldigungen zu rächen. Zwischen „Dichtung und Wahrheit“ zu differenzieren ist die ständige Aufgabe und Herausforderung der Kriminalisten (s. auch Kap. 5).

10.3.3.3 Anforderungen an die Beweisführung bei Vernehmungen

Egal, ob nun bei Verdächtigen oder unverdächtigen Zeugen, so sind doch bei Verhören an die Beweissicherung einige Anforderungen zu stellen, die die Ermittler und später im Strafprozess die Juristen beherzigen müssen. Zunächst einmal ist zwischen reinen Fakten, wie z. B. die demografischen Angaben: Geburtsdatum, Geburtsort, Wohnort usw., als Tatsachen und zum anderen einer Meinung über etwas zu differenzieren. Eine Meinung, wie z. B., „Ich halte die Person .... für aggressiv und böse", muss nicht unbedingt den Tatsachen entsprechen und ist erst recht noch kein Beweis. Für die Beweissicherung kommen demnach nur Tatsachen infrage, die erwiesenermaßen auch zutreffen, wie z. B. eine genaue Personenbeschreibung des Täters in der Nähe des Tatortes. Bei dieser Bewertung geht es den Ermittlern darum, welche psychologische Sicherheit liefert eine Gültigkeits- und Zuverlässigkeitsprüfung der Aussagen und Hinweise.

Für die Beweiskraft der Befunde oder Indizien wäre folgendes „Grading-Schema" mit den Abstufungsgraden zutreffend und in der Praxis eingeführt und üblich (s. Schauer, 2022, S. 35 f.):

> „1) Jenseits aller berechtigten Zweifel (englisch: Beyond a resonable doubt) mit einer Wahrscheinlichkeit von über 90 % zutreffend;
> 2) Der überwiegende Eindruck deutet daraufhin, dass ... (englisch: Preponderance of the evidence), was zwar eine schwächere Abstufung, aber noch plausibel wäre;
> 3) Alle anderen Aussagen oder Hinweise, die die vorhergenannten Anforderungen nicht erfüllen, sind (zunächst) ohne Belang und erreichen als Indizien noch keine Beweiskraft."

Gerade „Augenzeugen" könnten „Irrlichtern", wenn sie dem „Hörensagen" über Geschehnisse (ohne konkrete Benennung einer Quelle) oder nur Allgemeinplätze wie „Das weiß doch jeder, dass das so ist" (englisch: Everyone knows) anheimfallen und unbewusst und ohne feste Absicht falsche bzw. unrichtige Aussagen machen. Im schlimmsten Fall können solche falschen oder unklaren Angaben dazu führen, dass Unschuldige beschuldigt werden (das wären die falsch Positiven oder die „falschen Alarme") oder Schuldige davonkommen (das wären dann die falsch Negativen), was ebenso fatal wäre.

Leider gilt auch für Befragungen und Zeugenaussagen der folgenschwere Grundsatz: Meistens hat die Realität *zwei* Gesichter!

10.4 Resümee

Für die Praxis sind insbesondere die aus verschiedenen Anlässen zu beobachtenden Beratungsfälle relevant, die häufig der Auftakt für weitere direktive, also weisungsbedingte Maßnahmen, wie z. B. ein Betreuungsmandat oder eine therapeutische Heilbehandlung, sind.

In den eher freiwillig zustande gekommenen Beratungen, wie z. B. eine Finanzberatung, die häufig oder i. d. R. von Privatpersonen aufgesucht wird, ist dennoch aufgrund des kommerziellen Interesses oder Geschäftsbezuges, insbesondere bei Banken, Versicherungen oder sonstigen Vertriebsagenturen, mit ambivalenten Situationen oder Konflikten aufgrund der Vorteilskalküle zu rechnen. Beratungen, vielleicht mit Ausnahme von öffentlich geförderten Sozialberatungen, gibt es auch nicht umsonst, sondern der Beratungsaufwand an Zeit und Manpower muss sich in anderer Form, in der Regel durch den provisionsabhängigen Produktverkauf, amortisieren. Personalberatungen, die hier auch ausführlich behandelt wurden, sind auftragsabhängige Dienstleistungen, die für fremde Rechnung erbracht werden. Sozialberatungen verfolgen hingegen karitative Zwecke und sind aufgrund des öffentlichen Interesses zumeist kostenlos.

Gar nichts mit Beratungen gemeinsam haben formale Verhandlungen, z. B. um ein Geschäft abzuschließen, oder Vernehmungen, die zur Aufklärung eines Falles oder Deliktes beitragen sollen. Sowohl der Handlungsdruck als auch die einzusetzenden Kommunikationswege oder Beeinflussungsmethoden unterscheiden sich grundlegend von den eher freiwillig stattfindenden Beratungsfällen.

11 Therapeutische Anwendungen an der Schnittstelle zwischen Beratung und Heilbehandlung

Soziale Beeinflussungen durch manipulative Interventionen des Therapeuten sind bei ihrer Ausübung nicht nur legitim, sondern auch absolut notwendig, wenn sie der Gesundung und dem Heilerfolg des Patienten oder der Patientin dienen. Im Gegensatz zu den heimlichen Manipulationsmanövern zu kommerziellen Zwecken verfolgt der Therapeut keine versteckten und für ihn vorteilhaften oder eigennützigen Absichten, sondern er hat bei seinen Interventionen nur das Wohlergehen des Patienten und den Behandlungserfolg im Auge.

Bei therapeutischen Anwendungen oder Verfahren geht es in erster Linie um die Kommunikation zwischen Klient und Therapeut, um überhaupt zusammenzuarbeiten, aber auch und insbesondere um die Klärung von Beziehungsfragen, die für die Akzeptanz und den Erfolg der (manipulativen) therapeutischen Interventionen absolut notwendig sind. Auf der Basis der Kommunikationsweisen und Beziehungsmuster lässt sich nachweisen und diagnostizieren, wie vor dem Hintergrund der zu behandelnden Symptomatik die manipulativen Interventionen zum Einsatz kommen und ihre Wirkung entfalten.

Bereits im vorhergehenden Kap. 10 haben einige Anwendungen von Beratungsaktivitäten, wie Finanzberatung, Personalberatung und im umfassenderen Sinne die Sozialberatung, Erwähnung gefunden. Im Grenzbereich einer Beratungsleistung dürfte deutlich geworden sein, dass der Übergang von der Beratung, im Sinne von Empfehlungen zu geben, zu einem Betreuungsmandat, oder auch im Finanzbereich oder Personalwesen als Coaching-Maßnahme apostrophiert, fließend ist, auch wenn aufgrund besonderer Umstände, z. B. wegen des dafür notwendigen Know-hows, die Akteure „die Bühne" wechseln. Insbesondere ist der Übergang von einer reinen Beratung, z. B. in Finanzfragen, zu einer Psychotherapie aufgrund einer massiven Persönlichkeitsproblematik, z. B. wegen Spiel- oder Spekulationssucht oder Konsumzwang, mehr oder weniger fließend. Umgekehrt ist es ebenso denkbar, dass ein Therapeut bei der Behandlung der psychischen Probleme auch auf kommerzielle Probleme oder andere Nöte aufmerksam wird.

H. Wienkamp, *Diagnostik von Manipulationen*,
https://doi.org/10.1007/978-3-662-68601-0_11

Am Beispiel der Finanztherapie, die sich als noch relativ neue Therapieform von der bereits behandelten Finanzberatung abgrenzt, soll demonstriert werden, wie sich therapeutische Konzepte mit praktischen Fragen der täglichen Alltagsbewältigung und Lebensführung verbinden und auf vorausgehende Beratungsaktivitäten fußen und aufbauen. Andersherum stellen zuweilen Psychotherapeuten bei der Behandlung von psychischen Störungen oder Persönlichkeitsproblemen fest, dass das Finanzgebaren ihres Patienten (oder der Patientin) nicht tragfähig ist und, wenn nichts Entscheidendes passiert, vollkommen „aus dem Ruder läuft“, sodass sie mangels ihrer Kompetenz in speziellen Finanzfragen auf die Unterstützung und Beratung von Finanzfachleuten oder Finanzcoachs (oder auch Juristen) angewiesen sind.

11.1 Allgemeines zur Finanztherapie

Manchmal reicht allein eine Beratung o. Ä. nicht aus, sondern die vorliegende Problematik, insbesondere wenn massive Persönlichkeitsstörungen die manifesten Probleme verursachen und entweder noch verschleiern oder verschärfen, bedarf einer professionellen Therapie oder Heilbehandlung durch einen dafür ausgebildeten Spezialisten. Mitunter mag es allerdings den Anschein erwecken, dass z. B. ein Schuldnerberater in einer Sozialberatung nicht nur für die Beratung der Problemträger zuständig ist, sondern über das übernommene Mandat in eine Betreuungs- und Interventionsphase (z. B. mit Beginn bzw. während einer lfd. Privat-Insolvenz) einsteigt, die in Ansätzen bereits „therapeutische Züge“ zur Herbeiführung einer Verhaltensmodifikation und Lösung der Finanzprobleme aufweist.

Erste Anlaufstelle für einen Klienten kann daher z. B. eine Sozialberatungsstelle oder auch ein Finanzberater in speziellen Fällen sein, wo dann festgestellt wird, dass z. B. hinter extremen Verschuldungsproblemen sich persönlichkeitsspezifische Probleme oder Schwierigkeiten (hier im Umgang mit Geld oder Finanzen) verbergen, die mit dem vorhandenen Know-how der Berater nicht lösbar sind. Bei einer fehlenden Akkreditierung (z. B. Approbation) oder Berechtigung für diese weitergehende Behandlung ist ihre Durchführung durch nicht dafür ausgebildete Spezialisten wie Psychotherapeuten auch aus formalen und juristischen Gründen untersagt bzw. streng verboten. Traditionellerweise würde dann ein Berater den Klienten an einen z. B. Psychotherapeuten verweisen, der zwar Experte für die psychischen Erkrankungen, wie z. B. Zwangshandlungen, diffuse Ängste oder Depressionen, ist, aber i. d. R. sich mit den manifest gewordenen Symptomen und deren Handhabung in allen Facetten des „Finanzgebarens“, wie z. B. eine Verschuldungsproblematik aufgrund von Kauf- oder Konsumzwängen o. dgl., weniger auskennt. In Abhängigkeit vom Schweregrad der psychischen Erkrankung oder Persönlichkeitsstörung dürfte eine Psychotherapie angesagt sein, die evtl. sogar von den Krankenkassen (oder alternativ gegen private Rechnung) zu bezahlen ist.

Stellvertretend für das gesamte Spektrum von psychotherapeutischen Verfahren und Anwendungen sei in diesem Kontext von Beratungsaktivitäten auf die in jüngster Zeit konzipierten und eingeführten „Finanztherapien“ verwiesen, die genau diese Schnittstelle zwischen einer Finanzberatung und der Heilbehandlung der verursachenden Persönlichkeitsstörungen, die sich dann im Alltag der Finanzverbraucher offenbaren und zu erheblichen Problemen im normalen Leben führen, thematisieren und kooperative pragmatische Lösungen anbieten (s. hierzu den Sammelband von Klontz et al., 2015a).

Aktuell gehören zu den anerkannten psychischen Erkrankungen nur die Spielsucht und das als Zwangssyndrom bekannte Sammeln und Horten von Objekten und Gegenständen, die „Hoarding Disorders“, die aufgrund von zu viel angeschafften und gesammelten Dingen als Konsequenz zu einer Unordnung oder zu einem Chaos im Hause führen, das eine normale Lebensführung nicht mehr ermöglicht.

Ungeachtet aller therapeutischen Ansätze und Konzepte dürfte gelten, dass die Therapeuten sich sowohl bei ihren diagnostischen Bemühungen als auch bei den dann folgenden Interventionen manipulativer Vorgehensweisen bedienen müssen, um, wenn man so will, den Klienten wieder „in die rechte Spur“ oder „auf den Pfad der Tugend“, d. h. zu seiner „finanziellen Gesundung“ und zu einem symptomfreien Verhalten, zurückzuführen.

Finanztherapien gibt es als Therapieform seit 2009 in den USA mit der Gründung der „Financial Therapy Association“ (s. Britt et al., 2015a, S. 3). Sie ist gedacht für „financial and mental health practitioners“, die sich im Umfeld von Finanzberatung, Finanz-Coaching und Psychotherapie bewegen. Die bisherigen Forschungsaktivitäten erstreckten sich von ersten systematisch durchgeführten Studien an den mit dieser Materie oder Problematik befassten Universitäten mit ausgesuchten Klienten und Studenten über „Case Studies“ bis zu noch theoretischen Überlegungen, die sich vereinzelt in der Praxis bislang noch im Versuchsstadium befanden. Zu einzelnen Problematiken, wie Persönlichkeitsproblemen und unangepassten Verhaltensmustern beim Umgang mit Geld und Finanzen, liegen sowohl diagnostische Instrumente, wie standardisierte Fragebögen mit entsprechenden Skalen, als auch Therapieprogramme mit eigens erstellten Manualen quasi als „Drehbuch oder Regieanweisung“ vor, die sowohl die intrapsychischen als auch die interpersonellen Probleme betonen und in der Anwendung abdecken.

In Abgrenzung zur Finanzberatung liegen die Problemstellungen der Finanzverbraucher entweder in verdeckten Schwierigkeiten in der Person oder Persönlichkeitsentwicklung oder angesichts bestimmter situativer Herausforderungen (z. B. bei Scheidung) im Unvermögen, die finanziellen Probleme zu bewältigen. M. a. W.: Entweder liegen „Money Disorders“ als Persönlichkeitsstörungen oder fehlendes Know-how in Verbindung mit dem notwendigen Selbstvertrauen zum „Money Management“ vor!

Beide Problemkreise können durch eine Finanztherapie behandelt werden, wo es um die ungelösten emotionalen Konflikte, dysfunktionale Einstellungen (z. B. „Lebensskripte“) und um maladaptives Verhalten geht, für das sich die bisher bekannten psychotherapeutischen Konzepte anbieten. Finanztherapien, die vielleicht mit einer Finanzberatung oder dem Aufsuchen einer Schuldnerberatungsstelle beginnen (s. o.), können in eine Psychotherapie übergehen oder enden, wenn die Persönlichkeitsproblematik (z. B. Spielsucht oder Konsumzwang) es verlangt.

Nach dem heutigen Stand besteht oder ist das psychotherapeutische Konzept, wie in vielen anderen Behandlungsbereichen auch, ein „Technical Eclecticism" (s. Britt et al., 2015b, S. 19 f.), also ein „bunter Strauß" bewährter und praktikabler Anwendungen und Methoden unterschiedlicher Therapieschulen – da es eine generelle oder allgemein akzeptierte Psychotherapie in dem Sinne nicht gibt. Manche, oder die meisten, Psychotherapeuten beschreiben ihr Vorgehen auch als „integrativer Ansatz" oder „integrative Therapie".

11.2 Persönlichkeitsstörungen und unangepasste Verhaltensweisen

Ähnlich den „Lebensskripten" aus der Transaktionsanalyse (z. B. Berne, 2006) werden „Money Scripts" (s. Lawson et al., 2015, S. 23 ff.) durch die Erziehung in der Kindheit und Jugend, zum Teil von Generation zu Generation, vermittelt und prägen das weitere Leben, hier das Leben mit finanziellen Problemen und Herausforderungen. Hierzu zählen:

> „- Vermeidungsverhalten in Bezug auf Geld („Money Avoidance") als Negierung von finanziellen Problemen und Angelegenheiten, oder die tiefgründige Abneigung, sich überhaupt damit zu beschäftigen, aufgrund z. B. von irrationalen Einstellungen, wie „Geld ist schmutzig und ein Ding des Teufels" oder „Geld ist für mich ein Tabu";
> - „Geld-Vergötterung" („Money Worship") als Verehrung oder Anbetung von Geld oder materiellen Besitz gefolgt von der Einstellung „Je mehr Geld, desto besser und umso glücklicher ist der Mensch", oder umso leichter ist Zuneigung (oder Liebe) von anderen zu bekommen oder „zu erkaufen";
> - übertriebener Geld-Status („Money Status"), wenn das Selbstwertgefühl „von der Höhe des Bankkontos" bzw. vom Vermögensstatus abhängt; hier geht es auch um die „Zurschaustellung" eines gewollten sozialen Status, der sich durch Geldbesitz definiert oder durch einen exklusiven Lebenswandel, sich bestimmte Dinge – im Gegensatz zu anderen – einfach leisten zu wollen und zu können;
> - Fixierung auf Geld („Money Vigilance") ist die andauernde Beschäftigung mit Geld und Finanzfragen entweder aufgrund eines exzessiven privaten „Day trading" als Anzeichen oder Symptom einer beginnenden Spekulationssucht oder getrieben von einem großen Misstrauen gegenüber anderen, was geldliche Dinge betrifft; zum Teil zeigen sich auch in diesem speziellen Kontext „schrullige" oder skurrile Verhaltensweisen, wenn z. B. der Gebrauch von Kreditkarten als allgemeines Zahlungsmittel generell abgelehnt wird."

Aus den vorgestellten „Money Skripten", aber nicht nur aus ihnen, können sich massive maligne Verhaltensgewohnheiten („Money Disorders") ergeben, die im Finanzleben als ungeheurer Stress infolge der dahinterstehenden Persönlichkeitsdefizite und Ängste sich bemerkbar machen. Besonders ist im Einzelnen an folgende Auffälligkeiten zu denken:

> „1) Kauf- oder Konsumzwang („Compulsive Buying Disorder")
> - Durch Impulse und bzw. oder Zwänge ausgelöste Einkäufe werden zum Zwecke der emotionalen Erleichterung und der Unterdrückung oder dem Abstellen negativer Gefühle getätigt;

- Der Kauf an sich schafft dabei Befriedigung, nicht aber der Zweck oder der günstige Einkauf als „Schnäppchen";
2) Spiel- oder Spekulationssucht („Gambling Disorder")
- Für den Spieler oder Spekulanten ist es aufgrund der Zwangsneurose unmöglich, von selbst mit dem Spielen aufzuhören;
- Das Streben nach Geldgewinn durch das Spiel dient dem Selbstwertgefühl;
- Spielverluste wirken nicht abschreckend, sondern stimulieren zur Fortsetzung des Spiels, um dem vermeintlichen Gewinn „hinterherzulaufen" und es immer wieder beweisen zu wollen, was nichts anderes ist als der krankhafte Wiederholungszwang einer Neurose;
3) Geld scheffeln oder sammeln („Money Hoarding")
- Ein übertriebenes Besitzdenken (oder auch das „Dagobert Duck-Syndrom" aus dem Walt Disney Comic) führt bei den Betroffenen dazu, sich nicht von Geld und Besitz trennen zu können;
- Ihre Identität hängt von den Besitztümern ab und sie definieren sich über die erworbenen Objekte;
- Verlustangst und Misstrauen treiben diese Menschen um;
4) Spendierfreudigkeit („Financial Enabling") als Geldgeber
- Dahinter steht das Unvermögen, bei entsprechenden Anfragen auf das Verleihen von Geld oder auch Leihgaben einmal „Nein" zu sagen;
- Geld fungiert als Ersatz für „Liebe"."

Neben diesen kritischen bzw. malignen Persönlichkeitseigenschaften gibt es noch weitere im Zusammenhang mit Finanzmitteln zu beanstandende Handlungsweisen (s. Canale et al., 2015, S. 35 ff.). Von diesen „Money Disorders" sollte noch die Neigung zur Heimlichkeit oder zum „Versteckspiel" von Vermögensverhältnissen oder Finanzfragen, z. B. verdeckte, heimliche Ausgaben für den eigenen Konsum, Erwähnung finden, die sich insbesondere gegenüber wichtigen Bezugspersonen wie Ehepartner o. Ä. als Zeichen der „Untreue" durch verschwiegene Ausgaben oder durch den Aufbau heimlicher Geldbestände bemerkbar machen (das sind die „Financial Infidelity"). Unter diese Persönlichkeitseigenschaft fällt auch die Neigung, Geld oder Einkommen für ein Tabu-Thema zu erklären und peinlichst es zu verdrängen und nicht darüber zu reden. Ohne Einschränkungen sind diese „verschleierten" oder verheimlichten Aktionen aufzuklären und in der Therapie zur Sprache zu bringen. Insbesondere gilt es, ihr Manipulationspotenzial aufzudecken, denn es ist nichts anderes als ein Versuch bzw. eine Handlung zu täuschen!

Um diesen bezüglich Geld und Finanzen unangepassten Handlungsgewohnheiten auf die Spur zu kommen, hat die bisherige Forschung eine Reihe von diagnostischen Instrumenten entwickelt, die als Fragebögen einsetzbar sind (s. Sages et al., 2015, S. 69 ff.). Hierzu gehören sowohl Einkommens- und Vermögensaufstellungen oder Inventare als auch eine Evidenz über Einnahmen und Ausgaben, wie z. B. ein klassisches „Haushaltsbuch". Verhältniszahlen, die aus einem Vergleich über den Vermögensstatus, z. B. Vermögenswerte im Vergleich zu den Verbindlichkeiten oder Schulden, oder die durchschnittliche Liquidität oder Sparrate als z. B. monatlicher Überschuss (definiert als Differenz von Einnahmen minus Ausgaben) sich ermitteln, runden die finanzielle Diagnostik ab. Es soll in diesem Kontext nicht unerwähnt bleiben, dass es schon sehr detaillierte und ausgefeilte finanzielle Kontroll- und Analyseinstrumente gibt, die sich ebenso für diese Zwecke eignen (z. B. der „Finanznavigator" von Wienkamp, 2019).

Die von Klontz (und anderen) konstruierten Fragebögen auf der Basis von Faktorenanalysen und testtheoretischen Prüfungen, wie die Reliabilitätsbestimmung („Cronbach's Alpha") und die Sensitivität der Instrumente durch Gruppenvergleiche, beschäftigen sich in Gänze mit den bereits erwähnten „Money Skripts" und den „Money Disorders" im Detail und versuchen mithilfe der hierfür entwickelten Items, sie zu diagnostizieren.

11.3 Therapieformen

Anscheinend deuten die „ersten Gehversuche" auf dem Gebiet der Finanztherapien darauf hin, möglichst umfassend sich aus den bestehenden psychotherapeutischen Schulen und Therapieformen zu bedienen. In Abhängigkeit von der bisherigen praktischen Erprobung und ggf. wissenschaftlichen Begleitung durch Untersuchungen, idealerweise mit einer Therapie- oder Treatment-Gruppe und als Vergleich einer Kontrollgruppe, sind die vorliegenden Befunde zu den einzelnen Therapieansätzen gelinde gesagt „sehr überschaubar". Nach Auskunft der Autoren Klontz et al. (2015b, S. 117) ist die „Experiental Financal Therapy" einige der wenigen Therapien, deren Anwendung und Heilerfolge durch einschlägige Studien untermauert sind. Nachfolgende Übersicht mag die „Therapielandschaft" bei der Finanztherapie ein Stück weit erhellen (s. Tab. 11.1), wobei in dieser Übersicht nur die in dem Sammelband von Klontz et al. (2015a) ausgewiesenen Therapieformen oder Programme aufgeführt wurden, die gemäß ihren eigenen Angaben wissenschaftlich untersucht und begleitet wurden.

Mit Ausnahme der verhaltenstherapeutischen Behandlungsmethoden sind die aufgelisteten Therapien eher nicht direktiv, d. h., sie sind mehr auf Kooperation und „Commitment" zwischen Patient (oder Patientin) und dem Therapeuten angelegt und arbeiten vorwiegend mit Interpretationen oder Rekonstruktionen vergangener traumatischer Erlebnisse bzw. geben dem Klienten die Gelegenheit, im Beisein des Therapeuten sich noch einmal diesen früheren Erlebnissen zu stellen, um sie – im Hier und Jetzt – zu durchleben oder zu bewältigen. Natürlich kommen hierbei die „klassischen" Methoden aus den unterschiedlichsten Therapieformen, wie z. B. Rollenspiele im Rahmen des „Psychodramas" oder die aus den Systemischen Therapien bekannten Fragetechniken (z. B. die „Wunderfrage"), zum Einsatz. Hauptanliegen des behandelnden Therapeuten oder der Psychotherapie ist, dem Patienten oder der Patientin neue Erlebniswelten zu erschließen oder ihnen neue Deutungen zu den traumatischen Ereignissen oder emotionalen Konflikten z. B. durch ein „Reframing" zu geben, um ihre „Ur-Konflikte" zu bearbeiten und sich allmählich von ihnen zu distanzieren oder zu lösen.

Vielfältige therapeutische Ansätze aus der Praxis, wie z. B. die Systemtherapie oder psychodynamisch orientierte Vorgehensweisen, mit wahrscheinlich wenig oder keiner wissenschaftlichen Fundierung und Überprüfung bei massiven Persönlichkeitsproblemen in Geldangelegenheiten, sind in der zitierten Publikation ebenso zu finden.

Tab. 11.1 Diverse Therapieformen zur Behandlung von psychischen Problemen in Verbindung mit Geld- oder Finanzfragen. (In Anlehnung an Klontz et al., 2015a)

Nr.	Therapieform	Kurzbeschreibung	Vorherrschende Symptomatik	Typische Interventionen	Aktueller Stand und Ausblick
1	Experiental Financial Therapy (EFT)	Die Experiental Therapien (ET) vereinen eine Vielzahl unterschiedlicher therapeutischer Ansätze Die EFT basiert auf der ET, ergänzt um Konzepte der Finanzberatung zur Behandlung von sogenannten „Money Disorders“	Emotionale traumatische Erlebnisse wie „Unfinished Business“ sowie in der Kindheit angelegte Glaubenssätze („Money Scripts“) verhindern einen normalen Umgang mit Geld und Finanzen	Psychodrama und Rollenspiele ermöglichen die Bearbeitung der Traumata Durch die Rekonstruktion („re-experienced“) und das „Reframing“ erhalten sie neue Bedeutungen und Sichtweisen	Erste Studien mit fixierten Therapie-Programmen liegen vor
2	Solution-Focused Financial Therapy	Diese Therapieform widmet sich ausdrücklich und bewusst nicht der Problematik, sondern den möglichen Lösungen Daher wird sie auch „lösungsorientiert“ genannt	Aller Arten von Schwächen, Verhaltensdefiziten und fehlendem Wissen, was den Umgang mit Geld betrifft Frustrationen sowie Belastungen in der täglichen Lebensführung werden zunehmend zu einem existenziellen Problem, z. B. infolge zu hoher Konsumausgaben und fehlender oder unzureichender Rückzahlung von Schulden	Wunderfrage: („Wenn das Problem morgen nicht mehr da wäre, was wäre dann?“) Skalierungen von z. B. 1 bis 10 zum Status quo, Leidensdruck etc. Hausaufgaben (z. B. Prüfung und Analyse der letzten Kreditkarten-Abrechnung)	Erste Studien mit fixierten Therapie-Programmen liegen vor, aber bis dato noch nicht veröffentlicht
3	Verhaltens-Therapie (VT)	Kognitive VT, die sich primär malignen Einstellungen widmet, die sich negativ auf das Verhalten auswirken	Falsche, häufig unberechtigte Einstellungen (z. B. rigide Informationsfilter, „Alles-oder-Nichts-Denken“) bedingen i. d. R. Vermeidungsverhalten und die Antizipation negativer eingebildeter Konsequenzen	Klärung der Situation mittels „ABC-Schema“ Einüben alternativer positiver Verhaltenswege z. B. mittels Hausaufgaben	Diverse Studien im Bereich Finanzplanung bei verschiedenen Problematiken liegen vor

(Fortsetzung)

Tab. 11.1 (Fortsetzung)

Nr.	Therapieform	Kurzbeschreibung	Vorherrschende Symptomatik	Typische Interventionen	Aktueller Stand und Ausblick
4	Kooperations-Therapien	Als Ergänzung für Paar- oder Familien-Therapien mit dem Einsatz von mindestens 2 Experten (z. B. Psychotherapeut, Finanzberater oder Rechtsanwalt)	Beziehungsprobleme und zusätzliche Probleme in Finanzfragen, die das gemeinsame Leben erschweren	Parallele oder sukzessive Bearbeitung sowohl der Beziehungsprobleme als auch der Finanzfragen auf der Basis diverser Therapieansätze	Bisher Erprobung bei realen Fällen in Universitäten durch Studenten verschiedener Fakultäten unter Supervision eines Experten sowie Veröffentlichung von Case Studies
5	Misch-Therapien	Mischtherapien aus VT und Narrativer Therapie	Probleme bei Geldangelegenheiten in der Vergangenheit werden in chronologischer Folge aufgelistet und in Form von Geschichten (Stories) als narrativer Therapieansatz aufbereitet	Rekonstruktion der belastenden Erlebnisse mit dem Ziel, durch Empowerment (aber auch „Entfesselung“) sie zu überwinden	Ein Behandlungskonzept, das „Ford Financial Empowerment Model“, liegt vor
6	Problem- oder Symptom-orientierte Therapien	Eklektische Integration verschiedener therapeutischer Ansätze für eine bestimmte Symptomatik	Symptomatik war Kauf- oder Konsumzwang, der zur massiven Verschuldung führte	Verhaltens-Modifikation durch VT-Ansätze sowie Vermittlung von Skills im Finanzbereich	Festes Programm („Overshopping Model“) auf der Basis einer Pilot-Studie inkl. Kontrollgruppe

11.4 Fallbeispiel als „Case Study"

Um sich eine Behandlungssituation im Rahmen einer Finanztherapie besser vorstellen zu können, soll eine Lebensgeschichte mit entsprechender Symptomatik als fiktiver Fall vorgestellt und behandelt werden. Die biografischen Angaben und die geschilderte Symptomatik sind frei erfunden, könnten sich allerdings im wirklichen Leben so zugetragen haben.

Besonderes Augenmerk ist bei dieser Fallschilderung auf die Interventionen oder Deutungen des Psychotherapeuten zu legen, die den Patienten oder die Patientin in eine bestimmte Richtung steuern bzw. manipulieren sollen – natürlich zu seinem oder ihren Wohlergehen.

11.4.1 Biografische Angaben

Eine alleinstehende Frau, nennen wir sie Sabine, im Alter von 39 Jahren mit dem Beruf Pharmavertreterin bereist überwiegend einen festen Kundenstamm niedergelassener Ärzte unterschiedlicher Fachrichtungen. Ihr Netto- oder Haushaltseinkommen bewegt sich um 3300 € im Monat zuzüglich Fahrtkostenerstattungen und Spesen. Ihre berufliche Tätigkeit verlangt ein gepflegtes Äußeres und eine zwar modische, aber nicht unbedingt auffällige oder extravagante Garderobe.

Sabine bewohnt eine kleine Wohnung mit zwei Zimmern zur Miete und hat seit etwa drei Jahren eine feste Beziehung. Ihr Lebenspartner ist noch nicht gewillt, mit ihr in eine gemeinsame Wohnung zusammenzuziehen und mit ihr dort zu leben.

Diese Abneigung hat vor allem mit der Problematik von Sabine zu tun, die einem ständigen Kaufzwang von Schuhen erlegen ist. Wie viele Paar Schuhe sie bereits besitzt, weiß sie selber nicht mehr, es dürften aber um die 500 Paar sein! Allein der Platzbedarf für diese Schuhmenge ist nicht nur gewaltig, sondern auch wegen des sich ergebenen Raummangels, Unordnung oder sogar Chaos erschreckend und für ihren Lebensgefährten anstößig und abschreckend. Erschwerend kam hinzu, dass Sabine von dem sogenannten „Besitztums-Zwang" regelrecht besessen ist und es ihr ungeheuer schwerfällt, sich überhaupt von einem Paar Schuhe, auch alte oder abgetragene Schuhe, zu trennen. Kein Wunder, dass es deshalb immer wieder zu Streitereien und Konflikten innerhalb ihrer Partnerschaft oder Beziehung kommt.

Sabine ist in einer normalen Familie mit Vater und Mutter und zwei Schwestern aufgewachsen und hat bis zu ihrem Fachhochschulstudium Wirtschaft zu Hause gelebt. Sabine ist altersmäßig die mittlere Tochter, ihre ältere Schwester ist ein Jahr älter und ihre jüngere Schwester vier Jahre jünger.

Ihr ältere Schwester und Sabine haben zufälligerweise die gleiche Schuhgröße 39, sodass ihre Mutter damals auf die Idee kam, neue Schuhe immer für die ältere Schwester zuerst zu kaufen, die später auch Sabine tragen sollte. Hintergrund dieser Gewohnheit war, dass die Mutter es gerne sah, dass die Schuhe abgetragen oder einfach „auf" waren, um sie dann mit ruhigem Gewissen vor einem Neukauf an Schuhen entsorgen zu können. Die jüngere Schwester kam nicht nur aufgrund ihres Alters für dieses „Ritual" nicht infrage, sie hatte außerdem auch eine andere Schuhgröße, sodass die Schuhe ihrer älteren Schwestern ihr ohnehin nicht gepasst hätten.

Sabine hat sich damals „als Kind 2. Klasse“ gefühlt und zeitlebens unter dieser Praxis ihrer Mutter gelitten. Reden mit ihren Eltern über diese Ungleichbehandlung hat nur in Ausnahmefällen geholfen, aber nicht wirklich. Wenn Sabine dann enttäuscht und ärgerlich war, hat sie als Kompensation Süßigkeiten gegessen, was ihrer Figur damals nicht unbedingt guttat.

Schon als Studentin hat sich Sabine gerne ein paar neue Schuhe gegönnt und gekauft und lieber auf andere Dinge verzichtet. Von ihrem ersten Gehalt als Marketingassistenten in der Pharmabranche hat sie sich als Erstes ein sehr modisches, aber teures Paar Schuhe in einer noblen Schuh-Boutique, die nur italienische Markenfabrikate führte, gekauft, was nicht überraschend war.

11.4.2 Behandlungsanlass und Problemverhalten

Die Kaufleidenschaft für Schuhe hat sich erwartungsgemäß nicht gelegt, sondern hat sich im Laufe der Jahre noch gesteigert und verschärft, was durch den großen Bestand an Schuhen nur zu gut unter Beweis zu stellen ist. Für Sabine hat der Erwerb oder Kauf von Schuhen zu einer *Ersatzbefriedigung* geführt, dem sie insbesondere nach Kundenbesuchen nachgeht. Entweder hat sie einen guten Verkaufsabschluss bei einem besuchten Mediziner getätigt, für den sie sich dann selbst belohnen muss, oder bei einem weniger guten Geschäft muss sie ihren Frust kompensieren, was in beiden Fällen in einem Kauf neuer Schuhe endete. Gelegentlich, wenn sie zu Hause ist und nichts Besseres vorhat, durchkämmt sie das Internet nach neuen modischen Schuhen und bestellt sie. Falls die Schuhe nicht passen oder unbequem sind, kann sie sie ja (als ungetragene Schuhe) bei Einhaltung der Rückgabefrist mit Retour-Schein problemlos zurückschicken.

Da ihr Freund auch beruflich sehr eingespannt ist und häufig sich auf Dienstreise befindet, ist Sabine häufiger in ihrer Wohnung allein. Ihr Freizeitverhalten, was Hobbys, Sport oder Kultur betrifft, ist sehr eingeschränkt, was zum größten Teil auch an dem Finanzbedarf für Schuhkäufe liegt. Außer den Kollegen und Koleginnen hat sie auch keinen allzu großen Bekanntenkreis, der sie ablenken könnte. Zu ihrer Familie, insbesondere zu ihren Eltern, hat sie noch regen Kontakt. Ihre beiden Schwestern haben mittlerweile selbst eine Familie mit Kindern und gehen ihren eigenen Weg. Das Thema Schuhe ist allerdings in dieser Familie zu einem Tabu-Thema geworden, worüber weder über die heutigen Schuhkäufe von Sabine noch über die Vergangenheit in der Familie gesprochen wird.

In früheren Zeiten hat Sabine Einsamkeit und Langeweile durch ein ungezügeltes Essverhalten, insbesondere mit Süßigkeiten, kompensiert, was gelegentlich in Form von regelrechten Essattacken heute noch auftritt. Die überschüssigen Pfunde sind dann notwendigerweise durch Diäten zu reduzieren und abzuhungern. Ihre Figur kann Sabine dadurch heute in etwa auf Normalmaß halten.

Von ihren Eltern hat sie in ihrer Kindheit und Jugend gelernt, dass materieller Besitz sehr wichtig ist und sich über Geld und Besitz der Daseinszweck und das Selbstwertgefühl definiert, getreu nach dem Motto „Hast Du Was, bist Du Was!“. Ebenso legten ihre Eltern Wert darauf, alle angeschafften Waren oder Produkte bestmöglich zu verwerten, um auch auf diese Weise Geld zu sparen. Lebensmittel z. B. erreichten nie ihr Verfallsdatum und gelangten nie in den Müll! Aus einer anderen Perspektive betrachtet dürfte nach Meinung von Experten diese „Knauserei" oder dieser „Verwertungszwang" sich damals zu einer „Familienneurose" gesteigert und entwickelt haben.

Unter diesem absoluten und übertriebenen Verwertungszwang hat, wie bereits angedeutet, Sabine früher nicht nur gelitten, sondern dieser von ihrer Familie initiierter Verwertungszwang hat zumindest zu einem Minderwertigkeitskomplex aufgrund des Eindrucks, nur zur „2. Garnitur" zugehören, beigetragen, der sich in Form der Schuhkäufe als Kompensationshandlung und Ausgleich noch heute leider mit allen negativen Folgen bemerkbar macht.

Sabine hat im Prinzip keine besondere Affinität zu Geld und Vermögen, aber ihr Kaufzwang von neuen Schuhen hat mittlerweile zu einer Anspannung und Belastung ihrer finanziellen Situation geführt.

Spätestens aber, nachdem ihr Bankkonto und ihre Kreditlinien bei Kreditkartenfirmen stark in die „Miesen" gerutscht sind, also am zulässigen Limit sich bewegten, und ihr Kundenbetreuer in ihrer Hausbank zu ihr Kontakt aufgenommen und sie anschließend zu einem klärenden Gespräch gebeten bat, hat Sabine nicht zuletzt aufgrund ihrer betriebswirtschaftlichen Ausbildung und Kenntnisse den Ernst ihrer finanziellen Lage erfasst und verstanden.

Da sie in einem festen und ungekündigten Arbeitsverhältnis mit gutem normalen Einkommen sich befindet, hat der Kundenbetreuer ihr geraten, sich um eine qualifizierte Beratung und ggf. Behandlung zu bemühen, um ihren übertriebenen Konsumzwang von neuen Schuhen in den Griff zu bekommen. Sobald das erreicht wäre, würden sich die finanziellen Probleme, also insbesondere die Kontoüberziehungen, mit der Zeit und aller Wahrscheinlichkeit nach von selbst lösen.

Sabine hat sich dann zuerst an eine Schuldnerberatungsstelle gewandt. Der Schuldnerberater hat sie dann wegen ihrer besonderen Problematik und der noch nicht bevorstehenden Privatinsolvenz an einen ihm bekannten Psychotherapeuten verwiesen, der insbesondere für den Bereich der psychisch bedingten Zwangshandlungen bzw. Zwangsneurosen qualifiziert ist.

11.4.3 Therapie

Der Psychotherapeut ist kein ausgewiesener Finanztherapeut (den es im Übrigen mit dem entsprechenden Qualifikationsprofil womöglich noch gar nicht gibt), aber durch die Behandlung von Zwangsneurosen und Ängsten hat er des Öfteren Patienten oder Patientinnen mit Konsumzwang und den daraus entstehenden Geldproblemen kennengelernt und sie behandelt. Sein Behandlungskonzept nennt er „integrative Therapie", was nichts anderes ist als eine Mixtur von Konzepten und Interventionstechniken unterschiedlicher therapeutischer Schulen, die sich für die Symptomatik von Zwangshandlungen und der häufig damit verbundenen Selbstwertproblematik als Persönlichkeitsstörung eignet.

Konkret ist der Therapeut sowohl Anhänger der Kognitiven Verhaltenstherapie (VT) als auch Anwender von psychodynamischen sowie humanistischen Therapieansätzen, wie z. B. die Gesprächspsychotherapie (GT) nach Carl Rogers. Mit der VT soll sowohl an den malignen Einstellungskomplexen als auch am Aufbau alternativer zweckdienlicher Verhaltensweisen gearbeitet werden. Psychodynamische Therapiekonzepte sind primär dazu da, die Lebensgeschichte und ihre ggf. lange zurückliegenden Traumata (also „Ur-Konflikte") zu entdecken und aufzuarbeiten und dem Patienten sowohl zu einem besseren Lebens- als auch Selbstwertgefühl zu verhelfen. Humanistische Behandlungsmethoden dienen in erster Linie einer angemessenen Kommunikation und „Verstehens-Kultur" und sind eine Grundvoraussetzung für den Aufbau einer tragfähigen Therapeutenbeziehung zum Patienten.

Behandlungsziel bei Sabine ist nicht nur die Reduktion der Einkäufe von Schuhen als Ersatzbefriedigung, sondern ebenso auch der Aufbau neuer Verhaltensweisen, die sowohl der täglichen Lebensführung (wie z. B. die Konsumausgaben den finanziellen Verhältnissen anzupassen) als auch einer zukünftigen Lebensplanung (inkl. Freizeitgestaltung, Interessen und Beziehungen oder Bekanntschaften) dienen. Vom Therapeuten ist deshalb zu fordern, der Patientin die Aussicht auf ein „besseres Leben" schmackhaft zu machen und zu deren Unterstützung (manipulative) Anreize zu setzen und sie darin zu bestärken. Daneben ist auch an den falschen oder negativen Einstellungen und Kindheitserinnerungen zu arbeiten, um für ein besseres oder positiveres Selbstbild in Verbindung mit mehr Selbstvertrauen und Elan (oder Empowerment) zu sorgen.

Um Sabines Problematik überhaupt zu verstehen und ihr Vertrauen zu gewinnen, bemühte sich der Therapeut, zunächst eine belastbare Beziehung aufzubauen, indem er ihr viel Akzeptanz und „mitfühlendes Verstehen" (Empathie) entgegenbrachte. Hilfreich für ihn war, Sabine zur Schilderung ihrer emotionalen Erlebnisse sowohl in der Gegenwart beim Kauf neuer Schuhe als auch an erinnerte, zeitlich zurückliegende Ereignisse zu ermuntern und diese Schilderungen durch ein empathisches Anerkennen als Feedback zurückzuspielen. Ähnlich dem Vorgehen bei lösungsorientierten Therapien, achtete der Therapeut nicht nur auf Probleme und Schwierigkeiten, sondern versucht darin, auch positive Seiten, also z. B. „die Ausnahme von der Regel", zu entdecken und Sabine dieses bewusst zu machen und ihr Hoffnung und Zuversicht zu geben. Mit der erhaltenen Bestätigung der Klientin auf das von ihm angebotene Feedback gewann der Therapeut darüber hinaus die für ihn wichtigen und relevanten diagnostischen Erkenntnisse.

In ähnlicher Form ging er auch mit ihren Kindheitserfahrungen mit Schuhen um und versuchte Sabine klarzumachen, dass das damals Geschehene nicht ungeschehen oder rückgängig gemacht werden kann. Die Bevorzugung ihrer älteren Schwester bei neuen Schuhen deutete der Psychotherapeut nicht als bewusste Ungleichbehandlung oder sogar „Liebesentzug" ihrer Eltern oder ihrer Mutter, sondern es war die unausweichliche Folge des herrschenden „Familienkomplexes", alles zu verwerten und verbrauchen zu müssen und zu wollen, um sparsam, wir können auch sagen, um wirtschaftlich-rational oder „optimierend" zu handeln und zu leben. Mit diesem sogenannten „Reframing" als Intervention aus dem „Werkzeugkasten" der relevanten Psychotherapien (s. Tab. 11.1) sollte die Voraussetzung für eine Loslösung dieses traumatischen Erlebnisses und damit für eine emotionale Entlastung geschaffen werden. Heute geht es vor allem darum, dies als Vergangenheit gefühlsmäßig zu akzeptieren, um dadurch den Drang zur Ersatzbefriedigung und Kompensationshandlung abzubauen oder zu entkräften.

Aus dem Methodenarsenal der VT greift der Therapeut vor allem auf die Erteilung und Erledigung von Hausaufgaben zwischen jeweils zwei Therapiesitzungen zurück. Nach der ersten Sitzung vereinbarte er mit Sabine, dass sie sich in der Zwischenzeit ihre finanziellen Unterlagen ansehen und prüfen soll, was mit Priorität als Nächstes (oder als Erstes) anzugehen ist (z. B. den Überziehungskredit mit dem höchsten Zinssatz zurückzufahren). Zusätzlich soll Sabine, falls geschehen, alle Einkäufe von neuen Schuhen in dieser Zeit registrieren und als Ausgaben aufsummieren, ohne die Auflage, sich dabei besonders einzuschränken. Dieser Konsumaufwand für Schuhe in dieser Periode soll dann als „Baseline" für Vergleiche mit Konsumausgaben, insbesondere für Schuheinkäufe, in späteren Behandlungsphasen dienen. Sinn und Zweck der „Vorher-Nachher-Betrachtung" (als Rückschau) ist die Verstärkung des Verhaltens und somit eine Beeinflussungsmaßnahme durch diesen Belohnungsvorgang (s. auch Tab. 11.1).

Für spätere Behandlungstermine war als Hausarbeit z. B. eine Auflistung aller Einnahmen und Ausgaben eines Monats zu erstellen, um z. B. den monatlichen Liquiditätsbedarf zu ermitteln. Dann wurde Sabine aufgetragen, wenn sie im Begriff ist, wieder Schuhe zu kaufen, sich vorher zu überlegen und schriftlich festzuhalten, welche Art von Schuhen, z. B. Winterstiefel, Sandalen, Sportschuhe etc., sie gedenkt zu kaufen, und sich unbedingt an diese Liste zu halten; keinesfalls sollte sie mehr Paare der gleichen Art, also Mehrfachkäufe ggf. in verschiedenen Schuhgeschäften tätigen, noch irgendwelche anderen Schuhe, die nicht auf der Liste standen, kaufen. Sollte Sabine nicht alle geplanten Schuhe oder keine Schuhe an diesem Tag kaufen, wäre das ebenso in Ordnung. Nur kein zusätzlicher Schuhkauf *außerhalb* dieser Liste war die Devise!

Nach Aussagen aus der Fachliteratur (s. z. B. Klontz et al., 2015c, S. 349) ist in ungefähr 80 % der therapeutischen Interventionen oder Heilbehandlungsempfehlungen mit Widerstand oder Unwillen der Patienten zu rechnen. Abgesehen von der Tatsache, dass der Patient oder die Patientin noch nicht an dem Punkt der lfd. Therapie angekommen ist, den der Therapeut bereits vermutet und sich gewünscht hat, und diese Störung eher ein Prozess- oder Kommunikationsproblem ist, dass der noch notwendigen Klärung und Ausräumung bedarf, muss auch bei Behandlungsvorschlägen oder Nachfragen mit psychischen Widerständen aufgrund von Ängsten und Abwehrhaltungen gerechnet werden.

Wenn der Therapeut z. B. Sabine vorschlägt, ihren Bestand an Schuhen zu klassifizieren nach A) neue Schuhe und „Lieblingsschuhe", B) nach sonstigen Alltagsschuhen, die noch im Gebrauch sind, und C) nach alten, schon lange nicht mehr getragenen Schuhen, könnte sie dagegen protestieren oder irgendwelche Einwände haben, denn sie hat generell das Problem, sich von ihren Schuhen als Besitztümer zu trennen. Hintergrund dieser Auflage oder Empfehlung wäre, von den alten Schuhen einen Teil zu entsorgen, um auf diese Weise in der Wohnung Platz zu schaffen. Zu vermuten und nicht auszuschließen ist, dass dieser Vorschlag wahrscheinlich auf wenig Gegenliebe stößt und von Sabine emotional abgelehnt, wenn nicht sogar entschieden bekämpft wird. Bei heftigem Widerstand könnte der Therapeut z. B. kontern und fragen, ob sie einen anderen Vorschlag zur Raumgewinnung oder Schaffung von Platz und Ordnung hätte, oder vorschlagen, zunächst nur mit einem Zimmer anzufangen und die Schuhe nur in diesem Raum zu sortieren und ggf. zu entsorgen. Auch der Gegenvorschlag, evtl. eine größere Wohnung mit mehr Platz anzumieten, wäre möglich und dürfte die Patientin zum Nachdenken und Reflektieren bewegen. Diese Kontrastierung von entweder Ordnung in der alten Wohnung schaffen oder Umzug in eine größere Wohnung mit höheren Ausgaben wie Miete und Umzugskosten dient ebenfalls der Beeinflussung oder Verhaltenssteuerung.

Mitunter macht es Sinn, die dahinterstehenden Emotionen wie Ängste oder Stress direkt anzusprechen, um zu zeigen, dass die Abwehrhaltung gegen praktische Lösungsvorschläge nur mit diesen konfliktbehafteten Emotionen zu tun hat, und der ursächliche verborgene Konflikt sich unweigerlich bemerkbar macht und zunächst zu bearbeiten ist. Angebote, die früheren Konflikte und heutigen Verhaltenswiderstände in einem anderen Licht oder aus einer anderen Perspektive zu sehen, also ihnen im Zuge des „Reframings“ eine andere Bedeutung zukommen zu lassen, können helfen und für Entlastung sorgen und Ängste und Widerstände mildern oder abbauen, wie bereits am Beispiel der Ungleichbehandlung in der Kindheit durch die Eltern demonstriert wurde.

Vielleicht sollte der Therapeut Sabine auch auf ihr Essverhalten ansprechen. Sabine scheint es ja zu gelingen, gelegentliche Essens-Eskapaden mit einer disziplinierten Diät kompensieren zu können. Wie in der lösungsorientierten Therapie, sollte auch in diesem therapeutischen Kontext stärken- oder ressourcenbezogen vorgegangen werden, denn es ist eine starke lobenswerte Leistung von Sabine, wie sie mit diesem Problem umgeht. Unter Umständen bietet es sich an, auf Verzicht ausgerichtete Verhaltensmomente oder Gedankengänge während einer Diät auf den Konsumzwang zu übertragen! Erfolgreiche Verhaltensmuster der Selbstdisziplin in einem Lebensbereich wären zugleich „Transmissionsriemen“ und positiver Verstärker für einen anderen Bereich mit Verhaltensproblemen.

Nach einigen Monaten Therapie sollte Sabine nicht nur ihren krankhaften Schuheinkauf in den Griff bekommen und ihre Finanzen auf eine wieder tragfähige Grundlage gestellt haben, sondern und vor allem sollte sie an die Zukunft denken und sich mit erstrebenswerten Zukunftsplänen beschäftigen. Daraus resultieren nicht nur Lebenskraft und Selbstmotivation, sondern dies lässt auch das Leben in einem ganz anderen, schöneren und besseren Licht erscheinen. So wäre es ein lohnenswertes Ziel, evtl. die Beziehung zu ihrem aktuellen Partner zu intensivieren und an eine gemeinsame Wohnung zu denken und dies auch anzugehen und in die Praxis umzusetzen. Sollte es in dem Behandlungsprozess hier und da einmal „haken“ oder zu Kooperationsproblemen kommen, hilft immer der Blick zurück auf die bisher zurückgelegte Wegstrecke im Therapieverlauf als Verstärkung und Selbstbeeinflussungsmechanismus.

„Follow-up-Termine“ mit dem Psychotherapeuten in zeitlich größer werdenden Abständen können helfen, Rückschläge in die alte Zwangsproblematik zu vermeiden bzw. aufzugreifen und ggf. neu zu behandeln. Zur Not oder bei Bedarf wäre auch ein Kontakt zu anderen Spezialisten oder Institutionen für den Therapeuten hilfreich und angezeigt; natürlich nur mit Einwilligung der Patientin.

11.5 Resümee

Psychotherapien, egal mit welchem theoretischen oder methodischen Hintergrund, schließen sich zuweilen vorausgehenden Beratungsfällen an, wenn es die Symptomatik erfordert. Am Beispiel der noch nicht allzu lange bekannten und betriebenen Finanztherapie sollte gezeigt werden, wie ein integratives oder eklektisches Vorgehen aussehen könnte.

Für die therapeutische Praxis mag es zunehmend wichtiger werden, wie es bei psychisch bedingten Problemen mit finanziellem Hintergrund deutlich wurde, die Zusammenarbeit mit den unterschiedlichen Experten und Spezialisten zu suchen. Das ist nicht zuletzt deshalb notwendig, um im Sinne und zum Wohle des Klienten zu handeln. Der hier exemplarisch dargestellte Fall von krankhaftem Kauf- oder Konsumzwang dürfte zum einen die Behandlungsnotwendigkeit, zum anderen das übergreifende Arbeiten sowohl mit den Methoden und Techniken aus der „Therapiewelt“ als auch in der Zusammenarbeit zwischen verschiedenen Experten oder Spezialisten unterschiedlichster Profession verdeutlicht haben.

Bei allem Bemühen um neue therapeutische Ansätze und Konzepte sollten die diagnostischen Belange nicht zu kurz kommen, insbesondere dann, wenn manipulative Impulse und Kräfte sowohl als Selbstsuggestion (z. B. ein innerer Drang oder Zwang) als auch durch Fremdeinwirkungen oder Beeinflussungen, z. B. als traumatische Erlebnisse in der Vergangenheit, zum Zuge kamen. Aber auch während der Behandlung sind manipulative Eingriffe des Psychotherapeuten zum Wohle des Patienten unumgänglich, insbesondere dann, wenn Widerstände gegen vorgeschlagene therapeutische Maßnahmen auftreten oder der Behandlungsprozess, aus welchen Gründen auch immer, ins Stocken gerät.

12 Pädagogische Konzepte zur Förderung von Lernen, Erziehung und Persönlichkeitsentwicklung

Ohne eine abschließende Diskussion über erzieherische oder pädagogische Belange findet das Thema „Diagnostik von Manipulationen" keinen Abschluss. Ähnlich wie bei einer Therapie oder Heilbehandlung übernehmen Erzieher, Lehrer oder sonstige Personalverantwortliche, z. B. in der betrieblichen Ausbildung, ebenfalls ein Betreuungsmandat und sind sowohl für die Lern- und Verhaltensfortschritte als auch für das Wohlergehen ihrer ihnen anvertrauten Personen (z. B. Schüler) verantwortlich.

Seit den Sechzigerjahren (des vorherigen Jahrhunderts) hat sich vornehmlich in den USA die wissenschaftliche Forschung diesem Thema in Form von mehrjährigen Projektstudien an Schulen gewidmet mit dem Ziel, gerade Schüler oder Schülerinnen unterprivilegierter sozialer Schichten in ihrer Persönlichkeitsentwicklung in der Schule zu fördern und zu unterstützen (s. deCharms, 1979). Populär wurde insbesondere die Metapher über das Verhältnis oder die Beziehung vom „Meister und seinen oder ihren Marionetten (in Schule und Unterricht)", was eigentlich alles über manipulatives Verhalten zum Ausdruck bringt.

Kein Wunder, denn Manipulationen sind das Rüstzeug der Lernpsychologie, insbesondere in Form des „instrumentellen Lernens" bzw. des „Operanten Konditionierens" mit Belohnungen und Bestrafungen als Verstärker, wie es anfänglich in Tierexperimenten untersucht wurde. Ziel dieser Forschungen waren Erkenntnisse über die Bedingungen von Lernen an sich und die Möglichkeit, Verhaltensmodifikationen durch entweder Annährungsverhalten als gewünschtes Verhalten oder Vermeidungsverhalten (als negative Verstärkung) zur Unterlassung nicht gewünschten Verhaltens herbeizuführen.

Übertragen auf die damalige Situation in der Schule, bedeutete das aus Sicht der an diesem Projekt beteiligten Forscher, dass es eben nicht so sehr auf die Wissensvermittlung durch Lehrpersonen oder Pädagogen ankommt, sondern es kommt darauf an, das „emotionale Lernen", wie ich es bezeichnen würde, verstärkt anzugehen und zu fördern und die Schüler und Schülerinnen zu einer eigenverantwortlichen und nicht fremdgesteuerten Persönlichkeit zu erziehen und ihnen in diesem Ent-

H. Wienkamp, *Diagnostik von Manipulationen*,
https://doi.org/10.1007/978-3-662-68601-0_12

wicklungsprozess alle notwendige Hilfe zuteilwerden zu lassen. Bei diesem pädagogischen Ansatz geht es zum einen um die Entwicklungsziele und Inhalte, zum anderen um die Methodik, die gesteckten Ziele zu erreichen. Konkret stand als Entwicklungsziel im Vordergrund die *„kausale Autonomie"*, wie es deCharms seinerzeit formulierte, zu dem die Lehrer durch ihr pädagogisches Geschick und positive soziale Einflussnahme einen signifikanten Beitrag leisten können.

Neben der als Intervention zu bezeichnenden Unterrichtsgestaltung durch den verantwortlichen Pädagogen, die ein erhebliches Maß an Beeinflussungspotenzial zum Wohle der Schüler und Schülerinnen enthält, ist die pädagogische Diagnostik von Schulteilnehmern ebenso durch Manipulationsmanöver gekennzeichnet. Bei der Diagnostik von Schulleistungen und dem mit der Persönlichkeit des Schülers verbundenen Verhalten sind sowohl neben den lfd. Testaten und Klassenarbeiten Intelligenz- und Leistungstests im Einsatz als auch Persönlichkeitstests, die i. d. R. durch „Fantasietests" als projektive Verfahren mit der Erstellung von erlebnisrelevanten Kurzgeschichten zu ausgewählten Themen, wie z. B. Eigenverantwortung, Respekt vor Lehrern und Mitschülern etc., zum Einsatz kommen. Über die anschließende (und manipulative) Rückmeldung und Diskussion sollen die betroffenen Schüler und Schülerinnen sowohl zum Nachdenken bzw. zur Reflexion als auch zur Verhaltensmodifikation angeregt werden.

12.1 Ziele und Themen der Schulpädagogik und Förderung

Bereits die Lernpsychologie ging aufgrund ihrer experimentellen Befunde davon aus, dass Lernen entweder durch das „Klassische Konditionieren (CC)", also durch das „Signallernen", erworben wird, oder, wie bereits angedeutet, durch das „Operante Konditionieren (IC)" mit den implementierten Verstärkungsmechanismen. Beim CC erwirbt ein zunächst neutraler Reiz (z. B. ein Licht), das ist der CS (oder konditionierter Stimulus), in Verbindung bzw. im gemeinsamen Auftreten mit einem physiologisch sensiblen Reiz (z. B. Stromschlag oder Futter), das ist der UCS (oder unkonditionierter Stimulus), allmählich die Funktion des UCS bei der Reaktionsbildung des Versuchstieres oder der Versuchsperson. In der Transformation der Eigenschaft des UCS auf den CS besteht der Lernvorgang des Individuums. Während des IC wird das gewünschte Verhalten des Probanden entweder kontinuierlich belohnt, also verstärkt (oder manipuliert), oder durch Androhung von Strafe verhindert, also durch die sogenannte „negative Verstärkung" Vermeidungsverhalten erzeugt.

Da die gezeigten Verhaltensreaktionen stets von entweder positiven Gefühlen wie z. B. Freude, Sättigung etc. oder von negativen Affekten wie z. B. Schmerz begleitet werden, prägen die Emotionen oder Gefühle das Lernverhalten, sodass vom „emotionalen Lernen" zu Recht zu sprechen ist. Bei häufiger oder ständiger Wiederholung wird dieser von Affekten begleitete Vorgang oder Prozess internalisiert (und im sogenannten „emotionalen Gedächtnis" gespeichert), sodass das Verhalten fortan aus sich selbst heraus in ähnlichen oder vergleichbaren Situationen geschieht. Mit der Internalisierung sind die Voraussetzungen für die „kausale Autonomie" (deCharms, 1979, S. 19) als vorrangiges Entwicklungsziel der Erziehung überhaupt und hier in der Schulpädagogik geschaffen worden, denn ein Mensch erlebt den Ursprung seiner

Handlungen innerhalb sich selbst und nicht außerhalb der eigenen Person. Im Rahmen dieser Handlungen findet Selbstsuggestion anstelle von Fremdsuggestion statt.

Von der eben angesprochenen kausalen Autonomie hängt die Leistungsmotivation entscheidend ab. Brenn- und Angelpunkt in der Schule und im Unterricht ist die Leistungsmotivation, die ein Bestandteil des Motivationskonzeptes wie z. B. das von McClelland (z. B. 1987) ist. Neben der Leistungsmotivation gehören Machtambitionen und die Bindungsmotivation als weitere Komponenten dieses Motivationsmodells dazu. Leistungsmotivation zeichnet sich ursprünglich durch Wettbewerbsorientierung und harte konzentrierte Arbeit aus, wenngleich das Konkurrenzverhalten nicht so ohne Weiteres und in Gänze auf den Schulbetrieb zutrifft und – im Gegensatz zur „freien Wirtschaft" – in dieser „sozialen Welt" in exzessiver Form völlig unangemessen wäre. Dagegen ist der Aspekt Macht durchaus relevant, da auch Schüler und Schülerinnen den sozialen Umgang mit ihren Mitschülern (oder Mitschülerinnen) pflegen und mit ihrer Gunst (oder auch Macht) sorgsam und nicht immer mit Bedacht umgehen, sodass sie sich sowohl positiv (z. B. hilfsbereit, zugewandt, empathisch) als auch negativ oder abweisend (z. B. streitsüchtig, egoistisch, abgrenzend) verhalten. Zum einen haben sie dabei die Situation, in der sie sich behaupten wollen und müssen, fest im Blick, zum anderen die Vor- und Nachteile für sich selbst, die sich als Konsequenzen ihres Verhaltens ergeben könnten (vgl. deCharms, 1979, S. 57). Wie sich die Schüler auch verhalten, ihr Verhalten ist stets in soziale Interaktionen eingebunden und von sozialen Beeinflussungsversuchen geprägt.

Streng mit der Leistungsmotivation ist eine realistische Einschätzung der aktuellen eigenen Fähigkeiten verbunden. Schüler oder Schülerinnen, die unrealistische oder keine Vorstellungen von ihrem Leistungsvermögen haben, setzen sich entweder zu geringe oder übertrieben ambitionierte Ziele, die völlig unrealistisch und illusorisch sind, und vertrauen letztendlich auf ihr Glück. Ein Motiv dieser Fehleinschätzung ist, dass es für sie gegenüber anderen peinlich ist, wenn sie ihre Leistungsgrenzen offenlegen oder wenn deutlich wird, dass sie sie selbst gar nicht kennen. Lieber verschleiern sie ihr Unvermögen einer realistischen Leistungseinschätzung und versuchen, dies mit aller Macht zu verheimlichen (vgl. deCharms, 1979, S. 78). Klar dürfte im Übrigen auch sein, dass unrealistische Vorstellungen nicht gerade die Selbstverantwortung als weiteres Entwicklungsziel positiv beeinflussen und fördern! In diesen Verschleierungsversuchen liegt auch der Versuch der Abwehr und der Täuschung als manipulatives Verhalten.

Bindungsmotivation kann bei der Erziehung von Kindern und Jugendlichen im engen Zusammenhang mit der Entwicklung von Ich-Idealen als persönliche Entwicklungsziele stehen, die durch Identifikation mit einer für den Schüler oder Schülerin sehr bedeutsamen Bezugsperson (z. B. der Lehrer oder die Lehrerin) durch Modelllernen erworben und gefördert werden. Meistens nehmen sich die betroffenen Schüler oder Schülerinnen diese Bezugsperson zum Vorbild.

In dem von deCharms (1979) propagierten „Meister-Marionetten-Modell" ist noch interessant, dass die Schüler und Schülerinnen in ihrer „Schulkarriere" meistens unterschiedliche Entwicklungsstadien durchlaufen, in denen sie wechselweise sowohl Marionette als auch Meister sein können. Je nach Persönlichkeitstyp entwickeln sie sich in diesen Entwicklungsphasen weiter sowohl von der ursprünglichen Marionette zum Meister als auch entlang der qualitativ verschiedenen Stadien. Von folgenden Entwicklungsstadien ist auszugehen (s. deCharms, 1979, S. 172):

„- die impulsive Phase;
- die defensive Phase;
- die konformistische Phase;
-und die reife Phase (als vollkommen entwickelte reife Persönlichkeit)."

Bemerkenswert sind innerhalb dieser Entwicklungszonen die möglichen Charakterausbildungen mit ihren manifesten Verhaltenszügen.

Impulsive Kinder sind in der Schule für die Lehrpersonen sicherlich nicht pflegeleicht, da sie zu undisziplinierten Reaktionen neigen und vielfach durch ihre Störungen des Unterrichts auffallen. Entweder haben sie ein Aufmerksamkeitsdefizit oder sie sind schlicht und ergreifend unreif oder „unerzogen", was auf eine schlechte oder unangemessene Erziehung in ihrem Elternhaus hinweist. In Einzelfällen ist auch von einer „Attention Deficit Hyperactivity Disorder (ADHD)" als psychisch bedingte Aufmerksamkeits- und Hyperaktivitätsstörung verbunden mit impulsivem Verhalten auszugehen. ADHD-Problematiken mit ihren ausgeprägten Aufmerksamkeits- und Konzentrationsdefiziten sind ggf. im Rahmen einer Therapie unbedingt zu behandeln.

Defensive neigen zu Abwehrhaltungen und auch zum Lügen, wenn es ihnen hilft, ohne dass sie ein „schlechtes Gewissen" verspüren und ohne dass es ihnen irgendwie leidtut. Eher sind sie peinlich berührt, wenn sie erwischt und der Lüge überführt werden, sodass, um Schlimmeres zu verhüten, sie notgedrungen die Wahrheit sagen. Ihr Manipulationspotenzial liegt somit in der Verteidigung des eigenen Wohlbefindens gegenüber anderen Menschen, insbesondere Autoritäten.

Konformisten sind Anhänger von „Law & Order", also von Recht und Ordnung, und daher insbesondere Autoritätspersonen wie z. B. Lehrern verbunden und zugewandt. Gegenüber Mitschülern spielen sie sich dann gerne als „Hüter von Recht und Ordnung" auf und maßregeln sie bei Bedarf. Im Extremfall haben sie das Potenzial zum „gelernten Untertanen": „Nach oben buckeln, nach unten treten!"

Reife Persönlichkeiten kommen den von deCharms (1979, S. 124) postulierten „Meisterkategorien" als Entwicklungsziele ziemlich nahe. Es sind die Ziele oder Verhaltensmaxime:

„a) internale Zielsetzung;
b) internale instrumentelle Aktivität;
c) Realitätseinschätzung;
d) Selbstverantwortung;
e) Selbstvertrauen;
f) internale Kontrolle."

Auffällige oder bedeutsame Defizite in diesen aufgelisteten Entwicklungszielen einerseits oder das Verbleiben auf einer vorherigen Entwicklungsstufe andererseits (z. B. als defensive Persönlichkeit) können zu anstößigen Charakteren im zwischenmenschlichen Verhalten und zu einer mangelnden Verhaltensanpassung überhaupt führen. Bei einer Fixation auf einer dieser „unreifen" Entwicklungsstufen wäre eine Weiterentwicklung zu einer „reifen Persönlichkeit" insbesondere bei Erreichen des Erwachsenenalters eher unwahrscheinlich oder sogar ausgeschlossen und unmöglich.

Lehrer oder Lehrerinnen sind bei der Durchführung ihres Unterrichts gut beraten, wenn sie zum einen diese unterschiedlichen Entwicklungsstadien bei ihren Schülern wahrnehmen und in ihrem Lehrerverhalten berücksichtigen, zum anderen, wie in diesem Forschungsprojekt praktiziert, soziale Themen des „menschlichen Umgangs miteinander" mit den Schülern behandeln und als Kurzgeschichten beschreiben und schildern lassen. Idealerweise greifen sie solche Alltagsepisoden der Schüler auf, in denen diese Entwicklungsziele vorkommen und problematisiert werden. Auf diese Weise können Pädagogen einen enormen Einfluss auf die persönliche und soziale Entwicklung der Schüler gewinnen. Sowohl auf ihre Einstellungen als auch auf ihr Verhalten würden die Lehrpersonen einen großen Einfluss ausüben.

12.2 Methoden der pädagogischen Diagnostik

Meistens setzen Wissenschaftler bei pädagogischen psychologischen Studien Testverfahren ein, die dem intellektuellen Niveau der Kinder und Jugendlichen entsprechen. Ziel der Untersuchung sind entweder Leistungsüberprüfungen, die ggf. eine Voraussage auf den Lern- oder Schulerfolg gestatten, oder mehr psychologisch orientierte Untersuchungen mit speziellen Verfahren. Persönlichkeitstests wären z. B. eine Erhebungsmethode, die die Einstellung der Schulkinder zu allgemeinen oder gesellschaftlich relevanten Themen betrifft oder ihre Erlebnisse und Erfahrungen mit ausgewählten sozialen Situationen, z. B. mit Lehrern, Mitschülern etc., tangiert und konkretisiert.

Bevorzugte Erhebungsinstrumente in der Schulpsychologie sind „narrative" Verfahren, indem den Schülern eine Szene präsentiert wird, zu der er (oder sie) sich eine kurze Geschichte spontan ausdenken soll, die den aktuellen Erlebnishintergrund abbildet. Alternativ dazu können auch konkrete Fragen, wie beim „Thematischen-Apperzeptions-Test (TAT) von Murray (1943), den Probanden zu einer interaktiven Szene (oder einem Bild mit sozialem Hintergrund) vorgegeben werden, um ihnen die Beantwortung zu erleichtern. Letztlich kommt dieses Vorgehen den projektiven psychologischen Testverfahren wie dem TAT sehr nahe, wo den Probanden eine Abfolge von Bildern gezeigt wird mit den zugehörigen Leitfragen (vgl. deCharms, 1979, S. 98):

> „1) Was passiert hier?
> 2) Was geschah vorher oder was ging der Szene voraus?
> 3) Was denken oder wünschen sich die beteiligten Personen?
> 4) Wie könnte es weitergehen?"

Über erlebnisorientierte Episoden oder Kurzgeschichten sind die Bilder zu interpretieren und, falls vorgegeben, die Fragen zu beantworten.

Leistungsmotivation als zentrales Motiv für Schüler oder Schülerinnen thematisierte z. B. ursprünglich die nachfolgenden Aspekte oder Subkriterien:

> „a) Wettbewerb mit einem von außen vorgegebenen Ziel oder Anspruchsniveau;
> b) intraindividueller Vergleich mit den eigenen Fähigkeiten zwecks Leistungsverbesserung;
> c) Realisierung einer einzigartigen außergewöhnlichen Leistung (z. B. Erfindung);
> d) Orientierung an langfristig gesetzten Zielen (wie z. B. Karriereentwicklung)."

Diese Kriterien der Leistungsmotivation haben im begrenzten Umfang auch Relevanz für Schulkinder.

Bei einigen Übungen, die im Rahmen des Forschungsprojektes unter Federführung von deCharms eingesetzt wurden, ließ sich die Leistungsmotivation mit allen zugehörigen Facetten gut operationalisieren. So konnte beim „Wurfspiel mit Ringen“ und einer vorherigen Auswahl von niedrigen, moderaten und schwierigen Anforderungen als Zielsetzung recht gut der Realitätssinn der Schulkinder, verbunden mit dem eigenen Anspruchsniveau, beobachtet und festgestellt werden. Beim „Blindenführerspiel“ waren hingegen die Teilnehmer oder Teilnehmerinnen dahin gehend gefordert, einem „Blinden“ als Helfer beizustehen und dem Blinden dosiert Halt, Sicherheit und Führung zu vermitteln, damit die zu betreuende Person allmählich Selbstsicherheit gewann und eigenständig agieren konnte. Fingerspitzengefühl für die jeweils notwendige Dosis an Beeinflussungsvermögen war die zentrale soziale Anforderung an die Schulkinder als Betreuer in diesem Spiel.

Keineswegs überraschend dürfte sein, dass auch für das hier relevante Modell „Meister-Marionette“ ein Fantasietest konzipiert und eingesetzt wurde, der in Anlehnung an projektive Verfahren zur Erstellung von „Short Stories“ anregte. Diese Kurzgeschichten wurden dann nach typischen Verhaltenskriterien ausgewertet, um auf die gerade verspürten Gefühle des Schülers (oder der Schülerin) zu schließen (s. deCharms, 1979, S. 117).

Unter dem Strich eignete sich der Merkmalsaspekt „internalisierte Zielsetzung“ am besten zur Differenzierung zwischen Marionetten und ihrem Meister (s. deCharms, 1979, S. 124). Hinzu kommen noch als Unterscheidungskriterium der Realitätssinn bei Berücksichtigung situativer Umstände und das Selbstvertrauen, das bei einem gewollten positiven Ausgang der Geschichte durchschimmerte und hervortrat.

Schulkinder lassen sich während des Unterrichts in Richtung gewollte Verhaltensänderungen nach den erfolgten Beobachtungen manipulieren, wenn sie zum einen die Freiheit haben, selbst darüber nachzudenken und zu entscheiden, was sie als Nächstes tun könnten, zum anderen die Möglichkeit eingeräumt bekommen, „spielerisch“ sich zu versuchen und aus den gewonnenen Erfahrungen im „Hier und Jetzt“ unmittelbar zu lernen (s. deCharms, 1979, S. 49).

12.3 Transfer auf andere „Lerngruppen“

Mit Transfer ist in diesem Kontext die Übertragung der wissenschaftlichen Erkenntnisse aus dem Schulbereich auf Erwachsene gemeint, die in der betrieblichen Praxis durch Seminare zur Wissensvermittlung (oder „Skills“) oder sonstige Personalentwicklungsmaßnahmen (also PE-Maßnahmen) zu fördern sind.

Bereits an früherer Stelle ist die Personalberatung bzw. das Coaching im Rahmen einer PE behandelt worden (s. Abschn. 10.3.1.2). Nun richtet sich das Interesse mehr auf kollektive PE-Maßnahmen, wie z. B. Seminare und Trainings, die ähnlich wie in der Schule entweder in Unterrichtsform bei der Vermittlung von neuem Wissen oder als Verhaltenstraining zur Persönlichkeitsentwicklung angeboten und durchgeführt werden. Einzuräumen ist allerdings, dass das Thema „PE“ schon umfänglich und ausgiebig in der Fachliteratur aus allen denkbaren Richtungen und unter verschiedenen Aspekten behandelt wurde, sodass eigentlich kaum noch Potenzial für Neuigkeiten vorhanden sein dürfte!

Analog zum Schulsektor geht es bei diesem Beitrag um Manipulationen, die auch in der betrieblichen Aus- und Fortbildung virulent und verankert sind. Vielfach sind nämlich Betriebsangehörige dazu aufgefordert, andere Menschen, sei es Kollegen oder Kolleginnen, ihre Führungskräfte oder Kunden und Lieferanten, „zu überzeugen" und sich mit ihrem Anliegen durchzusetzen. Ihr Rüstzeug ist dann das ganze Arsenal an Manipulationstechniken, um zum Ziel zu kommen. Die betriebliche PE muss daher über einen „Instrumentenkasten" an Beeinflussungsmethoden verfügen, die sie zum Erlernen und Ausprobieren anbietet (z. B. die Einwandbehandlung in typischen Verkaufssituationen oder der Umgang mit Terminschwierigkeiten, Lieferproblemen oder Reklamationen beim Kundenservice).

Mit Bezug auf die unterschiedlichen unternehmenseigenen Bildungsmaßnahmen soll der Versuch unternommen werden, das vorhandene Potenzial an Manipulationen herauszudestillieren und einer Begutachtung oder Diagnostik zu unterziehen sowie für eine evtl. Anwendung zu diskutieren. Nicht nötig ist es, die bereits vorhandenen Ausführungen zu Beratungen, Verhandlungen und Verkaufsgesprächen, die zu unterschiedlichen Gelegenheiten in der Arbeitswelt vorkommen, noch einmal zu wiederholen (s. hierzu Abschn. 10.3). Somit reicht ein Blick auf die angebotenen betrieblichen Seminare u. dgl., um wesentliche Gesichtspunkte der Manipulation festzuhalten.

So ist z. B. eine beliebte Bildungsmaßnahme in der Praxis die Einführung von Kreativitätstechniken. Seminarteilnehmer und -teilnehmerinnen lernen im Team, wie zum einen mit neuen Ideen, Einfällen oder Vorschlägen anderer Personen umzugehen ist; sie sind auf keinen Fall in einem frühen Stadium, wo sie noch unausgereift sind, gleich zu kritisieren oder abzuwerten und abzulehnen! Zum anderen lernen sie, wie die Ideen oder Vorschläge von anderen einem selbst weiterhelfen können, indem sie aufgegriffen, bearbeitet, weiterentwickelt und „veredelt" werden. Manipulation und Gegenmanipulation finden als interdependentes Verhalten unter den Seminarteilnehmern wie auch später in der Praxis permanent statt.

Auch Führungs- und Persönlichkeitsseminare enthalten ein großes Manipulationspotenzial. Jeder Seminarteilnehmer erfährt dort neben der Selbsterfahrung jeweils Feedback sowohl von den anderen Teilnehmern als auch vom Seminarleiter. Mit der Selbsterfahrung z. B. durch eine passende Übung wie die „Fantasiereise" (s. Wienkamp, 2021a, S. 119 f.), die eine „Reise" durch bestimmte vergangene Lebensabschnitte zum Ziel hat, betreiben die Betroffenen eine Art Selbstsuggestion, indem sie sich bestimmte Ereignisse aus ihrer Vergangenheit noch einmal bewusst machen und sich ihnen stellen. Wie bereits an früherer Stelle erwähnt, könnte sich ein Teilnehmer z. B. daran erinnern, dass er (oder sie) eigentlich lieber Lehrer geworden wäre und auf Wunsch seiner (oder ihrer) Eltern etwas anderes beruflich gemacht hat, was ihn oder sie heute noch schmerzt und belastet. Da solch ein Ereignis nicht umkehrbar ist, sollte sich dieser Mensch damit abfinden und seinen oder ihren Frieden finden. Die Übung „Fantasiereise" sollte ihn (oder sie) mithilfe der Selbstsuggestion dazu verhelfen, über diese noch belastenden „Traumata" hinwegzukommen.

Partnerübungen z. B. als Psychodrama oder Rollenspiele eignen sich für gegenseitiges Feedback und dürften Einstellungs- und Verhaltensänderungen bewirken. Verstärken dürfte sich die Wirkung noch, wenn ein Seminarteilnehmer von der Gesamtgruppe eine bestimmte eindeutige Rückmeldung über sich erhält. Zum passenden Zeitpunkt mischt sich durch Deutungen, Interpretationen u. Ä. auch der Seminarleiter ein und nimmt auf seine Weise Einfluss auf die Teilnehmer bzw. Teilnehmerinnen z. B. durch ein „Reframing".

Vergleichbar, aber doch in der Ausrichtung anders als „rationale Entscheidungsmodelle" (s. Kap. 8) sind Szenario-Techniken, die ebenfalls gerne in der Seminarpraxis vor dem Hintergrund betrieblicher Strategieentwicklungen und Planungen zum Einsatz kommen. Bei Szenarien geht es allerdings nicht um die Lösung eines Optimierungsproblems, sondern sie sind dazu da, eine mögliche zukünftige Entwicklung unter bestimmten Prämissen zu beschreiben und diese Planungsmodelle (Szenarien) einem sogenannten „Plausi-Check", also ggf. einer „Prämissen-Kritik", zu unterwerfen. Seminarteilnehmer erfahren dann, wie eine Planungskommission oder Strategiegruppe zu moderieren ist und wie sie mit den „kreativen" Entwürfen und Ideen insbesondere bei der abschließenden Bewertung und Dokumentation umzugehen haben. Manipulationspotenzial liegt in der Bindung der Teilnehmer oder Teilnehmerinnen an ihre selbst gesteckte Ziele und Planungsprämissen, an die sie sich diszipliniert während des Planungsprozesses halten sollten.

„Schmutzige Tricks", die dazu führen, Manipulationen heimlich und in versteckter Form auszuüben, gehören nicht zum Seminarprogramm, denn sie konterkarieren jegliche Authentizität eines Individuums und sind der Kooperation und Zusammenarbeit im Unternehmen abträglich. Allenfalls kann auf solche Praktiken zum eigenen Selbstschutz der Mitarbeiter und Mitarbeiterinnen vorsorglich hingewiesen werden.

Spezielle Persönlichkeitstests für die PE sind bekannt (s. z. B. den Sammelband von Passmore, 2008) und haben z. B. beim Coaching eine helfende Funktion, nämlich über den Test sozusagen eine „zweite Meinung" zur Einschätzung der Persönlichkeit zu generieren und zu liefern (s. Wienkamp, 2021a, S. 107 u. 154 ff.), die dann mit dem allgemeinen Eindruck verglichen werden kann.

12.4 Resümee

Lernen ist im Prinzip das wichtigste Element in unserem Leben und unersetzbarer Bestandteil der Evolution. Ohne gelernte Anpassung an die „raue Wirklichkeit" und Umwelt ist kein Überleben möglich.

Schon in der Schulzeit galt das Bemühen, durch breit angelegte Untersuchungen die besten Voraussetzungen für das Lernen, und damit auch für die Persönlichkeitsentwicklung von Schulkindern, zu erforschen. Als Ergebnis dieser Studien stellte sich heraus, dass nur die Internalisierung von Lernstoff und situative persönliche Erfahrungen weiterhelfen und dem Individuum eine „kausale Autonomie" als oberstes Lernziel garantieren.

Wirksamste Methode und Praxis ist das sogenannte „emotionale Lernen", das die Voraussetzung bietet, die affektiven Lernerfahrungen in das „emotionale Gedächtnis“ zu speichern und bei Bedarf als Werturteile und Verhaltensmaxime abzurufen. Lehrpersonen können mit ihrem pädagogischen Geschick den Schülern und Schülerinnen helfen, sich zu einer eigenverantwortlichen und nicht von anderen abhängigen Persönlichkeit zu entwickeln.

Vom Grad der Eigenverantwortung hängt abschließend auch die Leistungsmotivation in Form von Lernwilligkeit und Anstrengungsbereitschaft, aber auch von einer realitätsgebundenen Wahrnehmung und Einschätzung der vorhandenen Möglichkeiten ab. Metapher dieses Lernmodells war das Konzept vom „Meister-Marionetten-Verhältnis“, das sich als ein wechselseitiges Lebenszyklusmodell anbot. Fixation in einer der durchlaufenden Entwicklungsphasen kann einen Stillstand der natürlichen Entwicklung und Reife bedeuten und zur Ausprägung auffälliger negativer Charakterzüge führen, die bis ins Erwachsenenalter Bestand haben können.

Methode der Wahl für Persönlichkeitsuntersuchungen bei Schulkindern sind projektive Verfahren, wie z. B. ein „Fantasietest“, der von den Betroffenen erlebnisrelevante Kurzgeschichten abfordert.

Natürlich lassen sich diese Erkenntnisse über das Lernen von Schulkindern auf die betriebliche oder berufliche Bildung mit Erwachsenen z. T. transferieren. Bei allen Seminartypen, wie Kreativitätstechniken, Verhaltens- oder Persönlichkeitsseminare etc., kommt es darauf an, dass die Teilnehmer und Teilnehmerinnen ein hohes Maß an Selbsterfahrungen machen, die sich ebenso wie bei Schulkindern in ihrem „emotionalen Gedächtnis“ einprägen und im Bedarfsfall abrufbar und aportierbar sind. Anders als in der Schule haben die von Gefühlen begleiteten Erlebnisse in der Erwachsenenbildung einen anderen Stellenwert, und in der täglichen Arbeitswelt müssen die Beschäftigten mit viel Kommunikationsgeschick und Beeinflussungsvermögen andere Personen ständig „überzeugen“, um ihre beruflichen Ziele zu realisieren.

13 Lessons learned

Am Schluss stellt sich bekanntlich immer die Frage, von welchen Erkenntnissen über die Diagnostik von Manipulationen können wir profitieren und was können wir als „Take away`s" mitnehmen:

1) Manipulationen sind im normalen alltäglichen Leben nicht wegzudenken und allgegenwärtig, denn nicht von ungefähr gilt die Devise: „Man kann nicht *nicht* manipulieren!" Wenn soziale Beeinflussungen bzw. Manipulationen überall vorkommen und mehr oder weniger unwillkürlich stattfinden, ist es in kritischen Situationen umso wichtiger, sie zu erkennen, sie also als das zu diagnostizieren, was sie sind, um mit ihnen sinnvoll und adäquat umgehen zu können.

Schon in der Vergangenheit hat es den Versuch gegeben, „Manipulation als System" darzustellen, da die einzelnen Facetten oder Manifestationen von Manipulationen nicht uniform sind, sondern vielfältig in Erscheinung treten. Wer z. B. den Versuch unternimmt zu manipulieren, benötigt ein Opfer als Zielperson, das sich bereitwillig beeinflussen lässt und damit das Attribut Suggestibilität, als Pendant zur Suggestivität, erfüllt. Zusätzlich bestand an dieser Stelle das Ziel, den Merkmalskomplex Manipulation in seinen unterschiedlichen Varianten und Ausprägungen als Verhaltensmuster zu konkretisieren. In Ergänzung zum ersten Versuch, Manipulation als komplexes Gebilde oder System darzustellen, fand eine Erweiterung der „Spielarten" und Ausprägungen von manipulativem Verhalten auf nun insgesamt *sieben* Sub-Typen oder Merkmalsfacetten statt. Ergänzt wurde das System von Manipulationsweisen um die Attribute: „tarnen, täuschen und sich verstecken" und „Voyeurismus". Von Vorteil ist diese Auffächerung der sozialen Beeinflussung schon deshalb, weil eine präzisere Beschreibung und Abgrenzung zwischen den einzelnen Varianten der Manipulation für den praktischen Gebrauch nötig und hoffentlich gelungen sind, z. B. zwischen eher unwillkürlichen Täuschungsversuchen und dem bewussten Lügen.

Manipulationen haben nicht umsonst einen faden Beigeschmack und sind für die meisten Menschen moralisch anstößig und fragwürdig. Ohne Einschränkungen trifft das auf die versteckten heimlichen Manipulationsmanöver zu, bei denen der Zielperson etwas untergeschoben, also suggeriert wird – und womöglich noch zum

H. Wienkamp, *Diagnostik von Manipulationen*,
https://doi.org/10.1007/978-3-662-68601-0_13

eigenen Nachteil. Bei solchen verborgenen Beeinflussungen liegt es nahe, davon auszugehen, dass Manipulatoren egoistisch denken und handeln und nur ihren eigenen Vorteil im Auge haben. Verkäufer, die versuchen, einem Kunden etwas aufzudrängen, was er oder sie vielleicht nicht braucht, sind hierfür das beste Beispiel.

2) Ohne Manipulationen als solche schönreden zu wollen, haben sie auch positive und nützliche Seiten, wenn es z. B. um Empfehlungen, Ratschläge, Anregungen usw. geht, die für einen bestimmten Zweck oder für eine relevante Person hilfreich und von Nutzen sind. Zu denken wäre an Beratungsleistungen per se oder auch die Übernahme von Betreuungs- oder Erziehungsaufgaben, wie z. B. als Trainer gegenüber Sportlern, die sie fordern und fördern möchten, um Wettkämpfe oder Medaillen zu gewinnen. Ebenso fallen hierunter auch sämtliche Coachings, Therapien oder Heilbehandlungen jeweils zum Wohle des Klienten oder Patienten.

Manipulationen finden zwar eigentlich im Verborgenen statt, sie können darüber hinaus sowohl unbewusst als auch in voller Absicht und i. d. R. zum eigenen Vorteil unter Anwendung aller Tricks und Schliche erfolgen. Auch die Reaktion auf Beeinflussungen kann sowohl unbewusst als emotionale Regungen oder Eindrücke, wie z. B. eine spontan empfundene Sympathie als „ersten Eindruck“ bei einer erstmals begegneten Zielperson, als auch formal z. B. als protokollierte Aussage eines Augenzeugen auf Fragen des Interviewers stattfinden. Natürlich kann sich auch jeder Mensch selbst ganz bewusst manipulieren, um z. B. in eine tiefe Relaxation oder Trancezustand zu verfallen. Zur Selbstmanipulation gehören auch das unwillkürliche Nachgeben von Vorurteilen oder sonstigen Stereotypen und der Voyeurismus als hedonistischer Antrieb.

Vielleicht nicht unbedingt als Manipulation in dem Sinne zu verstehen ist das Lügen, wo es darum geht, durch Behauptung falscher Tatsachen andere Menschen bewusst zu täuschen (was selbstverständlich nichts anderes ist als Manipulation). Von daher ist es nicht verwunderlich, dass sich schon die Psychologie seit Jahrzehnten mit dem Lügen oder der „Sozialen Erwünschtheit“ auseinandergesetzt hat und einige Persönlichkeitstests eine Lügen-Skala enthielten oder noch enthalten. Parallel dazu führte die Kriminalistik bzw. die forensische Psychologie den Lügendetektor-Test ein, der auf neurophysiologische bzw. körpereigne Signale reagiert, wenn der Proband unter Stress gerät, was auch beim Lügen nur natürlich und zu erwarten wäre.

3) Als besonderes Anliegen im Zuge einer Individual- oder Persönlichkeitsdiagnostik wären die differentialpsychologischen Aspekte zu würdigen und hervorzuheben. So muss bei einer Diagnosestellung z. B. einer Krankheit klar sein, warum es sich zweifelsfrei um diese Erkrankung handelt. Ein Blick auf die vorliegenden Symptome oder Befunde sollte im Ausschlussverfahren alle anderen oder ähnliche Erkrankungen ausschließen, sodass am Ende nur eine Krankheitsdiagnose verbleibt. Differentialdiagnostik bedeutet somit nichts anderes als Treffgenauigkeit und Treffsicherheit!

Für psychologische Konstrukte oder Persönlichkeitsmerkmale gelten im Grundsatz die gleichen Anforderungen wie in der Medizin bei der Diagnosefeststellung. Nur sprechen hier die Experten von Konstrukt-Validität, wenn es um die Existenz oder den Nachweis einer bestimmten Persönlichkeitseigenschaft geht. Solch ein Persönlichkeitskonstrukt soll zudem noch bei der Feststellung oder Messung bestimmte Gütekriterien erfüllen, wie Zuverlässigkeit oder Stabilität der Messung (Reliabilität), und natürlich auch inhaltlich repräsentativ und erkennbar sein, also dem Kriterium der Inhaltsvalidität entsprechen. Mitunter korreliert diese Persönlichkeitsdisposition noch mit einem (objektiven) Außenkriterium und erfüllt die Anforderung der Kriterium-Validität. Im Idealfall kann ein Persönlichkeitsmerkmal als Prädiktor für Voraussagen oder Prognosen des betreffenden Außenkriteriums genutzt und verwandt werden und würde damit sogar das Gütekriterium der „prognostischen Validität" erfüllen.

Für das Konstrukt Manipulation heißt das, dass sowohl die einzelnen Sub-Formen der Manipulation als auch ihre Beziehung zu anderen psychologischen Merkmalen (z. B. Machiavellismus oder Egoismus) geklärt sein müssen. Am ehesten und am besten gelingt das mittels empirischer Untersuchungen, indem die hier vorgeschlagenen Verhaltensweisen (Items) einer statistischen Überprüfung unterzogen werden analog zur Konstruktion psychologischer Tests. Für die bestehende Lügen-Skala ist das in der Vergangenheit größtenteils erfolgt und eine enge Verwandtschaftsbeziehung zum Konstrukt Psychotizismus festgestellt worden.

Sozusagen als Beigabe zur Differentialdiagnostik sei noch auf die mit Manipulation in Verbindung stehenden Persönlichkeitstypen hingewiesen, wie z. B. einige skurrile Charaktere nach den Beschreibungen von Theophrast aus der Antike.

Bei der Individualdiagnostik von Personen, bei der die Aussagen von Betroffenen sowie die Aussagen anderer Beteiligter zu erheben und zu dokumentieren sind, kommt es letztendlich darauf an, Tatsachen von Gerüchten oder Hörensagen zu trennen, um zu einer stichhaltigen Bewertung zu kommen. Verengt also auf die Frage: „Was ist Dichtung, und was ist die Wahrheit?"

4) Ein ganz anderes Spielfeld ist neben der Personendiagnostik die Diagnostik oder die Analyse von *Systemen* und ihren *Prozessen*, bei denen immer mehrere Parteien interagieren und ihre Interessen gegenseitig durchsetzen wollen. Wissenschaftlich gesehen geht es um *strategisches* Denken und Handeln, das in Form von „Spielen" oder Spielzügen sich vollzieht und unterschiedliche Formen oder Spielvarianten kennt und annehmen kann.

Im Idealfall und bei Wahrung einer „Rationalität" im Handeln versuchen die Teilnehmer oder Teilnehmerinnen, einen Interessenausgleich oder Kompromiss zu finden, der so etwas wie einen Gleichgewichtszustand („Nash-Gleichgewicht") verkörpert, mit dem alle Seiten sich arrangieren können. Strategien, die eine Balance oder gerechte oder zumindest nach besten Kräften ausgewogene Verteilung der Vor- und Nachteile für beide Parteien beinhalten, sind nichts anderes als eine „Best-Practice-Lösung" und als „Nash-Gleichgewicht" gegenüber allen anderen Möglichkeiten alternativlos. Bei nicht-kooperativen, also simultanen Spielen sind die Anforderungen an das strategische Denken und Kalkulieren ungleich höher, da über die Absichten oder Möglichkeiten der Gegenseite nur spekuliert werden kann.

Es gibt aber auch spielerische Auseinandersetzungen als sequenziell ablaufender Prozess, die entweder Vergeltungsmaßnahmen als Revanche oder Rache für erlittenes Ungemach enthalten oder bei denen eine Kooperation zwischen den Mitspielern z. B. über die Kommunikation möglich oder sogar vorgesehen ist.

Wer „alle Trümpfe auf einer Hand hat", also über eine dominante Strategie verfügt, wird sie auch (schamlos) ausspielen, denn das gewünschte und erwartete Ergebnis kann von der anderen Seite nicht verhindert werden, egal, wie der Gegner reagiert. Solch eine komfortable Situation ist allerdings eher selten gegeben, sodass in vielen Situationen die potenziellen Reaktionen des Mitspielers einzukalkulieren sind.

Besonders zeigt sich dieses Dilemma beim populären Gefangenenspiel (oder auch als „Prisinor's Dilemma" bekannt), das aufgrund der Unwägbarkeiten des Mitangeklagten beim parallel stattfindenden Verhör ein risikoreiches Agieren, also nicht zu gestehen und die Tat abzustreiten, sich verbietet (während sich der andere Mittäter kooperativ verhält und auf Straferlass bei einem Geständnis spekuliert). Deshalb legten in fast allen Spielsituationen beide Verdächtige ein Geständnis ab, um ggf. in den Genuss der „Kronzeugenregelung" zu kommen und straffrei die Angelegenheit hinter sich zu lassen. Zumindest wäre eine mildere Strafe bei einem gleichzeitigen Geständnis des Komplizen für beide Mittäter zu erwarten. Von der Möglichkeit, die Tat zu bestreiten, machten die beiden mutmaßlichen Täter aufgrund des unkalkulierbaren Risikos und der unterbundenen Kommunikation untereinander in den einschlägigen Untersuchungen erst nach mehreren Versuchsdurchgängen oder Spielrunden allmählich Gebrauch.

5) Anders als bei simultanen Spielansätzen ist das „kommerzielle Leben" mehr von kooperativen Gepflogenheiten geprägt und abhängig, sodass auch solche sozialen Prinzipien, wie Fairness, Interessenausgleich oder belastbare Kompromisse, ins Kalkül zu ziehen sind. Entweder eröffnet eine Seite das Spiel mit einem Zug und der Mitspieler reagiert darauf, oder sie macht einen Verhandlungsvorschlag, dem die andere Seite zustimmen muss, wenn die Verhandlungen nicht platzen sollen und keiner etwas davon hat. Das wäre dann das allseits bekannte Ultimatum-Spiel.

Während bei Versteigerungen oder Auktionen sowohl merkantiles Denken und Handeln als auch emotionale Empfindlichkeiten das Bieterverhalten prägen, um das „Objekt der Begierde" wie z. B. ein Unikat als Kunstwerk oder Liebhaberstück zu ersteigern, verfolgen Spielkonzepte im gesellschaftlichen sozialen sowie auch politisch-militärischen Rahmen ganz andere Ziele. Zum Beispiel ist die Einhaltung und Realisierung des Generationenvertrages durch ein Umlagesystem ein soziales und gesellschaftliches Anliegen, hinter dem das auf Kooperation angelegte Spiel „Tit for Tat" (oder: „ Wie Du mir, so ich Dir") steht. Dagegen soll die militärische Abschreckung durch die „Zweitschlagfähigkeit" Aggressoren davor abschrecken und bewahren, „mit dem Feuer zu spielen", wie es allgemein genannt wird, und das Risiko eines sogenannten „Brinkmanships", also dem „Spiel am Abgrund", bewusst machen.

6) Für eine Diagnostik und Analyse von Systemen und ihren inhärenten Prozessen stehen keine mit der Individualdiagnostik vergleichbaren Instrumente, wie psychologische Tests (mit oder ohne Lügen-Skala) oder der auf der Basis neurophysiologischer Indikatoren eingeführte und in der Kriminalistik eingesetzte Lügendetektor-Test, zur Verfügung. Methode der Wahl ist für die Systemdiagnostik die Beobachtung, unterstützt durch Aufzeichnungen oder Protokollierungen als Dokumentation, sei es durch Filmaufnahmen oder Befragungsprotokolle, wie z. B. bei Zeugenvernehmungen.

Weniger als eine „Durchleuchtung", wie z. B. bei einer Röntgenaufnahme in der Medizin, versteht sich die Systemdiagnostik von Spielen, die sich auf Interaktionen oder Abläufe konzentriert, sondern eher als eine Szenario-Technik und Metaanalyse mit dem Blick auf den Spielablauf und auf die Beziehung der Spielteilnehmer zueinander. Je nach Spielversion können dabei einmal die Auszahlungs- oder

Payoff-Matrizen, i. d. R. dargestellt als „Vierfelder-Tafel“ mit geschätzten oder angenommenen Nutzenerwartungen als Werte, die Ausgangssituation beschreiben, zum anderen helfen Entscheidungsbäume bei sequenziellen Spielzügen, die Prozesslogik der Akteure zu verstehen, und zwar in beide Spiel- oder Prozessrichtungen, also sowohl nach vorn in die Zukunft als auch als „Backward-Strategie“ mit dem Blick zurück auf die Ausgangslage oder Startposition, die kritisch zu würdigen wäre.

Komplizierter wird die Systemanalyse dann, wenn keine reinen Strategien mit perfekter oder vollständiger Information gefahren werden können, sondern gemischte Strategien, die auf Wahrscheinlichkeitsannahmen oder Erwartungen angewiesen sind. Somit ist bei unterschiedlicher Gewichtung von Aktionen nach ihrer Wahrscheinlichkeit oder Häufigkeit immer mit alternativen Spielzügen zu rechnen, die zu berechnen und zusammen mit der „Gegenwahrscheinlichkeit (1 – p)“ ins Kalkül zu ziehen sind. Ein Spiel auf der Basis von Wahrscheinlichkeitsverteilungen kann sich auch über mehrere Instanzen, Abstufungen oder Runden hinziehen, was mit einer umfangreichen Kalkulation als Entscheidungsbasis verbunden ist.

Je nach moralphilosophischem oder gesellschaftlichem Standpunkt ziehen die Berechnungen zur Entscheidungsfindung bei den Utilitaristen einerseits auf absolute Payoffs als Resultate, andererseits auf Veränderungsmaße bei Berücksichtigung des Status quo, wie es die Anhänger des Egalitätsprinzips bevorzugen und propagieren.

7) Zu Anfang galt das Interesse, die in der Forschung etablierten „klassischen“ Spiele wie z. B. das Gefangenendilemma oder das Ultimatum-Spiel vorzustellen und zu behandeln (s. Kap. 6), um einen ersten Eindruck zu erhalten. Bei dieser Diskussion ging es vor allem um die Bedeutung des „Nash-Gleichgewichtes“ als „Best Practice“ zur Durchführung von Spielen. Von Systemanalysen profitieren hingegen eher praxisrelevante Spielversionen, wie z. B. ein Interessenausgleich im Rahmen einer Schadensregulierung oder der Umgang mit „Trittbrettfahrern“ in der Arbeitswelt, da sich hierin die situativen Bedingungen und die zu lösenden Probleme konkret abzeichnen und bemerkbar machen (s. Kap. 7). Ähnlich wie beim Nash-Gleichgewicht liegt die Problemlösung bei praktischen Problemen zumeist in der Kompromissbildung als Balance oder Interessengleichgewicht für beide Parteien.

Einen illustrativen Einblick in die Praxis der Spieltheorie liefern daher die unterschiedlichsten Fälle oder Konstellationen, die sich in irgendeiner Form um einen Interessenausgleich, sei es außergerichtlich nach privater Absprache und Übereinkunft oder durch Vorschlag oder Vergleich eines Gerichtes, als Kompromisslösung bemühen. Schadensregulierungen, wie z. B. bei oder nach Verkehrsunfällen, sind hierfür anschauliche Beispiele, die sich für eine Systemdiagnostik eignen.

Besonders praxisrelevant und in der Sozialpsychologie gut erforscht ist zusätzlich das Phänomen der „Kollektiven Nicht-Verantwortung“, dass sich in der „Unterlassenen Hilfeleistung“ bei Anwesenheit mehrerer Personen oder Zuschauer negativ und bedenklich bemerkbar macht und sich häufig in der Praxis bestätigte. Leider stimmen sowohl die Forschungsbefunde als auch die Beobachtungen im alltäglichen Leben darin überein, dass je mehr Personen anwesend sind, desto weniger ist bei einem Unglück mit einem Notruf zu rechnen, da jeder der Anwesenden sich gerne auf den anderen verlässt.

Schließlich eignen sich für eine Systembetrachtung auch die in der Arbeits- oder Geschäftswelt auftretenden und beklagenswerten Erscheinungen wie „Trittbrettfahren“, das sich durch mangelnden Arbeitseinsatz und fehlende Kollegialität negativ auszeichnet, und „Schummeleien“, wenn sich Personen oder Organisationen nicht an die Vereinbarungen oder Abstimmungen halten und versuchen, sich auf Kosten anderer zu bereichern.

8) Eng mit dem Hypothesentesten und der Nachrichtentechnik zur Erkennung korrekter Signale (bzw. umgekehrt „falscher oder blinder Alarme“) ist die Signal-Entdeckungs-Theorie verbunden und ein Instrument, das auch in der Psychologie zur Erkennung oder Diagnostik von menschlichen Leistungen (z. B. Sinnes- oder Konzentrationsleistungen) zunehmend Anklang gefunden hat. Bei der Messung oder Überprüfung des individuellen Leistungsvermögens geht es bei diesem Verfahren um den „Spagat“ Bearbeitungsmenge (oder Schnelligkeit) vs. Genauigkeit (oder Fehlerlosigkeit), was sich an der Anzahl unterlaufener Fehler oder „falscher Alarme“ ablesen lässt. Eine hohe Risikobereitschaft zu schnellen Urteilen verbunden mit einem sehr hohen oder „strammen“ Arbeitspensum geht i. d. R. zulasten der Arbeitsqualität gemessen an der Fehlerrate. Abschließend sei noch erwähnt, dass sich die Signal-Entdeckungs-Theorie auch für die Auswertung von Lügendetektor-Tests in der Kriminalistik oder forensischen Psychologie eignet und praktischer Verbreitung erfreut.

Für die Systemdiagnostik eignen sich ferner noch zum einen Stichprobenverfahren, wenn es um die Erzeugung von Unsicherheiten bei einer bestimmten Populationsgruppe und deren Abschreckung vor Missetaten wie z. B. Steuerhinterziehungen geht, und zum anderen die Portfolio-Technik für strategische Planungen, die eine Selbstbetrachtung oder Selbstdiagnostik voraussetzt oder impliziert. Strategieentwicklungen beinhalten nichts anderes als die Antwort auf die Frage: *Wo* stehen wir heute in bestimmten Leistungs- oder Strategiedimensionen und *wohin* wollen wir in der Zukunft, um erfolgreich zu sein?

9) Bei der „Rationalen Entscheidungstheorie“ kommt es auf eine Optimierung in der Entscheidungsbildung an, die sich ausschließlich nach der eigenen Präferenzstruktur, dargestellt als ein Merkmalsprofil der entscheidungsrelevanten Alternativen, richtet. Zu berücksichtigen ist, dass die Kriterien und ihre Ausprägungen innerhalb der Profile häufig nicht so ohne Weiteres vergleichbar sind und ein rationaler Ansatz zur Lösung dieses „Apfel-Birnen-Problems“ zu finden ist. In der Managementliteratur oder in der Ökonomie haben die Entscheider oder Personalverantwortlichen häufig diese Entscheidungsprobleme oder Dilemmata zu lösen, z. B. wenn es um die Auswahl eines Arbeitsplatzes (oder umgekehrt eines Bewerbers) oder um eine strategische Entscheidung wie z. B. „Make or Buy“ bei Produktionsentscheidungen geht.

Zu lösen lassen sich derartige Entscheidungsprobleme nur mittels einer regelbasierten Systematik, indem die einzelnen Attribute der alternativen Objekte zum einen nach Minimum bis Maximum rangiert oder geordnet und normiert werden, zum anderen ein Verfahrensansatz gefunden wird, der sich für einen Vergleich unterschiedlicher Attribute oder Qualitäten mit ihren Ausprägungen eignet und sie in ihren Werten zueinander in Beziehung setzt, also der für sie einen gemeinsamen Nenner findet, damit es zu einem Vergleich kommt.

Wie sich z. B. systemrelevante Konzepte auch zur Selbstkontrolle der eigenen Tätigkeit und des Entscheidungsverfahrens ex post eignen können, konnte am Beispiel einer nachträglichen Überprüfung eines Personalauswahlverfahrens demonstriert werden.

Sollen in dieser Kalkulation auch die Auftretenswahrscheinlichkeiten für ein definiertes Ereignis, wie z. B. die Grund- oder Auftretenswahrscheinlichkeit (-A-priori-Wahrscheinlichkeit) für eine bestimmte Erwartung zu berücksichtigen sein, könnte dies mithilfe des „Bayes-Theorems" geschehen. Mithilfe dieses Ansatzes lässt sich die „realistische" Wahrscheinlichkeit für ein kritisches Ereignis (z. B. einen bösartigen Tumor) sowohl unter Berücksichtigung der Wahrscheinlichkeit für das Auftreten dieses Ereignisses überhaupt als auch der Güte oder Zuverlässigkeit der Testdiagnostik als gemeinsames Ergebnis bestimmen. Wie „Kenner" dieses Verfahrens sicherlich zu schätzen wissen, ermöglicht dieser Ansatz zur Berechnung von Wahrscheinlichkeiten ein sequenzielles abgestuftes Vorgehen, d. h. zunächst mit einer vagen oder ungefähren subjektiven Wahrscheinlichkeitsschätzung zu beginnen, die dann im Lichte neuer gewonnener Erkenntnisse und Erfahrungen einem „Update" kontinuierlich unterzogen wird und zu besseren Ergebnissen oder Voraussagen führen.

10) Während die eher rationalen Entscheidungen bei der Verfolgung egoistischer Ziele und Zwecke, vornehmlich in Konkurrenzsituationen oder um ein Auswahl- oder Optimierungsproblem zu lösen, dem Gesichtspunkt oder dem Ziel der persönlichen Vorteilsmaximierung folgen, unterliegt das prosoziale Verhalten mit den Attributen Fairness, Anteilnahme und Mitgefühl, Gerechtigkeit etc. *sozialen Präferenzen*, in denen ebenso strategische Intentionen gefordert sind und wirksam werden. Allerdings richtet sich der Entscheider oder Akteur nicht primär nach seinen eigennützigen persönlichen Zielen, sondern richtet sein strategisches Verhalten nach den sozialen Gegebenheiten aus, die auch die Bedürfnisse und Anliegen anderer Menschen berücksichtigen. Verhaltensbeeinflussungen gehen somit sowohl von den sozialen Präferenzen als auch vom empfundenen Mitgefühl für die Situation, in der sich andere Individuen befinden, aus.

Soziale oder zwischenmenschliche Interaktionen bedürfen einer „offenen sozialen Bühne", um sowohl die Beziehungsqualität als auch die Kommunikationswege auf unterschiedlichen Ebenen beobachten und untersuchen zu können. Zweckgerichtete Gespräche, bei denen es um etwas geht, sind voll von Manipulationsversuchen, die von den konkurrierenden Interessen und Motiven abhängig sind und initiiert werden. Wie in der Spieltheorie das Nash-Gleichgewicht, streben auch die sozialen Interaktionen eine Balance an, denn Ungleichgewichte werden entweder als Beziehungsstörungen oder als Meinungsverschiedenheiten gewertet und als Problem oder „Schieflage" empfunden, das auf die ein oder andere Weise der Korrektur oder der Lösung bedarf.

Zu den gesellschaftlichen und sozialen Errungenschaften gehören sicherlich die sogenannten „sozialen Präferenzen", die neben den persönlichen Präferenzen unser Leben maßgeblich bestimmen und beeinflussen. Ohne Fairness, Übernahme von sozialer Verantwortung und emotionale Anteilnahme am Leben unserer Mitmenschen wäre prosoziales Verhalten unmöglich.

11) Beratungen finden aus verschiedenen Anlässen statt, z. B. um die finanziellen Verhältnisse und deren Perspektive zu klären oder um Firmen bei der Personalauswahl zu

helfen, um nur exemplarisch einige zu nennen. Gemeinsam ist allen Beratungsgesprächen das mehr oder weniger versteckte Manipulationspotenzial, das eben nicht in Form deutlicher Anweisungen zum Ausdruck kommt, sondern verbrämt hinter Empfehlungen, Vorschläge etc. sozusagen „auf die weiche Tour" sich manifestiert. Hieran zeigt sich auch die Richtigkeit des Leitmotivs: „Man kann nicht nicht manipulieren!". In der Beratung sind Finanzberater oder Personalberater keine selbstlosen Wesen (oder bekennende Altruisten), sondern gehen z. T. aus unterschiedlichsten Gesichtspunkten ihren eigenen egoistischen Geschäftsinteressen nach. Von daher haben sie keinerlei Scheu oder Skrupel, ihre „schmutzigen Tricks" mit viel Raffinesse in der Kommunikation mit ihren Klienten anzuwenden, um zum Erfolg zu kommen. An Sozialberatungen o. Ä. werden z. T. andere Anforderungen an das Beratungsgeschäft gestellt, da sie in erster Linie einen „öffentlichen Auftrag" zu erfüllen haben und dem Gemeinwohl verpflichtet sind.

12) Bei regelrechten Verhandlungen gelten wieder ganz andere Kommunikationsregeln als in der Beratung. Verkürzt wäre hier von einer „Pull und Push-Strategie" zu sprechen. Das heißt, einerseits bei dem Verhandlungspartner zu versuchen, ihn aus der Reserve zu locken und auf die eigene Seite zu ziehen (z. B. durch „über Bande spielen" verbunden mit dem Angebot an die Gegenpartei, einen ersten Vorschlag zu machen), was einer „Pull-Strategie" entsprechen würde, andererseits sich mit allen Mitteln dagegen zu wehren (zu „pushen"), die Verhandlungen nicht in eine Sackgasse oder an einen „toten Punkt" zu manövrieren, denn dann sind sie festgefahren und es droht ggf. der Abbruch (und das endgültige Scheitern). Gehen die Verhandlungen in die Endrunde und befinden sich noch aktuell auf der Zielgeraden, sollte ein eindeutiges Signal gesetzt und das nötige Abschlussritual eingeleitet werden. Verkaufsverhandlungen, wenn sie innerhalb eines Marketing-Mix überhaupt vorgesehen sind, haben (z. B. bei „Haustürgeschäften") ihre eigene Prozedur und Dramaturgie und sind oft von einer Beratungsleistung und Produktpräsentation kaum zu trennen, wenn der Käufer sich noch in der Informations- oder Erkundungsphase befindet und ggf. unter mehreren Anbietern sich das „beste Angebot" aussuchen kann.

13) Ganz anders als bei Verhandlungen geht es kommunikativ bei Vernehmungen oder Zeugenbefragungen zu, entweder mit Tatverdächtigen oder mit Augenzeugen. Dass die Rollen dieser beiden Zielgruppen völlig andere sind und dass der Ablauf und auch die Intensität der Vernehmung bzw. Befragung sich spürbar voneinander unterscheiden, dürfte eine Selbstverständlichkeit sein. Bei dem Verhör von mutmaßlichen Tätern müssen die Kriminalbeamten aufpassen, dass sie jenseits aller Suggestivfragen oder sonstigen Vernehmungstricks zum einen nicht irgendwelchen Vorurteilen z. B. aufgrund von Vorstrafen o. Ä. anheimfallen, zum anderen dass sie sich nicht nur um Details in den Aussagen, also um einen hinreichenden Detailierunsgrad und um einen chronologischen plausiblen Ablauf, bemühen, sondern auch „zwischen den Zeilen lesen", die auf verborgene oder bewusst verheimlichte Indizien oder Hinweise hindeuten. Zudem ist bei Befragungen, Begutachtungen oder Verhören mit „Simulantentum" bzw. dem „Vortäuschen falscher Tatsachen" zu rechnen.

Die Anforderungen an die Verhörspezialisten gelten auch gegenüber Zeugenbefragungen. Bei Belastungszeugen ist zuweilen eine Glaubwürdigkeitsprüfung durch einen Sachverständigen geboten, um die Aussagen verhältnismäßig sicher und objektiv einstufen zu können. Gerade Zeugen können sich mit „Halbwahrheiten" hervortun oder sonst wie „irrlichtern", wenn sie sich schlicht und ergreifend einbilden, etwas gehört oder gesehen zu haben. Ferner ist nicht auszuschließen, dass Zeugen auch Eigeninteressen nachgehen, die wenig oder nichts zur Wahrheitsfindung und einer objektiven, realistischen Beurteilung beisteuern. Für die Vernehmung von Angeklagten und Zeugen gilt insbesondere: Die Wirklichkeit – oder die Wahrheit – hat häufig zwei Gesichter!

14) Von Beratungen, Verhandlungen oder Verhören unterscheiden sich therapeutische Ansätze mit dem Ziel der Heilbehandlung. Nicht das Prinzip des Misstrauens, wie insbesondere bei einer Vernehmung, sondern das des Vertrauens ist das entscheidende Element oder Erfolgskriterium der therapeutischen Beziehung. Anhand einer Finanztherapie als multimodaler Ansatz verschiedener Therapieschulen war es möglich, in vielerlei Richtungen zu demonstrieren, wie sowohl das Zusammenspiel unterschiedlicher Techniken und Methoden als auch die Kooperation verschiedener Experten funktionieren können. Allerdings sollte unbedingt beachtet und respektiert werden, dass ein Therapeut, ähnlich wie ein Trainer oder Betreuer, ohne Beeinflussungsmanöver seinen „Job" nicht erfüllen kann, wenn es darum geht, Widerstände aufseiten des Patienten oder der Patientin zu überwinden oder den Betroffenen zu neuen Verhaltensweisen oder Gewohnheiten zu ermuntern.

15) Für die berufliche Arbeit und Bildung kommt es stets auf Überzeugungsleistungen an, wenn die gesteckten Ziele erreicht werden sollen. Angelehnt an dieses ubiquitäre Ziel, haben frühe Studien im Schulbereich dafür gesorgt festzustellen, welche Prinzipien sowohl zu einem erfolgreichen Lernen als auch zu einer „reifen" Persönlichkeitsentwicklung beitragen. In der pädagogischen Forschung und Entwicklungspsychologie gilt als dominantes Ziel eines Individuums, die Entwicklung zu einer „kausalen Autonomie", die alle relevanten Attribute, wie Leistungsmotivation, Realitätssinn, Eigenverantwortung und Selbstvertrauen, enthält.

Viele Erkenntnisse und Forschungsbefunde aus dem Schulbetrieb ließen sich auf die Erwachsenenbildung übertragen und konnten bei der Programmgestaltung betrieblicher Seminare sowohl zur Beeinflussung von Einstellungen als auch zur Modifikation des Verhaltens genutzt werden.

16) Da Manipulationen in verschiedenen sozialen Kontexten oder Konstellationen virulent sind und sich bemerkbar machen, sollte zum Schluss unbedingt hervorgehoben werden, dass gerade eine „Diagnostik der Manipulation" aus unterschiedlichen Perspektiven und jeweils eigenen Ansätzen zu betreiben ist und Sinn macht. Nicht nur „Selbsterkenntnis ist der erste Weg zur Besserung", sondern auch Fremdwahrnehmungen von aktuellen Manipulationen können vor möglichen Nachteilen oder Schäden schützen.

Zudem dürfte auch deutlich geworden sein, dass Manipulationen verschiedene Wissensgebiete oder Forschungsdomänen umfassen und daher nicht eindimensional, sondern interdisziplinär zu behandeln und zu untersuchen sind.

17) Haben Manipulationen eine Zukunft? So oder so ähnlich könnte am Ende die grundsätzliche Frage zu diesem Themenkomplex lauten. Wer der Ansicht ist, ein Mensch kann nicht nicht manipulieren, müsste diese Frage bejahen, da das soziale Phänomen Manipulation, wie in diesem Beitrag in verschiedenen Zusammenhängen hervorgehoben, nicht aus unserem Alltag wegzudenken geschweige denn zu eliminieren ist. Überzeugungsarbeit zu leisten, sich mit seinen oder ihren Argu-

menten bei anderen Menschen Gehör zu verschaffen und sich durchzusetzen, also zu überzeugen, sind einige Beispiele für unsere sozialen Interaktionen und unentbehrlichen Kommunikationsmittel.

Zu fordern ist allerdings auch, dass bei allen sozialen Interaktionen und Beeinflussungsversuchen bestimmte Verhaltensnormen und das Gebot der Fairness und Wahrheit oder Aufrichtigkeit berücksichtigt und angewendet werden, sodass zum einen das Verhalten mit den dahinterliegenden Motiven für andere kalkulierbar bleibt und zum anderen keine eklatanten Nachteile für sie daraus erwachsen. So verstanden und umgesetzt kann Manipulation gelingen und wäre „frei" von Kritik!

Literatur

Adorno, T. W., Frenkel-Brunswik, E., Levinson, D. J., & Sanford, R. N. (1950). *The authoritarian personality*. Harper & Brothers.

Adshead, G., & Horne, E. (2022). *Warum Menschen Böses tun. Eine forensische Psychiaterin erzählt von ihren Fällen*. DuMont.

Arntzen, F. (1978). *Vernehmungspsychologie. Psychologie der Zeugenvernehmung*. Beck.

Arntzen, F. (2011). *Psychologie der Zeugenaussage. System der Glaubhaftigkeitsmerkmale* (5. Aufl.). Beck.

Banse, R., & Gawronski, B. (2003). Die Skala Motivation zu vorurteilsfreiem Verhalten: Psychometrische Eigenschaften und Validität. *Diagnostica, 49*(*1*), 4–13.

Berne, E. (2006). *Spiele der Erwachsenen. Psychologie der menschlichen Beziehungen* (6. Aufl.). Rowohlt.

Binmore, K. (2005). *Natural justice*. Oxford University Press.

Binmore, K. (2007). *Game theory. A very short introduction*. Oxford University Press.

Binmore, K. (2009). *Rational decisions*. Oxford University Press.

Brickenkamp, R. (1962). *Aufmerksamkeits-Belastungs-Test (Test d2)*. Hogrefe.

Britt, K. L., Klontz, B. T.,. &., & Archuleta, K. R. (2015a). Financial Therapy: Establishing an emerging field. In B. T. Klontz, S. L. Britt, & K. L. Archuleta (Hrsg.), *Financial therapy, theory, research, and practice* (S. 3–13). Springer.

Britt, K. L., Archuleta, K. R., & Klontz, B. T. (2015b). Theories, models, and integration in financial therapy. In B. T. Klontz, S. L. Britt, & K. L. Archuleta (Hrsg.), *Financial therapy, theory, research, and practice* (S. 15–22). Springer.

Canale, A., Archuleta, K. R., & Klontz, B. T. (2015). Money disorders. In B. T. Klontz, S. L. Britt, & K. L. Archuleta (Hrsg.), *Financial therapy, theory, research, and practice* (S. 35–67). Springer.

Costa, P. T., Jr., & McCrae, R. R. (1992). *Revised NEO personality inventory (NEO-PI-R) and NEO five-factor inventory (NEO-FFI). Professional manual.* Psychological Assessment Resources.

Crandell, C. S., Silvia, P. J., N'Gbala, A. N., Tsang, J., & Dawson, K. (2007). Balance theory, unit relations, and attribution: The underlying integrity of Heiderian theory. *Review of General Psychology, 11*, 12–30.

Damasio, A. R. (1994). *Descartes' error. Emotion, reason, and the human brain*. Grosset/Putnam.

Davey, G., & Resnik, P. (2009). Die Grundlagen eines flexiblen, maßgeschneiderten Finanzplans. In O. Everding & M. Müller (Hrsg.), *Risikoprofiling von Anlegern, Kundenprofile treffend analysieren und in der Beratung nutzen* (S. 85–112). Bankverlag.

Dawkins, R. (1978). *Das egoistische Gen*. Springer.

deCharms, R. (1979). *Motivation in der Klasse.* Lehrertraining und Unterrichtspraxis (Bd. 4). In R. Bauer & H. Hierdeis (Hrsg.). Moderne.

H. Wienkamp, *Diagnostik von Manipulationen*,
https://doi.org/10.1007/978-3-662-68601-0

Dixit, A. K., & Nalebuff, B. J. (1995). *Spieltheorie für Einsteiger. Strategisches Know-how für Gewinner*. Schäfer-Poeschel.

Drucker, P. F. (2009). *Management. Das Standardwerk komplett überarbeitet und erweitert* (Bd. 1). Campus.

Düsch, E. (2001). Entscheidung für eine Fremdsprachenausbildung. In F. Eisenführ, T. Langer, & M. Weber (Hrsg.), *Fallstudien zu rationalem Entscheiden* (S. 1–17). Springer.

Eisenführ, F. (2001). Berufungsliste für eine Professur. In F. Eisenführ, T. Langer, & M. Weber (Hrsg.), *Fallstudien zu rationalem Entscheiden* (S. 133–152). Springer.

Eisenführ, F., Weber, M., & Langer, T. (2010). *Rationales Entscheiden* (5. Aufl.). Springer.

Engel, R. R. (2003). Stellungnahme zur Testrezension des MMPI-2 durch Hank und Schwenkmezger. *report psychologie, 28*(5), 304–306.

Eysenck, H. J. (1970). *The biological basis of personality* (2. Aufl.). Thomas.

Eysenck, H. J. (1977). *Kriminalität und Persönlichkeit*. Europaverlag.

Eysenck, H. J. (1981). General features of the model. In H. J. Eysenck (Hrsg.), *A model for personality* (S. 1–37). Springer.

Eysenck, H. J., & Eysenck, S. B. G. (1991). *Manual of the Eysenck personality scales (EPS adult)*. Hodder and Stoughton.

Fehr, E. (2009). Social preferences and the brain. In P. W. Glimcher, C. F. Camerer, E. Fehr, & R. A. Poldrack (Hrsg.), *Neuroeconomics, decision making and the brain* (S. 215–232). Academic.

Gatewood, R. D., & Feild, H. S. (1987). *Human resource selection*. Dryden Press.

Glimcher, P. W., Camerer, C. F., Fehr, E., & Poldrack, R. A. (Hrsg.). (2009). *Neuroeconomics, decision making and the brain*. Academic.

Gray, J. A. (1970). The psychophysiological basis of introversion-extraversion. *Behavior, Research & Therapy, 8*, 249–266.

Gray, J. A. (1971). *The psychology of fear and stress*. McGraw-Hill.

Gray, J. A. (1981). Critique of Eysenck's theory of personality. In H. J. Eysenck (Hrsg.), *A model for personality* (S. 246–276). Springer.

Gray, J. A. (1987). *The psychology of fear and stress* (2. Aufl.). Cambridge University Press.

Gray, J. A., & McNaughton, N. (2000). *The neuropsychology of anxiety* (2. Aufl.). Oxford University Press.

Hank, P., & Schwenkmezger, P. (2003). Das Minnesota Personality Inventory-2 (MMPI)*. Testbesprechung im Auftrage des Testkuratoriums. *report psychologie, 28, 5/2003*, 294–303.

Hathaway, S. R., & McKinley, J. C. (1943/1951). *The Minnesota Multiphasic Personality Inventory manual*. Revised. The Psychological Corporation.

Hathaway, S. R., & Meehl, P. E. (1954). *Das Minnesota Multiphasic Personality Inventory*. In E. Stern (Hrsg.), *Die Tests in der klinischen Psychologie* (Bd. 1, S. 282–313). Rascher.

Hayos, A. (1972). *Wahrnehmungspsychologie*. Kohlhammer.

Heider, F. (1958). *The psychology of interpersonal relations*. Lawrence Erlbaum.

Holler, M. J., & Klose-Ullmann, B. (2007). *Spieltheorie für Manager. Handbuch für Strategen* (2. Aufl.). Vahlen.

Jones, D. N., & Paulhus, D. L. (2014). Introducing the Short Dark Triad (SD3): A brief measure of dark personality traits. *Assessment, 21(1)*, 28–41.

Kahneman, D. (2011). *Schnelles Denken, Langsames Denken* (2. Aufl.). Siedler.

Kastner, M. (2001). Nutzenanalyse der betrieblichen Berufsausbildung. In F. Eisenführ, T. Langer, & M. Weber (Hrsg.), *Fallstudien zu rationalem Entscheiden* (S. 89–115). Springer.

Klontz, B. T., Britt, S. L., & Archuleta, K. L. (Hrsg.). (2015a). *Financial therapy. Theory, research, and practice*. Springer.

Klontz, B. T., Klontz, P. T., & Tharp, D. (2015b). Experiental financial therapy. In B. T. Klontz, S. L. Britt, & K. L. Archuleta (Hrsg.), *Financial therapy, theory, research, and practice* (S. 103–120). Springer.

Klontz, B. T., Horwitz, E. J., & Klontz, P. T. (2015c). Stages of changes and motivational interviewing in financial therapy. In B. T. Klontz, S. L. Britt, & K. L. Archuleta (Hrsg.), *Financial therapy, theory, research, and practice* (S. 347–362). Springer.

Klose, D. (2000). *Theophrast Charaktere*. Griechisch/Deutsch. Reclam.

Kunkel, A., Bräutigam, P., & Hatzelmann, E. (2006). *Verhandeln nach Drehbuch. Aus Hollywood-Filmen für eigene Verhandlungen lernen*. Redline.

Lawson, D., Britt, K. L., & Klontz, B. T. (2015). Money scripts. In B. T. Klontz, S. L. Britt, & K. L. Archuleta (Hrsg.), *Financial therapy, theory, research, and practice* (S. 23–34). Springer.

Lee, K., & Ashton, M. C. (2004). Psychometric properties of the HEXACO Personality Inventory. *Multivariate Behavioral Research, 39*, 329–358.

Leibetseder, M., Laireither, A.-R., Riepler, A., & Köller, T. (2001). E-Skala: Fragebogen zur Erfassung von Empathie – Beschreibung und psychometrische Eigenschaften. *Zeitschrift für Differentielle und Diagnostische Psychologie, 22(1)*, 70–85.

Levine, M., & Manning, R. (2014). Prosoziales Verhalten. In K. Jonas, W. Stroebe, & M. Hewstone (Hrsg.), *Sozialpsychologie* (6. Aufl.). Springer.

Malik, F. (1998). Anforderungsprofile – eine Falle? *M.o.M. Malik on Management, Nr. 6/98*, (Hrsg. Management Zentrum St.Gallen).

McClelland, D. C. (1987). *Human motivation*. Cambridge University Press.

McCrae, R. R., & Costa, P. T., Jr. (1999). A five-factor theory of personality. In L. A. Pervin & O. P. John (Hrsg.), *Handbook of personality. Theory and research* (2. Aufl., S. 139–153). Guilford Press.

Murray, H. A. (1943). *Thematic apperceptive test manual*. Harvard University Press.

Ortheil, H.-J. (2022). *Charaktere in meiner Nähe*. Reclam.

Osborne, M. J. (2004). *An introduction to game theory*. Oxford University Press.

Passmore, J. (Hrsg.). (2008). *Psychometrics in Coaching. Using psychological and psychometric tools for development*. Kogan.

Plankl, W. (2014). *Theophrast Charaktere* (3. Aufl.). De Gruyter.

Raiffa, H. (1970). *Decision analysis. Introductory lectures on choices unter uncertainty* (2. Aufl.). Addison-Wesley.

Rokeach, M. (1960). *The open and closed mind: Investigations into the nature of belief systems and personality systems*. Basic Books.

Ruch, W. (1999). Die revidierte Fassung des Eysenck Personality Questionnaire und die Konstruktion des deutschen EPQ-R bzw. EPQ-RK. *Zeitschrift für Differentielle und Diagnostische Psychologie, 20(1)*, 1–24.

Rüdiger, H. (1949). *Theophrast Charakterbilder*. Dietrich.

Sages, R. A., Griesdorn, T. S., Gudmunson, C. G., & Archuleta, K. L. (2015). Assessment in financial therapy. In B. T. Klontz, S. L. Britt, & K. L. Archuleta (Hrsg.), *Financial therapy, theory, research, and practice* (S. 69–82). Springer.

Schauer, F. (2022). *The proof. Uses of evidence in law, politics, and everything else*. Harvard University Press.

Schelling, T. C. (1960/2011). *The strategy of conflict*. Harvard University Press.

Singer, T. (2009). Understanding others: Brain mechanisms of theory of mind and empathy. In P. W. Glimcher, C. F. Camerer, E. Fehr, & R. A. Poldrack (Hrsg.), *Neuroeconomics, decision making and the brain* (S. 251–268). Academic.

Spreen, O. (1963). *MMPI Saarbrücken. Handbuch zur deutschen Ausgabe des Minnesota Multiphasic Personality Inventory*. Huber.

Steinmann, K. (2000). *Theophrast Charaktere. Dreissig Charakterskizzen*. Insel.

Tuchman, B. (1962/2013). *August 1914*. Fischer.

Velden, M. (1982). *Die Signalentdeckungstheorie in der Psychologie*. Kohlhammer.

Watzlawick, P., Beavin, J. H., & Jackson, D. D. (1982). *Menschliche Kommunikation. Formen, Störungen, Paradoxien* (6. Aufl.). Huber.

Wienkamp, H. (2017). *The influence of incentive motivation and risk tolerance on risky decisions. An empirical study to show how direct effects from these psychological constructs and indirect effects from two mediators connected with risk, influence decision in ambivalent situations*. A thesis submitted for the degree of Ph.D., University of Nicosia, Department of Psychology.

Wienkamp, H. (2019). *Anreiz, Risiko, Ruin. Finanzpsychologie für jedermann!* Springer.

Wienkamp, H. (2020a). The influence of incentive motivation and risk tolerance on risky decisions. *Advance Research in Psychology, 1*(1). https://doi.org/10.46412/001c.13098

Wienkamp, H. (2020b). *Der Weg zum Personalkennzahlensystem. Das HR-Cockpit in der Praxis – einfach, pragmatisch, systematisch*. Springer.

Wienkamp, H. (2020c). *Psychologische Anforderungsanalysen in Theorie und Praxis. Für Führungskräfte und Personalexperten, die Anforderungsprofile erheben wollen* (Essentials). Springer.

Wienkamp, H. (2021a). *Psychologische Anforderungsanalysen. Anforderungsprofile für Management, Arbeit und Business*. Springer.

Wienkamp, H. (2021b). *Psychological requirements in theory and practise: For executives and human resource managers who want to raise requirement profiles* (Essentials and eBook). Springer.

Wienkamp, H. (2022a). *Manipulation als System. Über die bekannten und verborgenen Seiten systematischer Beeinflussungen* (Essentials). Springer.

Wienkamp, H. (2022b). *Strategische Personalbeurteilungen. Wirtschaftspsychologische Systeme für das Performance Management*. Springer.

Wienkamp, H. (2022c). Wen brauchen wir wirklich? Kein Recruiting ohne Anforderungsprofile. *personal manager, 6*(22), 44–47.

Wienkamp, H. (2023a) Manipulation – Oder, „man kann nicht nicht manipulieren!". *people & work 04/23*.

Wienkamp, H. (2023b). *Herausforderungen und Strategien der Personalberatung und Personalbetreuung – aus der wirtschaftspsychologischen Praxis, für die Praxis*. Springer.

Wienkamp, H. (2023c). *Persönlichkeitstest über Ihr Business- und Finanzprofil. Der „Six & Six"*. Springer.

Wilson, G. D. (1981). Personality and social behaviour. In H. J. Eysenck (Hrsg.), *A model for personality* (S. 210–245). Springer.

SPRINGER NATURE

GPSR Compliance

The European Union's (EU) General Product Safety Regulation (GPSR) is a set of rules that requires consumer products to be safe and our obligations to ensure this.

If you have any concerns about our products, you can contact us on ProductSafety@springernature.com

In case Publisher is established outside the EU, the EU authorized representative is:

Springer Nature Customer Service Center GmbH
Europaplatz 3
69115 Heidelberg, Germany

FSC
www.fsc.org
MIX
Papier | Fördert gute Waldnutzung
FSC® C083411

Kolibri 360 GmbH
Ferdinand-Jühlke-Straße 7
99095 Erfurt, Deutschland
produktsicherheit@kolibri360.de